滇版精品出版工程专项资金资助项目

丛书主编：杨泠泠

本册编著：杨 苕

深山走出脱贫路

德昂族

云南人口较少民族脱贫发展之路

德昂 山乡迎幸福巨变

◎《深山走出脱贫路》编委会 编

YNK 云南科技出版社

·昆 明·

图书在版编目（CIP）数据

德昂山乡迎幸福巨变／《深山走出脱贫路》编委会
编. -- 昆明：云南科技出版社，2025
（深山走出脱贫路：云南人口较少民族脱贫发展之
路）
ISBN 978 - 7 - 5587 - 4849 - 3

Ⅰ. ①德… Ⅱ. ①深… Ⅲ. ①德昂族 - 扶贫 - 研究 -
云南 Ⅳ. ①F127.74

中国国家版本馆 CIP 数据核字（2023）第 082989 号

德昂山乡迎幸福巨变
DE'ANG SHANXIANG YING XINGFU JUBIAN

《深山走出脱贫路》编委会　编
丛书主编:杨泠泠
本册编著:杨　芍

出 版 人：温　翔
责任编辑：洪丽春　蒋朋美　曾　芫　张　朝
助理编辑：龚萌萌
封面设计：解冬冬
责任校对：秦永红
责任印制：蒋丽芬

书　　号：ISBN 978 - 7 - 5587 - 4849 - 3
印　　刷：昆明天泰彩印包装有限公司
开　　本：787mm×1092mm　1/16
印　　张：13.25
字　　数：306 千字
版　　次：2025 年 2 月第 1 版
印　　次：2025 年 2 月第 1 次印刷
定　　价：68.00 元

出版发行：云南科技出版社
地　　址：昆明市环城西路 609 号
电　　话：0871 - 64114090

前言

　　德昂族由于客观生存条件和历史等原因，长期处于发展落后的状态，在中国共产党的领导下，中国的脱贫攻坚战攻克了历史性贫困，成为人类减贫事业的奇迹和典范。本书是一本专门研究云南德昂族脱贫攻坚情况的著作。从宏观和微观的角度展现了历史性的社会变革和国家大政方针的正确指导，同时又从个案中体现了共产党人不忘初心、鞠躬尽瘁为人民，以及人民群众不畏艰险、团结战贫的精神。

　　作为云南人口较少民族脱贫发展之路系列丛书中的德昂族篇，讲述了一个人口较少民族在党和国家的帮助下跨越式发展的历史进程，并且打赢了脱贫攻坚战，获得了整族脱贫。以民族聚居地区的发展个案为线索，呈现德昂族在经济、社会、文化等各个方面的变迁，在党的政策和帮扶之下消除贫困、实现跨越式发展的成功实践。

　　此书既有丰富生动的案例，又有学理分析，内容具有较强的现实意义、理论参考意义和流传价值。文笔生动，深入浅出，理论性和趣味性兼具，概括和提炼了云南"直过民族"实际科学精准脱贫的成功经验。

目　录

深山走出脱贫路

云南人口较少民族脱贫发展之路

中华人民共和国成立以来
德昂族发展大事记

▶ **2002 年** 10 月 1 日，在芒市广场举办德昂族传统工艺品和民族服饰展示活动。

11 月 6 日，台湾电视台、云南电视台到出冬瓜村进行《云南大不同》专题电视拍摄。

▶ **2005 年** 9 月 30 日，"德昂族更名 20 周年活动"在芒市举行。

▶ **2007 年** 上海对口帮扶项目全面实施。

7 月，德昂族女诗人艾傈木诺诗集《以我命名》出版，结束了德昂族没有个人文学作品专辑的历史。

11 月 3 日至 12 日，第六届中国舞蹈"荷花奖"民族民间舞大赛在贵阳举行，德昂族民族风情舞《红腰箍》夺得此殊荣。

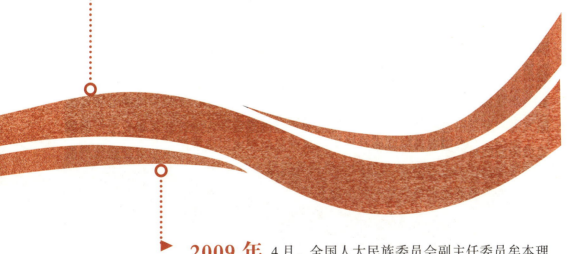

2008 年 4月，温家宝总理深入三台山乡允欠一组、允欠村三组视察调研，并提出了要抓好三件事情：一是移民搬迁，把村民们搬到离他们土地比较近的地方。二是修小型水利工程，把水存住，灌溉农田。三是调整产业结构，要搞多种经营，除种水稻、甘蔗外，还可以种香蕉、咖啡树，发展养猪等养殖业，有组织地出外打工。

8月，德昂水鼓演出亮相奥运会。

李宝莲推出了个人首张演唱专辑《德昂姑娘》录音磁带，这也是中国首张德昂族音乐专辑。

德昂族女诗人艾傈木诺诗集《以我命名》获全国第九届少数民族创作"骏马奖"，这是德昂族作家第一次获此殊荣。

2009 年 4月，全国人大民族委员会副主任委员牟本理到三台山德昂族乡调研。

11月8日，由中国文联、中国民协主办的第九届中国民间文艺山花奖·全国民间鼓舞鼓乐大赛在江西婺源县举行。经过激烈角逐，来自云南德宏潞西县（今芒市）三台山乡德昂族的水鼓舞队在比赛中脱颖而出，技压群芳，一举夺得第九届中国民间文艺山花奖。

▶ **2010 年** 4月，德昂族博物馆在三台山落成。

9月，云南德昂族的女孩王转云和另外59名来自26个民族的云南优秀少年到上海参加了为期1周的"世博阳光"之旅。

11月，曾在2008年北京奥运会上令人眼前一亮的水鼓演出，出现在第16届广州亚运会的开幕式垫场演出之中。

▶ **2011 年** 4月30日至5月2日，"2011中国昆明国际文化旅游节昆明狂欢节"在昆明市隆重举办，在"云南民族村"德昂寨内，再现了德昂族泼花节的场面。

6月，由云南省教育科学研究院组织的"十一五"第二、第三批部分教育科研立项课题结题评审正式揭晓，镇康县教师周怀聪牵头研究的省级重点课题《镇康县德昂族教育研究》经省教育科学研究院专家组认定正式通过课题评审。

深山走出脱贫路

云南人口较少民族脱贫发展之路

绪 论

德昂族是云南省特有民族，根据《中国统计年鉴（2021）》，中国境内德昂族的人口数为 22354 人。①主要分布在德宏、保山、临沧等州市，其中德宏芒市的三台山是全国唯一的一个德昂族乡，全乡总人口 7713 人，德昂族人口 4594 人，占全乡人口的 61%。辖勐丹、出冬瓜、允欠、邦外 4 个村民委员会，31 个自然村，34 个村民小组，其中德昂族有 19 个村民小组，景颇族有 7 个村民小组，汉族有 8 个村民小组。三台山乡，位于芒市中部，距市府所在地 22 千米，有 320 国道从境内穿过，是通往瑞丽、畹町等国家级口岸的重要交通要塞。德昂族是云南 9 个"直过民族"之一，2019 年 4 月，云南省向外公布的已先行整族脱贫的 3 个"直过民族"里，就有德昂族。德昂族的整族脱贫，"一步跨千年"的辉煌历程，三台山德昂族乡就是缩影。②德昂族和独龙族、基诺族的脱贫，在当时引起了媒体广泛关注。据"国家民委"微信公众号 2019 年 4 月 22 日报道：这 3 个"直过民族"人口虽然只有数万，但考虑到其经济发展水平和历史自然文化等因素，今天能将其贫困发生率从几年前的 24.25% 降低到 2.42%，无疑是人类反贫困历史上最为壮观的一幕。

德昂人传唱已久的古歌里讲道："茶叶是德昂族的命脉，有德昂人的地方就有茶山。神奇的《古歌》代代相传，德昂人身上还飘着茶香。"走进德昂山寨，首先映入眼帘的就是环绕于村庄周围的一棵棵古茶树，这些茶树沐浴了几百年的风风雨雨，到今天仍然郁郁葱葱。在清晨的阳光下，青绿的茶叶闪耀着宝石般的光芒，焕发着青春的活力，让人联想起古歌里的茶叶精灵。德昂族和茶的紧密联系渊源久远，德昂族选择村寨时，一般都会选在茶树能够成活的地方，认为这是吉祥之地。因此，凡是有德昂族踪迹的地方都留下了他们种植的茶树。

① 国家统计局：《中国统计年鉴（2021）》，中国统计出版社，2021。访问日期：2021 年 11 月 17 日。

② 《今日民族》，《从刀耕火种到全面小康！德昂族实现千年跨越》，腾讯网：https://new. qq.com/omn/20210204/20210204A02MQY00.html2021/02/04，访问日期：2021 年 2 月 4 日。

在今天，德昂族被人们亲切地称为"古老的茶农"。德昂人的一生和茶叶紧密相连，血脉相关。幼年时，他们在茶树下牙牙学语，嬉戏玩闹，慢慢开始学会喝母亲煮的酸茶，吃着母亲做的腌茶，一天天长大。年龄大一些后，他们背着小竹篓，跟着母亲上山采茶，回来晒茶，制茶。渐渐地，他们在茶树的滋养下长成了精壮的小伙子和亭亭玉立的姑娘，在茶林中谈情说爱，选择意中人，当春茶萌发的时节，青年男女相约上山采茶，用一首首动听的茶歌倾诉着彼此的心意和对幸福生活的向往。对于看中的意中人，他们必定会借茶叶传情，赠送茶包确认心意。到了老年，老人们坐在红红的火塘边，煮一罐酸茶，给后代讲述茶叶祖先的故事……事实上，德昂人的一生还贯穿着茶叶礼俗，从生老病死，婚丧嫁娶，茶叶作为传情达意的信物扮演着重要角色。在人生礼仪方面，有出生茶、成年茶、成亲茶、敬祖茶、祭祀茶等；在婚恋礼俗方面，有恋爱茶、择偶茶、提亲茶、定亲茶、小酒茶、请柬茶、婚礼茶等；在人际交往方面有迎客茶、敬客茶、送客茶、亲情茶、调解茶、回心茶等；在其他方面，还有建房茶、姑娘茶、丧葬茶等。折射着德昂人五彩缤纷的生命色彩。

茶叶，是德昂人真诚友谊的传递和象征：每当亲友临门，德昂人都会先招待风味独特的烤茶；分别时，还要赠送对方一包茶叶，以示双方友谊如同茶一般浓香，如茶树一样地久天长；[1] 给异地的好友送一包茶叶，表示带去长长的思念与牵挂，这茶叫"亲情茶"。

茶叶，是德昂人热烈爱情的信物：德昂族认为茶叶象征纯洁，只有用茶叶才能表达爱恋之心。小伙子求爱，往往用一包茶叶向姑娘表示爱慕，这叫"恋爱茶"；两地相思的恋人互送一包茶叶，表示深深的爱恋与思念。

茶叶在德昂人心中如此尊贵和权威，它代表着庄重、严肃和诚信[2]。茶叶信，是德昂人生命和感情的表达。今天的德昂人，借用这古老的传统形式，给党写封茶叶信，报告德昂人的幸福新生活，描绘德昂茶山的翻天覆地变化，传达对未来发展建设的激情满怀。德昂老人用颤抖的手指，精心把表诉深情的茶叶装入茶包中，按照特定的方式用红线仔细捆好，"我们说不来好听的话，请把这封信带给党"。感恩激动之心无以言表，唯有以茶传情，用德昂族这种最古老的方式才能表达德昂人心中对党的拳拳深情。下面，让我们一片一片，细数德昂人民茶叶信中的感恩深情。

① 沙平：《德昂族的茶文化》，《广东茶业》2011 年第 10 期。
② 丁菊英：《宗教视域下的德昂族茶俗文化研究》，《云南民族大学学报》2012 年 5 月。

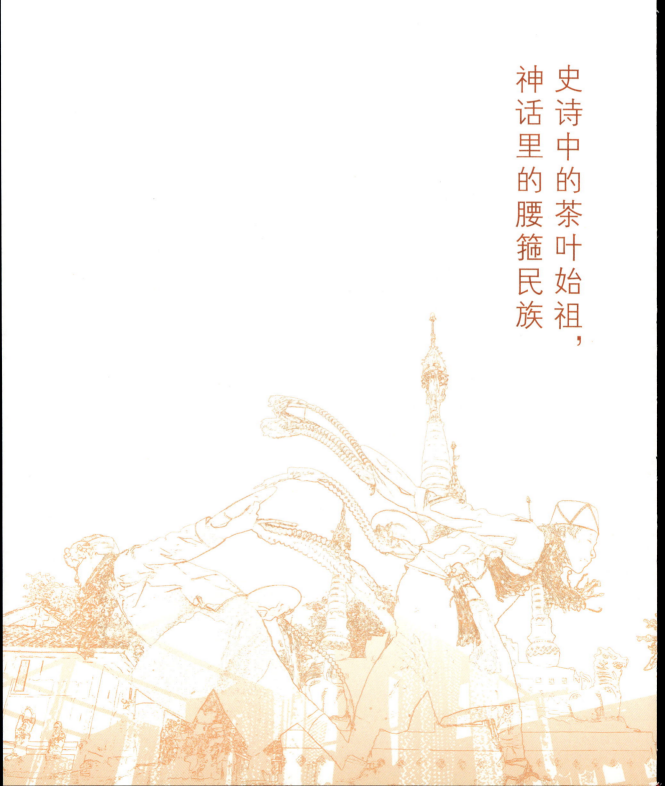

深山走出脱贫路

云南人口较少民族脱贫发展之路

史诗中的茶叶始祖，神话里的腰箍民族

德昂族妇女在茶山采茶（来源：云南省社会科学院图书馆馆藏资料）

　　德昂族是我国的古老民族之一，有着悠久的历史，也是我国西南边疆最古老的开发者，从远古时期就生活、繁衍在中南半岛、云南省等地区，是一个历史悠久的原住族群，在长期的发展过程中形成了独具特色的民族文化。云南省德宏州的各民族都公认德昂族是这一地区最古老的民族，被誉为"古老的茶农"。德昂族属于孟—高棉语族，中国境内的德昂族没有代表本民族语言的文字，德昂族在发展过程中因战争、生计等错综复杂的原因曾多次迁徙，其族源历史和文化主要由口头的传承方式流传下来，如创世史诗《达古达楞格莱标》和《祖

先创世纪》《人类的起源》等传说都是靠口头流传。《达古达楞格莱标》中说，在远古时代，天界有一株茶树，它愿意离开天界到大地上生长。帕达然考验了它，让狂风吹落它的 102 片叶子，撕碎它的树干，并让树叶在狂风中起变化。于是，单数变成了 51 个精明能干的小伙子，双数变成了 51 个美丽的姑娘。他们组成了 51 对夫妻，共同经过 10001 次磨难之后，有 50 对夫妻返回了天界，仅最小的一对夫妻留在人间，他们就是德昂族的始祖。创世史诗中的这些内容反映了德昂人早期对茶叶的图腾崇拜。《人类的起源》传说里认为德昂族是从葫芦里出来的。故事说，从葫芦里出来的人都是一个模样，分不出你我。后来有一位仙人把男人的面貌区分出来，男人们又用藤篾做成腰箍，套住出了葫芦就满天飞的妇女。从此妇女都戴腰箍，并且与男子一起生活。这些神话传说从侧面反映了德昂族原始发展时期的面貌。

德昂族族源历史及变迁

德昂族是云南省特有的少数民族。德昂族（缅甸境内称"崩龙族"）是滇西境内早期的世居民族之一，与南亚语系孟—高棉语族中的佤族、布朗族、克木人等同源于古代的"百濮"族群。明末清初，德昂族从族群中分化出来，成为一个单一民族。清代中国史籍中开始出现了对德昂（崩龙）族比较确切的记载。清《征缅纪闻》中对德昂族的描述为："类似摆夷而语言不同，男以背负，女以尖布套头，以藤篾圈缠腰，漆齿文身，多居山顶。"

德昂族自称"德昂"，"德"为尊称词，"昂"为山崖或岩洞，意为住在岩洞里勤劳善良的人。在德昂族的口头传说中，开天辟地之际，先是火烧大地，随后又是洪水滔天，人类濒临灭绝，只有少数人及牛、马等动物躲入大葫芦中，顺水漂流到一座巨崖下停住，因此就在山崖岩洞中居住，重新繁衍人类，子孙后代因而便自称"德昂"，以纪念祖先居住岩洞的历史。另外，德昂族的传说故事《龙女人祖》里也讲述，德昂族是一龙女与原始森林中德高望重的大法师杜佛拉登瓦河的徒弟斯母达瓦哈那（太阳）相爱于媚达瓦湖畔，后来在岩洞中诞下了人类。因此，德昂族认为自己是从岩洞中出来的民族。缅甸德昂族和中国德昂族一样，自称"德昂"，而"崩龙"是其他民族对他们的称谓。明朝时期因"三征麓川"的长期战乱，滇西南一带的族人移居到今缅甸掸邦一带，一部分退居山区，还

德昂族群众（来源：云南省社会科学院图书馆馆藏资料）

有一部分内迁到禄丰、楚雄、南华等地。到了清朝嘉庆年间，德昂族不堪压迫，爆发了农民起义，后被残酷镇压，族人被迫四处迁徙，有的迁到怒江一带，有的逃往缅甸。由于山水相连，中缅两国德昂族历史上的迁徙，呈现出"江河同流、民族同宗、文化同源"的特点。①

从历史上看，汉晋时期的濮人被认为是德昂族、佤族、布朗族的先民，元、明时期德昂族先民主体包含在永昌府西南地区的"蒲人""蒲蛮""朴子蛮"之中，即近代布朗族和德昂族的先民。《元史》本纪第三十载："泰定帝四年（公元 1327 年）十一月辛卯，以降蛮谢乌穷为蛮夷官。云南蒲蛮来附，置顺宁府、宝通州、庆甸县。"②这是史籍中首次对"蒲蛮"的记载。"崩龙"一词在清代时才在史书中正式出现③，清光绪《永昌府志》卷五十七《种人》中记载："崩龙，类似摆夷，惟语言不同。男以背负，女以尖布套头，以藤篾圈缠腰，漆齿文身。多居山巅，土司地皆有。"④这是清代官方正史中关于德昂族的唯一一条记载。

11

---

① 尹湘云、文幸闺：《滇缅德昂（崩龙）族民歌文化研究》，《北方音乐》2017 年第 37 卷第 13 期，第 37 页。
② 宋濂等：《元史》卷 30《本纪第三十·泰定帝二》，中华书局，1976，第 742 页。
③ 《德昂族简史》编写组：《德昂族简史》，云南教育出版社，1986，第 1 页。
④ 刘毓珂：《永昌府志·种人》（卷 57），1885。

至此，德昂族以"崩龙"作为族称开始出现于汉文史籍记载中。德昂族自明清以后，势力逐渐衰微，在相当长的一段历史时期里都处于傣族土司的统治下。中华人民共和国成立之后，在民族识别中被识别为"崩龙族"；1985年根据本民族的意愿，并报请国务院批准，正式更名为"德昂族"。

中华人民共和国成立后，党和国家的民族区域自治政策保证了德昂族人民享受到平等的政治参与权利和民族自治权利。1953年7月，德宏傣族景颇族自治区（1956年5月改自治州）成立，其中德昂族代表有12名；在德昂族居住比较集中的州、县各级人民政府中，都有德昂族的干部，各级和全国人民代表大会也有德昂族代表参加。1987年12月，在芒市三台山建立了第一个也是唯一一个单一德昂族民族乡。1988年3月，在临沧地区的耿马县，成立由佤族、拉祜族、傈僳族、德昂族联合建立的军赛民族乡。[1]

德昂族地理分布及人口

德昂族是一个跨中、缅、泰三国而居，人口主体在缅甸的民族。[2] 中国德昂族主要分布在中缅交界地区的山地，大部分属于亚热带、热带季雨林山区，雨量充沛，夏无酷暑，冬无严寒，气候分为干、湿两季。从考古学研究及史书记载看，在云南省境内德昂族先民活动的足迹主要在澜沧江、怒江中游、洱海区域。这些地区地处青藏高原东南缘大斜坡地带，以山地高原为主。而德昂族先民活动的地方，就在滇西南的横断山区，这里有高黎贡山、怒山与云岭，澜沧江、怒江与其相间排列，是青藏高原和中南半岛的连接地带。在澜沧江、怒江中游地带，山脉逐渐向东西展开，形成扫帚状山地，并在两山之间的河流两岸形成较多宽阔河谷与盆地，垂直气候明显。同时，云南处在亚热带季风气候区，是青藏高寒区与南亚热带季风气候区的结合带，多受来自海洋暖湿气流的控制。当地居民用"一山分四季，十里不同天"来表述它。这里气温适宜，夏无酷暑，冬无冰雪，

---

① 据中华人民共和国国家民族事务委员会网站：https://www.neac.gov.cn//seac/ztzl/daz/gk.shtml。
② 赵永胜：《缅甸与泰国崩龙人的民族学考察》，《西南边疆民族研究》2015年第2期，第10—17页。

雨量充沛，气候明显地分为干季（旱季）和湿季（雨季）。这里在古代森林茂密，江河水系纵横，生物资源丰富，成群的野象、野牛、猴子、孔雀等活跃于丛林蔓草之中，还有虎、豹、熊、鹿、野猪、蟒蛇等数十种动物。素有"动物王国""植物王国""有色金属王国"等之称的云南，气候良好，雨量充沛，不论是低山、缓坡或平坝，都土质肥沃。得天独厚的自然条件，是古人生息繁衍的理想栖息之地，也为德昂族先民的生产生活提供了充足的资源。

勤劳的德昂族先民很早就在这块肥沃的土地上垦殖旱地和开辟水田。他们的农田水利建设水平和经济作物的栽培技术也比较高，很早就能种植旱谷、水稻、荞子、苞谷和薯类，也种植核桃、甘蔗等经济作物。他们种植茶树的历史尤其久远。园地除种植蔬菜外，一般都要种几蓬芭蕉、甘蔗，植几株黄果、波罗蜜、梨、杧果、石榴、番木瓜之类，四季都有蔬菜和水果，这在边疆是颇具独特风格的。德昂族先民，是开发滇西南地区的古老民族之一。[1]

中国德昂族大多与景颇族、傈僳族、佤族、汉族等民族毗邻而居，在坝区傣族村寨之间也有少数德昂族村寨。[2]中国的德昂族人口共有20556人（2010年），是一个典型的主体在外境的跨境而居的民族，属于我国人口较少的民族之一。中国一侧的德昂族主要居住在德宏傣族景颇族自治州的芒市、梁河、盈江、瑞丽、陇川等县市，临沧市的镇康、耿马、永德和普洱市的澜沧等县山区，以及保山市的隆阳区等10余个县（市、区）之中也有居住生活，他们以一种大分散、小聚居的形态分布在滇西边境，其中芒市的三台山德昂族乡和临沧市镇康县的军弄乡是德昂族居住比较集中的地区。

德昂族由于居住分散，所以自称、他称很多。居住在德宏地区的德昂族自称"德昂"，镇康、耿马的德昂族则自称"尼昂"或"纳昂"，此外，还有"崩龙""昂""冷""梁""布雷""纳安诺买"等称呼。根据德昂族妇女裙子上所织线条的不同色调特征，当地汉族人民分别称她们为"红崩龙""花崩龙""黑崩龙"等。[3]而居住在澜沧拉祜族自治县的德昂人则又称"崩"。景颇族、阿昌族等族称之为"崩龙"；傣族称之为"崩龙""碧利"或"滚峦"（山上人）、"傣密"

13

① 《德昂族简史》修订本编写组：《德昂族简史》，民族出版社，2008。
② 张实：《跨境民族间经济文化互动研究——对云南省德宏州三台山乡德昂族的田野调查》，《中国边境民族的迁徙流动与文化动态》2009年第212-229页。
③ 引自《民族问题五种丛书》之《中国少数民族》卷。

（山上的傣人）。中华人民共和国成立初期德昂族仅有5000余人，1990年已发展到15462人，比中华人民共和国成立初期增长了2倍多。其中，德宏州1953年有3122人，1990年有10892人，占德昂族总人口的70%以上。[①]

中国德昂族人口分布最多的地方是云南省德宏州，全州一共辖2市3县，这些县市均有德昂族分布。2017年，居住在德宏州的德昂族总人口数为15458人，其中芒市辖区内的德昂族人口最多，达10675人；其次是瑞丽市有1919人，陇川县有1572人，梁河县有829人，德昂族人口最少的盈江县有463人。从德昂族在德宏州的人口分布情况看，主要分布在德宏州州府芒市三台山乡。

临沧的德昂族主要分布在镇康、永德、耿马3县。镇康县是国内德昂族的第二大聚居地，截至2008年末，镇康县已有德昂族3987人，主要分布在南伞镇哈里行政村的哈里、大寨、中寨、下寨、火石山，白岩行政村的白岩、硝厂沟，军赛乡大坝行政村的小红岩，南榨行政村的酒房坡等地。[②]从具体的人口分布来看，白岩村：白岩，有德昂族农户89户，人口432人；硝厂沟，有德昂族农户168户，人口9408人。哈里村：大寨，有德昂族农户49户，人口251人；火石山，有德昂族农户18户，人口77人；中寨，有德昂族农户20户，人口106人；下寨，有德昂族农户33户，人口172人；哈里，有德昂族农户71户，人口310人。军赛乡大坝村：小红岩，有德昂族农户82户，人口326人。南榨村：酒房坡，有德昂族农户30户，人口141人。全县德昂族聚居9个自然村，共有德昂族农户517户，人口2488人，其余皆与汉族杂居，散布于各乡镇。[③]

境外的德昂族主要分布在缅甸与中国德宏、保山、普洱、临沧4个州（市）接壤的一侧，以及柬埔寨、老挝、越南、泰国等国家和地区。德昂族在缅甸的人口约在70万人以上，是缅甸最早的原住民。缅甸的德昂族仍被称为"崩龙"族，缅甸官方称之为"布朗"族（Palaung）。也有称之为"帕拉温"族的。"崩龙"是缅族人和掸族人对他们的称呼，同时，缅甸崩龙族也有"汝脉""梁""布列"

14

---

① 张实：《跨境民族间经济文化互动研究——对云南省德宏州三台山乡德昂族的田野调查》，《中国边境民族的迁徙流动与文化动态》2009年第212-229页。

② 镇康县民宗局，政协镇康县文史委：《镇康德昂族》，政协镇康县委员会文史资料委员会，2009。

③ 卢绍良：《德昂族教育发展现状与对策——以镇康县为例》，《创造》2019年第7期第14-19页。

等自称，缅甸崩龙族主要有"梁人"和"波里人"两支。①主要分布于缅甸东北部的中缅边境地区、居住于北掸邦高原一带的 13 个镇区。②目前，缅甸德昂族聚居的区域有：南山镇区、曼同镇区、南坎镇区、木姐镇区东南部、贵概镇区西部、南渡镇区、皎梅镇区西部和北部、抹谷镇区东部和孟密镇区东南部，这些镇区主要集中在掸邦北部和西北部。

据史料记载，中国境内的崩龙族先民较大规模地向缅甸迁徙是在元、明、清时期。元中期，以麓川思氏为代表的"金齿百夷"势力崛起，通过一系列的征战，傣族成为这一地区的统治民族，而原居住在这一地区的崩龙族先民"蒲人"则被迫迁徙至缅甸或山区。明代由于"三征麓川"的长期战乱，一部分"蒲人"移居今缅甸北掸邦一带，一部分退居到禄丰、楚雄等地。清代嘉庆年间，德昂族人民不堪清统治者的残酷压迫，于 1841 年爆发了以塌岗瓦为首的德昂族农民起义，后因受到残酷镇压，德昂族被迫四处迁徙，有的迁到怒江以东，有的逃往缅甸。此后，德宏州一带的德昂族就不多了。自清代以后，德昂族的大部已迁徙到缅甸，少部分仍留在中国云南省的西南边疆地区，大多分散分布于山区，主要聚集区是云南省德宏傣族景颇族自治州芒市的三台山德昂族乡。缅甸德昂族分布较集中，一般不与其他民族杂居，常以亲族为单位建立村寨，村寨大多建在高山上。一个家族成员共同居住在一幢长方形的大房屋中，一般有多个家庭，屋内有隔墙和房间，每户都有火塘。家族中由年龄最长、威望最高的男子任一族之长。③对于德昂族人来说，国境线似乎并未对他们的交往和文化交流造成多大的阻碍。尽管中国的德昂族居住得十分分散，但几乎每一个居住点距离国境线都不远，他们大多都与境外的同胞保持着千丝万缕的联系。④

德昂族作为跨境民族，分布在中国境内的德昂族人口少而分散，境外的德昂族人口多且集中。中国德昂族有 70% 左右的人口分布于德宏傣族景颇族自治州的芒市、梁河、盈江、瑞丽、陇川等县（市）；保山市，临沧市的镇康县、耿

---

① 周建新：《缅甸各民族及中缅跨界民族》，《世界民族》2007 年第 4 期第 86-94 页。
② 《缅甸德昂族简史与德昂民族解放军概况》，缅华网，访问日期：2020 年 1 月 12 日。
③ 张实：《跨境民族间经济文化互动研究——对云南省德宏州三台山乡德昂族的田野调查》，《中国边境民族的迁徙流动与文化动态》，2009 年第 212-229 页。
④ 黄光成：《跨境民族文化的异同与互动——以中国和缅甸的德昂族为例》，《云南社会科学》1999 年第 2 期。

马县和永德县，普洱市的澜沧县也有少量分布，人口约为2万人。近几百年来的战乱与压迫，使德昂族四处迁徙，生活区域呈现出分散、以村寨为中心的特点。[①]

德昂族支系较多，划分标准不一，此处按布列、梁、饶买、饶扩、饶静、饶景、饶薄七个支系划分，这七个支系在中国分布的详细情况如表1：

表 1　中国德昂族村寨基本情况统计表[②]（截至 2019 年底）

序号	州市	县市	乡镇	寨名	户数	人口	支系	备注
1	德宏州	芒市	三台山乡	出冬瓜一组	30	126	梁	梁 2390
2	德宏州	芒市	三台山乡	出冬瓜二组	38	176	梁	
3	德宏州	芒市	三台山乡	出冬瓜三组	76	380	梁	
4	德宏州	芒市	三台山乡	出冬瓜四组	45	193	梁	
5	德宏州	芒市	三台山乡	卢姐萨	58	245	梁	
6	德宏州	芒市	三台山乡	早外	45	243	饶扩	饶扩 1287
7	德宏州	芒市	三台山乡	邦外	76	337	布列	
8	德宏州	芒市	三台山乡	帕当坝	90	374	布列	
9	德宏州	芒市	三台山乡	上帮村	45	206	布列	布列 4746
10	德宏州	芒市	三台山乡	允欠三组	36	154	布列	
11	德宏州	芒市	三台山乡	勐丹	59	246	布列	
12	德宏州	芒市	三台山乡	沪东娜	44	144	布列	

　　注：全国共 79 个德昂族村寨 20251 人，其中，饶静支系 21 个村寨 6646 人，占 32.8%；布列支系 22 个村寨 4746 人，占 23.4%；饶买支系 16 个村寨 3987 人，占 19.7%；梁支系 14 个村寨 2390 人，占 11.8%；饶扩支系 2 个村寨 1287 人，占 6.4%；饶景支系 2 个村寨 759 人，占 3.7%；饶薄支系 2 个村寨 436 人，占 2.2%。

---

① 袁丽华：《中缅德昂族历史叙述比较研究》，博士学位论文，2019。
② 本表由德宏州社科联主席杨五青整理提供。

续表1

序号	州市	县市	乡镇	寨名	户数	人口	支系	备注
13	德宏州	芒市	三台山乡	南虎老寨	39	200	布列	
14	德宏州	芒市	三台山乡	南虎新寨	31	132	布列	
15	德宏州	芒市	三台山乡	勐莫	62	240	布列	
16	德宏州	芒市	三台山乡	广纳	39	145	布列	
17	德宏州	芒市	三台山乡	户拉山	57	250	布列	
18	德宏州	芒市	三台山乡	帮囊	72	311	布列	
19	德宏州	芒市	三台山乡	冷水沟	22	84	布列	
20	德宏州	芒市	三台山乡	马脖子一组	63	281	布列	
21	德宏州	芒市	三台山乡	马脖子二组	45	217	布列	
22	德宏州	芒市	中山乡	小街	58	237	布列	
23	德宏州	芒市	中山乡	等线	45	239	布列	
24	德宏州	芒市	中山乡	波戈上寨	42	190	饶薄	饶薄 436
25	德宏州	芒市	中山乡	波戈下寨	30	135	梁	
26	德宏州	芒市	勐戛镇	香菜塘上寨	97	421	饶静	饶静 6646
27	德宏州	芒市	勐戛镇	香菜塘下寨	18	76	梁	
28	德宏州	芒市	勐戛镇	茶叶箐	240	1044	饶扩	
29	德宏州	芒市	勐戛镇	风吹坡	29	107	梁	

续表1

序号	州市	县市	乡镇	寨名	户数	人口	支系	备注
30	德宏州	芒市	勐戛镇	湾手寨	56	246	饶薄	
31	德宏州	芒市	芒市镇	芒龙山	57	256	饶静	
32	德宏州	芒市	风平镇	拱卡	62	277	饶静	
33	德宏州	芒市	遮放镇	拱送	35	158	布列	
34	德宏州	芒市	遮放镇	拱撒	75	321	布列	
35	德宏州	芒市	西山乡	回龙	49	206	布列	
36	德宏州	芒市	五岔路乡	老石牛一组	29	114	饶景	饶景759
37	德宏州	芒市	五岔路乡	帮岭三队	135	645	饶景	
38	德宏州	芒市	五岔路乡	横山一社	40	178	布列	
39	德宏州	芒市	五岔路乡	龙怀坪	20	86	布列	
40	德宏州	瑞丽市	户育乡	雷宫	27	91	饶买	饶买3987
41	德宏州	瑞丽市	户育乡	芒海	38	132	饶买	
42	德宏州	瑞丽市	户育乡	弄贤	68	247	饶买	
43	德宏州	瑞丽市	勐秀乡	广卡	43	156	饶买	
44	德宏州	瑞丽市	勐秀乡	雷门	34	131	饶买	
45	德宏州	瑞丽市	勐秀乡	南桑	96	327	饶买	
46	德宏州	瑞丽市	勐卯镇	贺德	36	135	饶买	

深山走出脱贫路 云南人口较少民族脱贫发展之路

续表1

序号	州市	县市	乡镇	寨名	户数	人口	支系	备注
47	德宏州	瑞丽市	畹町镇	芒棒	15	85	饶买	
48	德宏州	瑞丽市	畹町镇	回环	50	220	饶买	
49	德宏州	陇川县	章凤镇	云盘	108	432	饶买	
50	德宏州	陇川县	章凤镇	南多	31	127	饶买	
51	德宏州	陇川县	章凤镇	龙莫	78	346	饶买	
52	德宏州	陇川县	章凤镇	飞刚	79	297	饶买	
53	德宏州	陇川县	章凤镇	芒棒	109	470	饶买	
54	德宏州	陇川县	章凤镇	费顺哈	107	435	饶买	
55	德宏州	陇川县	景坎镇	景恩	93	356	饶买	
56	德宏州	盈江县	旧城镇	小新寨	25	102	梁	
57	德宏州	盈江县	新城乡	松山	56	186	梁	
58	德宏州	梁河县	河西乡	二古城老寨	74	296	梁	
59	德宏州	梁河县	河西乡	二古城新寨	34	118	梁	
60	德宏州	梁河县	九保乡	上白露头	31	120	梁	
61	德宏州	梁河县	九保乡	下白露头	36	130	梁	
62	保山市	隆阳区	潞江镇	白寨	86	386	饶静	
63	保山市	隆阳区	潞江镇	那线寨	29	136	饶静	

19

续表1

序号	州市	县市	乡镇	寨名	户数	人口	支系	备注
64	保山市	隆阳区	潞江镇	大中寨	56	213	饶静	
65	保山市	隆阳区	潞江镇	大沟边寨	46	173	饶静	
66	临沧市	镇康县	南伞镇	哈里村哈里组	86	436	饶静	
67	临沧市	镇康县	南伞镇	哈里村大寨组	62	279	饶静	
68	临沧市	镇康县	南伞镇	哈里村下寨组	40	205	饶静	
69	临沧市	镇康县	南伞镇	哈里村中寨组	32	138	饶静	
70	临沧市	镇康县	南伞镇	哈里村火石山组	14	57	饶静	
71	临沧市	镇康县	南伞镇	白岩村白岩组	112	513	饶静	
72	临沧市	镇康县	南伞镇	白岩村硝厂沟组	215	917	饶静	
73	临沧市	镇康县	军赛乡	南榨村酒房坡组	40	197	饶静	
74	临沧市	镇康县	军赛乡	岔路村红岩组	57	244	饶静	
75	临沧市	永德县	崇岗乡	团树村豆腐铺组	126	527	饶静	
76	临沧市	耿马县	孟定镇	下坝村红木林组	69	316	饶静	
77	临沧市	耿马县	孟定镇	班幸村大湾塘组	101	443	饶静	
78	临沧市	耿马县	孟定镇	班幸村班幸组	68	278	饶静	
79	临沧市	耿马县	孟定镇	班幸村千家寨组	53	234	饶静	

由表 1 可见，中国境内的德昂族主要分布在云南省德宏州，其中以芒市三台山乡最为集中，三台山乡也是全国唯一的德昂族乡。除芒市外，德宏州瑞丽市、陇川县、盈江县、梁河县也有分布。其中芒市三台山乡分布的主要是布列支系，芒市的其他部分乡镇还居住着饶薄、梁、饶静、饶扩等支系；瑞丽市、陇川县分布的主要是饶买支系；盈江县和梁河县分布的主要是梁支系。另外，云南省保山市、临沧市也分布有德昂族饶静支系的人口。德昂族在中国的分布具有分布地域集中，同时聚寨而居的特点，在本寨内使用本民族语言。

德昂族语言文字

语言

德昂族有自己本民族的语言，但没有代表本民族语言的文字。德昂语属南亚语系孟—高棉语族佤德昂语支。德昂族虽然分布地域广，人口不多，散居杂处在其他民族之间，但他们的村寨多为本民族单一聚居，仍存在小范围内使用本民族语言的条件。中华人民共和国成立前，德昂族与傣族、景颇族、佤族、汉族交往密切，毗邻傣族、景颇族和汉族聚居地区的德昂人大多能讲傣语、景颇语和汉语。成年男子一般都兼通周围民族的语言，但以懂傣语的人数为多。并且，与傣族杂居在一起的德昂族为了方便与傣族交往，平时的生产生活中均使用傣语与周边傣族交流，因此，德昂语中出现大量借用傣语的情况。[1] 中华人民共和国成立后，德昂族在政治、经济、文化方面与汉族联系密切，交往频繁，懂汉语、识汉字的人迅速增加。当前，德昂语中的借词也由过去以借傣语为主转为借用汉语为主。[2] 比如出冬瓜村，位于全国唯一的德昂族乡三台山乡，德昂族人口分布比较集中，是典型的德昂族社区。出冬瓜村 6 个德昂族寨子内交际使用德昂语，寨子外交际使用德昂语、当地汉语方言和汉语普通话，这代表了我国德昂族的语言使用现状。[3] 总的来说，

① 赵金萍：《德宏州德昂族与傣族关系探析》，《文化创新比较研究》2018 年第 2 卷第 22 期第 33-34 页。
③ 桑耀华主编《德昂族文化大观》，云南民族出版社，1999。
④ 尹巧云：《德昂语长短元音研究》，学位论文，中央民族大学，2011。

德昂族社会对语言的兼用持一种包容开放的态度，认同其他民族的语言，认为只有掌握其他民族的语言才能很好地与其他民族交流沟通。同时，德昂族又对自己的民族语言有着深厚的感情，几乎全民使用母语，德昂语在同族人间作为主要交流语言，母语熟练，语言稳固。与外族交流时主要使用当地汉语方言，大多数德昂人兼用汉语，已形成了"德昂—汉"的双语类型。[1]

德昂族语言不统一，从地域上划分比较困难，有的两寨为邻，但语言难于沟通，有的虽然相隔很远，语言却互通；若以民族支系来划分，就比较清楚，凡属同一支系的德昂族，虽然居住分散，语言却一致。不同支系的德昂族尽管居住在同一地区，语言却不通。他们之间的差异主要表现在语音上，其次是词汇上，语法上基本相同。因此，德昂族方言的划分，主要根据语音的异同。根据语音的异同，可以把德昂语划分为布雷方言、汝买方言、梁方言。

布雷方言主要分布于潞西、盈江、梁河等县的德昂族居住地，使用该方言的人数居多，约占总人口的50%；梁方言主要分布在镇康、耿马、永德、保山等县市及潞西的个别村寨，使用该方言的人数约占总人口的30%；汝买方言主要分布在瑞丽、陇川等县市及芒市的几个村寨，使用该方言的人数最少。

三种方言之间，布雷与梁这两种方言较接近，虽然彼此之间不能完全听懂，但可以听懂一些，相处一段时间后就能通话。汝买方言与另两种方言差别就大些，一般不易在短期内学会。[2]

各方言内部差异的情况：汝买、梁方言内部比较一致，布雷方言内部大部分地区也是一致的，只是饶进话的语言有些差别。[3]

在方言特点方面，从语音来看，德昂族三个方言（布雷方言允欠话、汝买方言茶叶箐话、梁方言硝厂沟话）的主要特点表现在以下几个方面：

1. 声母

德昂族三个方言中的单声母均为31个，其中相同的有29个，有差异的有2个。复合声母，布雷方言有13个，汝买方言有12个，梁方言有18个。

① 汪生宇：《德昂族语言使用现状分析——以出冬瓜村德昂族为例》，《文化创新比较研究》2021年第2卷第36期，53—56+88。
② 陈相木、王敬骝、赖永良：《德昂语简志》，民族出版社，1986，第101、102页。
③ 陈相木、王敬骝、赖永良：《德昂语简志》，民族出版社，1986，第101、102页。

2. 韵母

布雷方言有单元音韵母1个，复合元音韵母19个，带辅音韵尾的韵母156个，总共有韵母185个。

汝买方言有单元音韵母9个，复合元音韵母17个，带辅音韵尾的韵母111个，总共有韵母137个。

梁方言有单元音韵母13个，复合元音韵母18个，带辅音韵尾的韵母128个，总共有韵母159个。

3. 声调

布雷方言和梁方言没有声调，汝买方言有两个声调，即高平调和全降调。[①]另外，中华人民共和国成立前，德昂语主要是吸收傣语，不仅表现在语音上，而且在基本词汇中也存在着大量的借词现象。在借词中，一般是借名词，其次是借动词和形容词、量词等实词，很少借用虚词。借词多为生活用词，政治借词不多。比如数词，1~29系德昂语固有词，30~99则借用傣语数词。另外，有些数词则是德昂语、傣语混合使用。中华人民共和国成立后，德昂语主要是借用现代汉语词汇，其特点是以借音为最多，如fvi ki（飞机）、kai fan（解放）、kun tehan tan（共产党）。德昂语的汉语借词借入后，绝大多数的音适应了德昂语语音，只有个别保留了汉语特点，增加了音位。[②]

 文字

德昂族没有代表本民族语言的通行文字，长期使用傣文。他们和傣族共同信仰南传上座部佛教，佛寺里通行傣文经典，德昂族和尚也学傣文，读傣文经典，有部分德昂族男孩，从小进佛寺当小和尚学傣文。所以很多德昂族成年男子不仅会讲傣语，而且还懂傣文，有的"佛爷"还相当精通傣文。因此，他们的知识分子（"佛爷"和当过和尚还俗的）数百年来读经、民间记事和书信往来都使用傣文。据说，德昂族的知识分子（主要是"佛爷"）曾用傣文字母拼写本民族语言，记载

23

---

① 陈相木、王敬骝、赖永良：《德昂语简志》，民族出版社，1986，第101、102页。
② 《德昂族简史》修订本编写组：《德昂族简史》，民族出版社，2008。

民族历史、风俗等，但因德昂族人口不多，使用的人少，没有流行开来。民间记事、书信往来多用傣文。同时，一定程度上还保留着刻木、结绳记事的方式。中华人民共和国成立后，党和政府在德昂族地区开办"村小"和完全小学，并对德昂族儿童入学在吃饭、穿衣、学习用品等方面给予特殊照顾，学龄儿童普遍进学校学汉文，青年一代多懂汉语、汉文。但部分中老年人只懂得傣文。[1]中华人民共和国成立后，德昂族在政治、经济、文化等方面与汉族的联系日益密切，社会交往也更加频繁，因而德昂族中懂汉语、识汉字的人不断增加。[2]

中华人民共和国成立后，曾经有学者借用缅文、拉丁文等字母创造出德昂文，但因德昂族居住分散，人口较少，因此德昂文没有被推广使用。[3]当年在潞西三台山乡德昂族中进行扫盲时仍采用傣文，这也适应他们原有的基础和特点。改革开放以来，随着德昂地区社会经济的发展，教育事业也取得了长足的进步。党和政府在德昂地区开办"村小""完小"、中学等，使适龄儿童普遍进校读书，学习汉文。目前，汉文已成为德昂族对外交流、交际的主要文字。在德昂族中，凡上过学的都能识汉文、写汉字，而且现在村公所及各村寨的文书和统计报表等也大都是采用汉文来书写记录。[4]

德昂族社会文化

德昂族是云南省人口较少民族之一，也是云南省"直过区"的跨境民族。在长期的生产、生活实践中，德昂族靠着自己的勤劳智慧与创造能力，给人类留下了独具民族特色、丰富多彩、光辉灿烂的文化遗产。《达古达楞格莱标》是德昂族的创世神话史诗，德昂语意为"最早的祖先传说"，于2008年进入第二批国家级的非物质文化遗产保护名录。《达古达楞格莱标》是德昂族迄今发掘、整理并出版的唯一一部创世史诗，全诗长1200余行，史诗与其他民族的创世史诗不同，该史诗情节单纯，始终以"万物之源"——茶叶为主线，集中地描写了

---

① 桑耀华：《德昂族文化大观》，云南民族出版社，1999。
② 《德昂族简史》修订本编写组：《德昂族简史》，民族出版社，2008。
③ 1972年，居住在缅甸的德昂族创立了德昂文字，并在境外德昂族中逐渐推广和使用。
④ 《德昂族简史》修订本编写组：《德昂族简史》，民族出版社，2008。

这一人类和大地上万物的始祖如何化育世界、繁衍人类的神迹，并以奇妙的幻想将茶拟人化，反映了德昂族人对茶树的图腾崇拜。凡是德昂族居住过的地方一般都有大片茶树遗迹留下。在云南省盈江县德昂族过去的居住地有树龄在千年以上的老茶树，铜壁关附近也有成片的老茶林；在瑞丽市户育乡的雷弄山上，德昂族留下了好几片茶林，现经当地居民修整改造，仍是当地人经济收入的重要来源。①

 ## 德昂族茶文化

1. 茶的民族

德昂族是一个崇尚种茶、饮茶的民族，种茶的历史古老悠久，被其他民族誉为"茶的民族""古老的茶农"。茶在德昂族道德中象征着诚实和信任，定亲交友，茶是信物和使者，一切真诚都在茶的甘苦回味之中。茶树与德昂人的历史紧密相连。德昂人在历史上有过几次迁居，有德昂人住过的地方就有茶山留下。②德昂族在其创世史诗《达古达楞格莱标》中世代传唱着这样的故事：在远古混沌世界的上空，茶树是万物的始祖。茶树将102片茶叶降落凡间，幻化成51对男女，这就是人类的祖先。因此，德昂族是一个以茶为图腾和祖先的民族。德昂族的祖先是茶树上的102个茶叶精灵，茶叶是德昂人的命脉，有德昂人的地方就有茶山，有茶山的地方就有动人的故事。在故事里，德昂族就是茶叶的后代，有德昂族的地方，就有满山的茶树。神奇的传说流传到现在，德昂人的身上还飘着茶叶的芳香。

由于茶叶在德昂族的社会生活中有着特殊的意义和广泛的用途，因此，家家户户都习惯在住宅周围或村寨附近的山坡上栽培一些茶树，供自己采摘揉制，晒干备用。除干茶外，德昂人也制作一种湿茶（酸茶），史书称为"谷（或沽）茶"，他们在采摘来的新鲜茶叶中，加入一些槟榔，放入大竹筒内压紧密封，使之糖化后食用。食用湿茶不必煎煮，从筒内取出即可放入口中咀嚼，茶叶微酸苦，

---

① 《德昂族的直过故事：古茶新香满边寨》，据云南民族文化音像出版社网站 http://ynmzyx.cn/zh-hans/content/539。
② 桑耀华：《德昂族文化大观》，云南民族出版社，1999。

略带回甜味。这种茶能解暑清热，在气候炎热的地区，人们都喜好嚼酸茶，古代边疆一些民族在喜庆之日多用它招待客人。①由于德昂族酸茶独特的制作流程和口味，使这种酸茶只在德昂族人内部饮用。正是当地独特的生产和生活环境，才使德昂族创造出了这种别具一格的制茶方法，不了解德昂族的历史，就很难喝出德昂酸茶真正的味道。制作德昂酸茶要采摘新鲜茶叶，用芭蕉叶包裹鲜茶，放入铺着芭蕉叶的土坑中用土盖7天左右。然后将茶叶取出来，在太阳下晒两天，一边晒一边揉搓。待茶叶稍晒干后，再把它包好捂3天，然后取出晒干。经过这些复杂的程序，茶叶才可以饮用。泡饮时使用沸水，其味酸苦，在潮湿闷热的中国西南部，有清洁口腔、清热解暑的功效，是原生态的绿色保健饮料。在过去，德昂族还有用酸茶做菜的习俗。做菜用的酸茶则要在第二道工序时适当多放几天，取出后要在碾臼中舂碎晒干。食用时用水泡发后凉拌，其味酸涩回味，使人增加食欲。德昂族自制的干茶和酸茶，也在边疆市场上出售，由于卖茶叶的都是德昂族老年妇女，傣族也把卖茶叶的德昂族老妈妈称为"峰宁"（茶叶妈妈）。这个专用名词直至今日仍保留在德宏地区傣族的语言中。②

2.表情传意的茶叶仪礼

德昂族以好饮茶、善于种植茶树而闻名，因而被人们誉称为"古老的茶农"。茶叶已成为其社交中最常见和必不可少的礼品，他们对茶叶的感情是非常特殊的。德昂人办事情离不开茶叶，他们常把茶叶作为礼品，它寓意着"茶到意到"。如果去探望久别的亲戚朋友，见面礼就是一包茶叶；有客人来了，主人家总是先沏茶招待；男青年请媒人去说亲时，首先带给女方家的是一包两三斤（斤：非法定单位，1斤=500克，全书特此说明）重的茶叶；若有喜庆事需要邀请亲朋好友光临，送上一小包系有红十字线的茶叶表示请柬；办丧事请客也是送一小包茶叶，但区别在于不系红十字，仅用竹篾条或竹麻线捆扎。如果群体之间发生纠纷，某一方有过失，请求得对方谅解时，会先送一包茶叶给对方。当有过失的一方主动送了茶叶，另一方接受茶叶后也要加以原谅，这是德昂族的礼俗；若不送茶叶而是送钱物，那就被认为是不懂德昂族的"礼"，也不会得到谅解，甚至会将事情办坏。若相互之间的纠纷自己不能解决需请头人调解时，也要裹一

---

①、② 桑耀华：《德昂族文化大观》，云南民族出版社，1999。

小条茶叶和一小条草烟交叉成"X"形交给头人，然后再申述各自的理由。①现在，茶在德昂族的生活中依旧占据着重要的位置。德昂族的社会生活中方方面面都离不开茶，茶叶的消耗也十分惊人，所以德昂族人家的房前屋后都种着茶树，空气中任何时候都弥散着茶香。

德昂族宗教

德昂族主要信仰南传上座部佛教。大约在15世纪后，南传上座部佛教就逐渐传入德昂族中，其信徒分属于"润""摆庄""多列"和"左底"四个不同的派别。一般村寨中都建有佛寺，僧侣的晋升按其掌握佛经知识的多少及威望，通过一定形式的考核升迁。10余岁的男孩多入寺为僧，时间长短不一，亦有终身为僧者。

德宏州的德昂族及临沧市的德昂族信仰的是严格的南传上座部佛教教派，禁止杀害或伤害一切有生命的东西。德昂人崇拜天堂、憎恶地狱。他们认为好人死后可入天堂，还可再转化为人；坏人死后，则入地狱，受尽煎熬。因此，在德昂人生活的地方社会安定，民族和平，勤劳勤俭蔚然成风。

德昂族还有祭拜家堂、寨神、地神、龙、谷娘等祭祀习俗，其中以祭拜龙最富情趣。一般选在春季，届时要杀猪、杀鸡，由祭司画纸龙，众人叩拜，然后一起饮酒野餐，醉酒后相互打骂，发泄平时相互之间的不满。此间不许别人劝阻，直到双方斗得筋疲力尽为止，第二天再相互道歉。由于历史和文化的原因，德昂族还保留着传统的原始信仰。这种由原始信仰与南传上座部佛教彼此渗透、相互融合而形成的错综复杂的宗教信仰，构成了德昂族群众日常生活的一个重要内容。②现在，在德昂族中仍保留着不少本民族原始信仰的遗俗，如驱鬼避邪、祭寨神、祭谷娘、祭房神、祭寨门等仪式和活动。他们认为人的生老病死、吉凶祸福都是鬼神作祟，人们为了避凶求吉，必须对鬼神进行祭祀和向它做祈祷。

1. 驱鬼避邪

德昂人在村落出入路口都设有"关艾"（即鬼门）。这是一种建立在村口的寨门，在路两侧各立一柱，间隔约四米，上架横梁，柱顶各插一把木刀（或挂

27

---

① 桑耀华：《德昂族文化大观》，云南民族出版社，1999。
②《德昂族简史》修订本编写组：《德昂族简史》，民族出版社，2008。

在横梁与柱接头处）和两小面纸幡旗，寓意为借助其力量抵御外鬼进入村寨危害人畜。对于已进入村寨或人家的鬼要将它驱逐出去，这种活动一般是在"关门节"和"开门节"之前，或数年一次大的拜佛活动——"做供"结束时举行。

2. 祭寨神

一般都选择村寨中心或附近的一株大树，在每年春节这一天祭祀。全村男女老幼停止生产，不出远门，有的地区在祭祀前大人小孩必须沐浴。在祭祀过程中，青年们敲铓锣，击象脚鼓，使祭祀增添隆重欢乐的气氛。仪式结束，"安长"（长老）将各家献的糯米饼，分给参加祭祀的人享用。祭祀后还要派出一些人守寨门，防止外村或外民族的人闯入。他们认为在祭祀这天有外人闯入，会给村民带来不幸，对违反者一定要给予处罚。

3. 祭谷娘

大米是德昂人的主要食粮。在每年农业生产节令到来之时，都要举行与谷娘有关的祭祀活动。在德昂人中流传着一个对谷娘的美好传说。传说大佛哥达玛（释迦牟尼）有一次与谷娘发生争执，哥达玛认为他能帮助人们摆脱痛苦之路，权力最大，而谷娘认为她能主宰谷物，给人类以衣食，权力也不小。双方相持不下，谷娘一气之下飞走了。此时，正当德昂人要做"大供"（大规模斋僧礼佛活动），由于谷娘飞走，没有谷物，人们饥饿难忍，无法举行拜佛活动。大佛哥达玛着急了，感到没有谷娘的确不行，于是亲自去天边寻找，找到之后向她合掌跪拜，承认错误说："事实证明还是你的权力大，离开你人们便没有饭吃，请你回到人间给人们粮食吧。"谷娘见大佛哥达玛诚心认错，为了人们的生存，谷娘不计前嫌，飞回了人间，从此人们才又有了谷物，才可以"做供"拜佛。德昂人的这个传说，用人没有饭吃无法做其他事，也无法拜佛的简明哲理，论证了粮食在人类生活中比拜佛更重要的真理。

4. 祭房神

德昂族在新竹楼建成后，必须举行祭房神的宗教仪式。新楼建成当晚，年长的家长先进入新楼，将新火塘点燃，煮好茶水。其他家庭成员则身背铁锅、水桶等各种炊具和衣物用品，站在楼下，故意大声问道："这是谁家？"老人回答："是我们家。"成员又问："给我们住吗？"老人答："不行，怕你们会带来疾病。"成员回答："我们个个身体都好，没病，不痛不痒！"老人方同意他们进入新楼。

所有家庭成员鱼贯登上竹楼，进入室内，煮晚饭吃，饭后仍离开新竹楼，临走前，由老人祈祷房神保佑全家平安。次日，全家才能将财产和用具搬入新竹楼，晚上，全村亲友邻居前来载歌载舞庆贺。

德昂族的生产力比较低下，科技不太发达，对自然界的奇异现象难以解释，更难与大自然抗衡。因此，人们希望通过祭祀的形式来获得鬼神的庇护。直至今日，他们的祭祀活动仍带有本民族早期鬼神崇拜的特征，而且保留着比较完整的内容与民族形式。[①]

德昂族信仰的南传上座部佛教，属佛教南传派系的"上座部"，南传上座部佛教传入德昂地区后，逐渐被德昂族所接受，并逐渐改变了他们对原始信仰的认识，从而使德昂族的观念和社会生活发生了重大变化。

德昂族的各种节日活动，大多数都带有浓厚的南传上座部佛教的色彩，与傣族有某些相似的地方。举例来说，每年的傣历九月十五日便是"关门节"，从这天起，僧侣们便不能离开佛寺，只能在寺内读经、静居修炼，老人们要定期到佛寺拜佛。而德昂族青年从泼水节开始就不谈恋爱和结婚，如果违背规定，会被视为猪狗不如的人。只有过了"开门节"（僧侣静居结束），和尚可以离开佛寺之时，男女青年方可开始恋爱和结婚。

此外，在日常生活中，南传上座部佛教对人们的影响也随处可见。南传上座部佛教告诫人们要乐善好施，忍受苦难，死后灵魂可以升天，来世会幸福；如在人间做坏事，作恶多端，死后就会进地狱，德昂人接受了这种观念，并体现在他们的言行中。德昂人诚心诚意地拜佛，尽可能把自己的财物献给寺院和佛爷，这是因为拜佛捐功德，可为自己求得灵魂升天，来世幸福。如果一个人一生不信佛、不供佛，一则在祖先死后不能超度亡魂。因为，佛爷们是只为信徒超度而不为非信徒超度，不免有愧对祖先之感。二则在社会上也受歧视，也愧对子孙。因此，德昂人不论家境如何贫困，每当宗教活动、祭日都要筹措钱或提供供品去供佛。[①]德昂族少年儿童，一般是10岁左右，由他们的家长向住持和尚、村社首领提出要求，得到允许后，由父亲和家族长老带领孩子，手持鲜花、供品到佛寺拜见佛爷，并提出请求。当佛爷收下孩子后，便教孩子们学习经文和佛教的基本常识，早上、晚上在佛寺学习，白天回家。[②]

---

①② 桑耀华：《德昂族文化大观》，云南民族出版社，1999。

中华人民共和国成立以来，德昂族在党和政府的领导和帮助下，生产生活发生了巨大变化，而这一切都是靠国家的扶助政策和人民的辛勤劳动取得的。勤劳致富的观念已普遍被人们认同，有些宗教节日虽然还保留着旧的形式，但已被赋予了新的内容。现在参加宗教活动的以老人和妇女居多，多数青年虽然平时也参加宗教活动，但主要是为活动 提供一些力所能及的劳动，或组织起来跳象脚鼓舞，增加节日气氛。如今大多数德昂族儿童都到政府办的学校学习科学文化知识，青年人恋爱、婚姻也摆脱了宗教的束缚和限制，这些都充分反映了德昂族宗教文化的巨大变化。①

 德昂族文学

德昂族有自己的语言，与傣族、汉族、景颇族等民族和谐共处，文化互相影响。德昂族史诗《达古达楞格莱标》和水鼓舞，是德昂族优秀的民族文化遗产。流传在德昂族人民中的口头文学，不是作为纯艺术创作，而是德昂族人民在长期的生产生活中"感于哀乐""缘事而发"的一种自我表现、自我教育、自我娱乐的产物。也有些是来源于德昂族用傣文记载的佛教神话故事，因德昂人懂傣文的不多，绝大多数是靠口头在民间流传。德昂族民间文学内容广泛，形式多样，既有神话、传说、史诗、故事，也有诗歌、寓言、笑话、谚语等。它们从不同的方面反映了德昂族人民的勤劳勇敢和创造才能，表现了他们在不同的历史环境中的思想感情、精神面貌和心理状态，并紧紧地伴随着本民族历史发展和社会生活的需要而产生、流传和发展。

德昂族神话传说内容很丰富，有关于民族起源、佛教传说、生产生活习俗等方面的内容。其中关于民族起源的神话有以下几则：

1. 葫芦起源说

传说远古时，世界上所有的民族共同居住于一个巨大的葫芦里，相处十分融洽。后来雷神劈开了葫芦，葫芦里的人走了出来，成为各个民族，然后划地而居。汉族分到一座山包，就住在山头（注：边疆汉族多居住山头），德昂族跟在后面，

---

① 《德昂族简史》修订本编写组：《德昂族简史》，民族出版社，2008。

便分在半山腰，傣族走到平地，就分在坝子里，以耕种水田为生。各民族定居后，就开始分财产和生产工具。佛爷将所有的财产、家具、工具摆开后请各民族自愿选取，汉族拿了一张纸、一支笔便走了，傣族拿了一根扁担、一杆秤也走了，德昂族最后走来，就抬走了犁头。从此，德昂族既不会读书，也不会做生意，只会种庄稼。该神话反映了该民族从穴居到倚山而居，然后开始农业耕作的历史进程，该神话把人类起源与其居住习俗，生产生活方式有机地联系起来，我们不能不惊叹该民族丰富的联想力。

2. 龙的传人说

陇川章凤地区的德昂族说，他们的祖先是龙女变成的。在很古很古的时候，龙女是大湖里的一条鱼，当天空中一只大鸟想抓她时，她就变成了一个穿着水波纹彩色裙子的美丽姑娘坐在湖边，这时大鸟也随之变成一个英俊的小伙子来与龙女相会，并结为夫妻，生儿育女。现今妇女裙子上的彩色横条纹，就是象征着水的波浪。

3. 天王地母说

传说天地混沌初开时，世上只有花草树木，没有人类。在天界有一株茶树，想去装点荒凉的大地。于是智慧女神考验了它，让狂风吹落它的102片叶子，摧毁它的树干。茶树叶在狂风袭击中发生了微妙的变化，单数叶变成了51个精明强干的小伙子，双数叶变成了51个美丽的姑娘，他们在空中轻盈地飞翔。几万年过去，他们经受住了无数凄风苦雨的磨难，谁也没有动摇、退却，于是帕达然施展神威，赶退了洪水，露出了奇形怪状的大地。但大地上却充斥着瘟疫恶魔。他们团结奋战，经历了10001次磨难，终于驱逐了所有的魔鬼，使大地清平安康。但50个姑娘因解去了腰箍，便和50个男青年飞回天界，最小的一个叫亚楞的姑娘，仍系着腰箍，便和达楞一道留在大地上，他们开始繁衍人类。开始时人类住岩洞、吃野果，后来学会了盖竹楼、种五谷。从此神话中可看出，德昂族从吃野果到靠吃五谷为生的过程，正反映了德昂族的祖先最初过着原始采集的经济生活，经过一个漫长的时期，才过渡到农业经济时代。更有趣的是，该神话把德昂族尚茶的习俗与民族起源的历史紧密结合起来，对自己民族的起源形成了一个美好的传说。

31

除民族起源神话传说外，德昂族还有《藤篾腰箍》《不献坟的传说》等生活习俗传说，以及《神女浴》《达惹木卡》等关于泼水节和南传上座部佛教的一些教规的产生传说。

德昂族的民间故事，内容丰富，形式多样，不论是故事、寓言，都和他们的生活紧密相连。纵观其民间故事，主要有以下几个特点：

（1）德昂族人民长期受到统治阶级的压迫和剥削，他们不仅多次进行武装反抗，而且用口头文学这个武器，深刻揭露了统治阶级贪婪、凶狠的灵魂，表现了该民族不畏强暴、勇敢抗争的精神。其代表作有《兔子制土司》《智斗头人》《七姑娘》《筒叶伙子》等。在这些故事中，德昂人借助丰富的想象力，把动物拟人化，通过动物故事，实际上反映了人与人之间的关系。例如《兔子制土司》是借动物来揭露统治者的贪婪，而《智斗头人》则是被统治者反抗统治者最直观的描述，表现了劳动人民的聪明才智。反压迫、反剥削故事在德昂族民间文学中占有较大分量，这和他们本民族在历史上的遭遇是分不开的，表现了该民族的爱憎观，反映了该民族要求改变受剥削、受压迫命运的强烈愿望。

（2）热情歌颂该民族的勤劳、善良品质，歌颂尊老爱幼的传统美德。代表作有《金凤凰》《情深似海》《阿西寻金记》及《弟兄俩》等。《金凤凰》描述了兄弟二人心口如一，不贪不义之财的高尚形象。《情深似海》则是讲了一个尊老爱幼的故事，表现了德昂人敬老的传统美德。

（3）热情讴歌男女之间坚贞不渝的爱情。其代表作有《彩虹》《彩礼》《扛棺材》《守地》等。勤劳善良的德昂族人民，把这些爱情悲剧进行总结，把这些血的教训代代相传，他们经常诉说这些故事，教育后代不要收受厚礼。

（4）带哲理性和寓言类作品，含有较深的生活哲理。代表作如《三次奇怪》《松鼠的死》《聪明的松鼠》等。《三次奇怪》这个简短的民间故事所含哲理是：领导者若能顺应民情，则犹如赶街，该来时群众不喊自来，该散时不撵自散；旗子只有挂在旗杆上才能发挥团结群众、号召群众的作用，否则，就不过是一块普通的布；屠戮大臣，犹如大青树被砍掉树枝，枝断叶落，原来状如华盖的大青树也就变成光秃秃的树干，最后的结果也必然是树枯根腐，只能当烧柴。《松鼠的死》的故事告诉人们，处理任何事情，不能草率从事，应先进行细致的调查研究，查清问题发生的缘由。否则，将会造成无法挽回的损失。

德昂族人民不仅创造了优美动听的神话传说及民间故事，而且创造了多种形式的诗歌，其叙事诗和长诗有着浓郁的民族特色，最为流行的有《历史调》《芦

笙哀歌》《帮工歌》《雷弄》《串》等。

德昂族长期以来遭受统治阶级的压迫和剥削，由强变弱，居住地由坝区迁往山区，由集中居住被迫迁徙流浪，以致高度分散，在民族感情上留下了深深的烙印。《历史调》叙述了该民族原居住在一个好地方。"我们在那里种茶叶，在那里盘稻田，茶叶一年熟三回，日子过得很温暖。"后经一场恶战，德昂族战败了，被迫迁徙他方。"吃的穿的被抢走，房子全部被烧光，我们含着伤心的眼泪，另找落脚的地方。"《芦笙哀歌》则是描写一对德昂族青年男女在恋爱上的悲剧。这个悲剧在德昂族中广泛流传，为悼念这对恋人的不幸，德昂人把昆撒罗的《芦笙哀歌》一代代相传下来，以作为家长们的借鉴，作为青年男女争取婚姻自由的武器。直至今日，有的地区在举行婚礼的大喜日子里，在仪式上还需重温这首哀歌。《帮工调》则是采取男女对唱的形式，由相互试探对方的爱情唱起，唱到两人相爱，准备结婚，可没有钱举办婚礼，小伙子只好外出帮人做工，挣得工钱，返回家园与心爱的姑娘成婚。

德昂族诗歌比较朴素，形象的比喻不多，多半采取直述的方式，诗句接近口语。就其内容而言，表现男女间的爱情是诗歌的主题，同时还有大量诗歌是表达德昂族人民对家乡的热爱和赞美，以及对美好未来的憧憬。传统的德昂族诗歌格调较平稳低沉，中华人民共和国成立后，新生活带给了他们新的激情，其诗歌也有了新的发展，创作出了《如今生活比蜜甜》《幸福生活哪里来》《请茶》等具有明快风格的新诗歌。《请茶》中写道："白天顶着暖融融的太阳，夜晚围着热烘烘的火塘。主人煨满一罐春尖茶，火塘，德昂人火热的心房。""一口呷下暖肚肠，一碗喝下心花放；主人的家常情切切，客人的话语意昂昂。""多种经营，五业兴旺，山山披绿装，水水飘茶香；政策对头，现金兑现，盖起新瓦房，穿上新衣裳。""不是金风扫乌云，哪来山寨活了笑声歌唱？德昂山的茶呵苦又清甜，品尝吧，该怎样理解边民的心愿和希望！"

由于德昂族是与汉族、傣族、景颇族、佤族等民族交错分寨居住，和上述民族在经济、文化方面非常密切，所以民间文学受其他民族的影响也较深，故事情节也很相似。例如，德昂族的动物故事的情节，与佤族、傣族的动物故事大同小异，这固然是由于他们经历了相同的生产方式，有比较相似的自然生活条件，但民族之间的相互交流和影响才是形成这种相似性的主要原因。有些叙事长诗如《兰嘎西贺》《相勤》《朗来恩》等，在傣族地区流传很广，在德昂族地区也广泛流传。德昂族民间文学虽与傣族、景颇族等族有相似之处，但其风格上又

有所差异。德昂族的住地，大部分是介乎景颇族和傣族之间，傣族通常住坝区，景颇族住山顶，德昂族住山腰。正如地理分布情况一样，其文学风格，也介乎傣族和景颇族之间，近似傣族文学，又不如傣族文学那样细腻；近似景颇族文学，又不如景颇族文学那样豪放。细腻和豪放兼而有之，有其独特的民族风格。汉族、傣族等民族的文学虽对德昂族民间文学有很大影响，但这些作品并不是原封原样在德昂族中流传，而是按德昂族的民族风格进行了重新组合、补充和再创造，如在德昂族中流传的《兰嘎西贺》，与傣族地区流传的就有很大区别。可以说，德昂族有本民族自己的民间文学，即使来自其他民族的民间文学，也都经过加工创造，打上了德昂族的烙印，演变为德昂族本民族的东西。

德昂族的民间故事、传说、寓言、神话、叙事长诗等民间文化宝藏十分丰富，这些宝藏主要靠民间艺人和歌手口耳相传。党的十一届三中全会以后，民族政策得到进一步落实，人们思想得到更大的解放，涌现出了一批德昂族民族文学创作者，对德昂族文学进行了收集、翻译、整理和再创作，如杨忠德同志把收集到的德昂族文学资料整理后加工撰写成诗歌、散文、故事、历史传说等文学作品，陆续在各种刊物上发表了80多篇。其中，《醉人的歌》获第二届全国优秀散文奖，《小溪》获第三届全国少数民族文学创作特别奖，《聪明的松鼠》获云南省民间文学优秀奖，《迎亲的歌》获首届云南省文学艺术创作三等奖。他撰写或整理的《德昂族民间文学作品选》《德昂族婚俗志》《德昂族民间故事选》相继出版。他自己或与他人合编的《德昂风情》《美丽的德宏》《圣洁的礼物》和《德昂族泼水节》等反映德昂族社会、文化的电视专题片和电视剧，分别被中央电视台和云南电视台录制播放。

德昂族歌手兼诗人李腊翁也先后创作出一些诗歌，他的诗作《你变菜，我变锅》在云南省少数民族文学创作评比中获奖；德昂族作者赵腊林与陈志鹏二人合写的史诗《达古达楞格莱标》在云南省民族民间文学评比中获奖。

此外，一些从事民族文化研究的工作者，也写了不少新的文学作品，如《如今生活比蜜甜》《幸福生活哪里来》《竹筒茶》《崩龙山风情》等。德昂族文学创作的起步较晚，但随着边疆各项事业的发展，出现了一批热心德昂族文学的习作者，开创了德昂族文学事业的新局面，为边疆民族聚居地区的精神文明建设作出了贡献。①

---

① 桑耀华：《德昂族文化大观》，云南民族出版社，1999。

 德昂族农耕文化

云南西部的高黎贡山和怒山山脉的广大山区，是德昂族人民世代居住的地区。这里属亚热带季风气候，雨量充沛，土壤肥沃，矿藏丰富，森林茂密，自然条件优厚。这里所产的龙竹，干粗梢长，直径一般在四五寸[1]以上，尤以镇康地区所产龙竹最负盛名，大者如柱，直径盈尺，这里还盛产大竹，即史书《华阳国志·南中志》中所称的"濮竹"，干粗节长，直径一般在四五寸，有的直径达八九寸。在古代，它是濮人（德昂族、佤族、布朗族3个民族的先民）向中原王朝进贡的礼品，历史上它是德昂族建造竹楼的主要建筑材料之一，也是他们制作生产、生活用具的好原料。德昂族使用的水筒、饭盒、箩、篾席、扁担等主要是用当地出产的大竹制作的。肥嫩的竹笋，是一种很好的副食品，除作为鲜笋食用外，还可加工为酸笋或笋干以备一年之需。总之，从古至今，大竹在德昂族的生活中都是一种不可缺少的经济林木。凡德昂族村落，各家各户都要在住宅周围或村寨附近种植数丛竹林，以供日常生活之需。[2]

德昂族很早就在自己的土地上开田垦地，栽种水稻、旱稻、玉米、荞子、薯类及核桃、黄麻等作物，中华人民共和国成立后，还种植橡胶、紫胶、桐果、棉花、咖啡等。德昂族人住宅周围，是菜地也是果园，除种植各种蔬菜外，还种植香蕉、黄果、杧果、波罗蜜、番木瓜、梨及石榴等，四季都有新鲜的蔬菜和水果。德昂族人民尤善种茶。

德昂族主要的生产活动是农业生产，同时兼营畜牧、采集、捕鱼等生产活动，他们有长期的生产经验。德昂族对水稻、棉花和茶叶的种植都掌握一定的生产技能，农作物以种植旱谷、水稻、玉米为主。但因主要居住在山区和半山区，水田较少，大多数是耕种旱地。旱地分为固定耕地和轮歇耕地（休耕地）两种。固定耕地占总耕地面积的10%左右，多在缓坡或河谷较平坦的地方，宜种玉米，但仍要轮换种植，即今年种玉米，明年则改换成种大豆，以增强土质肥力；休耕地占总耕地面积的70%左右，一般是种3年后休耕轮歇。按他们的经验，一块地一代人只种3次，一般是头年栽种甜荞、苏子（油料作物）或饭豆，以增

35

---

①寸：长度单位，非法定，1寸≈3.3厘米，全书特此说明。
②《德昂族简史》修订本编写组：《德昂族简史》，民族出版社，2008。

加土质肥力，次年种植旱谷，第三年又种植甜荞、饭豆等，第四年即开始轮歇。休耕时间一般是 15 ~ 20 年，休耕时间短则杂草多，锄草用工也多，粮食产量也低，不合算。经过 15 年后，抛荒后的土地灌木丛生，杂草遍地，又可以砍种。在农历腊月时把灌木树砍倒、晒干，次年 3 月把树枝杂草放火烧掉，充作灰肥。然后再犁一次，即可撒种。如果是平地则耙一次，陡坡就挖一次，把土块打碎。谷苗长成后，锄草两三次，就任其自长。谷穗成熟后割倒，堆于田地，吃一点儿取一点儿。近代以来，则将谷粒撞于篾笆内。另一种耕作方式是原始的刀耕火种法，每当农历冬月便将大树砍倒，次年 3 月，放火烧掉，以灰作肥，点穴播种，每穴撒三四粒玉米；旱谷则撒七八粒。苗长大后，锄一次草，即待收获。据统计，每耕种约 20 千克，从砍树烧光、犁耕、播种到收割、驮运需要有 11 道工序，需费人工 79 个，牛工 18 架，若年成较好，每箩种的播种面积可收获 40 箩左右。如耕种每箩水稻籽种的面积，也需要 11 道工序，花人工 58 ~ 63 个，牛工 31 架。在风调雨顺的年景里，上等田每箩种可收获 70 ~ 80 箩；中等田可收获 60 ~ 70 箩；下等田可收获 30 ~ 40 箩。由于德昂人多居住在山区和半山区，那里有茂密的山林和草场，适于放牧牲畜，因此，除了种植农作物，他们也放牧牲畜。牲畜种类有水牛、黄牛、骡马等，水牛主要用于犁耕，黄牛和骡马用于驮运。属于"多列"教的德昂族严禁杀生，不饲养猪、鸡，一般只养一对公鸡以司晨。在农暇时间，他们的重要生产活动是采集和渔猎。主要分工男女有别，通常是妇女采集，男子捕鱼狩猎。每当雨季到来，德昂族妇女便开始采集。采集活动分个人和集体两种。采集物的种类有水生植物，如水沟中的鱼腥草、薄荷之类；块根有野山药（野苕）、芭蕉根、董棕根等；野生植物的叶、茎、果，如野枇杷果、苦子果、栗子果、白刺花、白露花等；此外还有菌类和野竹笋；等等。凡属可食之物都在采集之列。镇康、耿马一带的德昂族妇女还把采集到的野生和家种的竹笋加工成笋片和笋丝出售。

德昂族无本民族的历法，推算季节更迭和安排农业生产活动借用傣历。德昂族使用的傣历，是一种阴阳合历。月是阴历月，即以月亮的一个圆缺周期为一个月，固定双月 29 天，单月 30 天，大小月相间，除 8 月份外，其余各月的日数都是固定不变的。年是太阳年，即以太阳沿其轨迹运行一周为 1 年，每年 12 个月，全年 354 天；19 年设置 7 个闰月，闰月固定在九月，闰九月也是 30 天。德昂族还利用干支纪年，也能用十二干支来推算出生日期和为子女命名，这种计算法主要是借用农历，但有本民族称谓。德昂族不仅根据季节从事生产劳动，

并且根据季节变换进行社交、恋爱、结婚和参加宗教祭祀等活动。德昂族人用自己的语言唱出每个月的活动：

"正月到五月，农暇季节，是青年男女相互聚会、社交和谈恋爱的时光，小伙子要带上芦笙，小姑娘要准备好草烟。"

五月歌云："冷细壳枯布来，冷哈枯布拔……"意思是五月过后，小伙子就不能串姑娘了，要赶快整理秧田、耕地，心情十分不安定。

六月歌云："冷贺腰北忍歹，尼忍合木。"意思是进入六月后，心要安定下来，男子扛起犁头，女子拿起锄头去山地。

七月歌云："听到山林'斯布布'鸟叫，'尼马'雀叫，大家去撒谷种。"

八月歌云："冷别桑来……"的时节，大家要去整理秧田、撒秧。

九月歌云："冷高具来，南尾部来……"意思是禾苗已经长高，快快去薄秧。

十月歌云："冷西木额的墨郎，冷西埃飘更歹。"芭蕉花开始结果，谷穗就要打苞，青年人的心又要浮动了。

十一月歌云："冷木埃郎，冷西木双间若。"稻谷黄，开镰收割庄稼忙，祈求稻谷装满仓。

十二月歌云："歹歪木间卡翁娘，歪间登翁勒。"家家户户舂粑粑，姑娘伙子穿新装，欢欢喜喜过新年。

此外，德昂族人民还能根据气候的变化来掌握节令，能通过观察雀鸟和昆虫活动的征兆及云彩呈现来预测晴雨、安排生活。例如，观察降雨的方法是听"章达达"鸟鸣叫两天后，天将降雨；山中竹鸡鸣叫，天将降雨；飞蚂蚁出洞满天飞舞，天将降雨；浓云笼罩山峰，天将降雨等。对天晴的征兆是云雾飘散，天将晴；彩虹出现，天会晴；雨后飞蚂蚁飞舞，预示天晴等。

德昂族家庭是按性别年龄来安排农活与家务劳动，一般情况是男性老人牧放牲畜、编织竹器，农忙时帮助劳动或看守山地窝棚，防止野兽、雀鸟践踏谷物；老年妇女舂碓、煮饭、照顾孩子、做家务；成年男子主要从事砍伐树木、锄地、犁耙、驮运谷物、砍柴等繁重体力劳动；成年妇女从事挖地、转铲、撒种、收谷、打谷、割草、找猪食、种菜、采集及纺织、染色、背水、舂谷、煮饭等家务劳动；儿童则帮助家里照看弟妹及做一些轻微的辅助性劳动和家务。

祭谷娘仪式。德宏地区德昂族的祭祀谷娘仪式和镇康、耿马地区有所不同。在收割结束时，各家妇女要拣数十穗颗粒饱满的谷穗，用稻草包扎成束，在返家的路上，边走边念：

37

"谷娘归来！谷娘归来……"

到家后，将谷包吊在囤箩上方，象征着谷娘已接回家中，明年可获丰收。此外，每家要携带些谷种和祭品前往佛寺，供"佛"享用，请"佛"爷念《蛮生干》经，祈求来年家家户户丰收。[①]

 ## 德昂族商业贸易

云南古代有一条著名的对外交通要道，史称"蜀身毒道"，现在许多人称它为"西南丝绸之路"。史学界一般认为"蜀身毒道"远在公元前4世纪就已开通。古永昌郡，是西南丝绸路上重要的一环，《华阳国志·南中志》《后汉书·西南夷列传》都说这里是"金银宝货"之地。"土地沃腴，有黄金、光珠、虎魄（琥珀）、翡翠、孔雀、犀、象、蚕桑、布帛、纹绣……又有勋旄（毛织物）、帛叠（棉织物）、水晶、瑠（琉）璃、轲虫、蚌珠。宜五谷，出铜锡。"由于永昌郡物质丰富及古道交通之利，永昌郡治及腾冲两地，很早就成了中外物资集散地。居住在古永昌郡内的德昂族祖先，很早就接触了商业交换。但就早期而言，能参与商业交换的或许只有少数民族的上层人物，从内地或从印度贩运到这里的货物，都是两国互相缺乏而又是两国统治者和有钱人家方能购买的物品，都是价值高昂的商品。至于一般群众，他们仍处在初级农业社会中，手工业尚未从农业中分离出来，群众尚缺乏普遍进入商品交换行列的条件。樊绰《云南志·风俗第八》记载，南诏时仍然是"本土不用钱，凡交易缯、帛、毡、金、银、瑟瑟，牛羊之属，以缯帛幂数计之，云帛物色值若干幂"。这反映了唐代后期南诏境内（也包括永昌）的商品贸易交换状况。上面提到的这些商品，在当时属于价格昂贵的高档商品。同时，他还指出金、银还没有成为交换的媒介，缯、帛则是流通过程中的等价物。近代在腾冲市宝峰山下核桃园的古代墓葬中曾发现汉五铢钱千余枚，这似乎反映出当地交换除用缯、帛作等价物外，富商大贾之间的交易很早就用汉代货币支付。到了元朝时期，马可·波罗记载说："其货币用金，然亦用海贝。"考古材料说明贝进入云南货币领域的时间是很早的。中华人民共和国成立后，云南省考古学界在晋宁石寨山发掘的汉时滇王墓中，就发现有大量的贝，而且用精致的青铜储贝器储藏，但广泛使用则是元明时期。同时，金银也是边疆民族人民储藏和支付的手段。宋元时，有了很大的不同，李京《云南志略》记载：

---

① 桑耀华：《德昂族文化大观》，云南民族出版社，1999。

"金齿、白夷……交易五日一集，旦则妇人为市，日中男子为市，以毡、布、茶、盐互相贸易。地多桑柘，四时皆蚕。"这时已有五日一集的固定市场，马可·波罗记载的一个商业发达地方是每星期"开市三次"。这些集市贸易除"金银宝货"供外地客商与本地贵族富商、奴隶主们交易外，进入市场的物资多与群众生活有关。德昂人的前身——蒲人素以纺织木棉布、五彩娑罗布而驰名。德昂族把茶叶作为民族的根，有悠久的饮茶、种茶历史，市场上的茶无疑是这个"古老的茶农"提供的，直到明清德、宏地区集市上的茶叶都是德昂人出售，而且，多为老年妇女，傣族称她们为"畔宁"（茶叶妈妈）。从这里略可窥见德昂人的茶叶成为商品进入市场的时间是比较早的。从调查中我们还知道，德昂族早就种植甘蔗，用土法榨取蔗汁熬制红糖，他们生产的红糖洁净透明，深受边疆各族人民喜爱。唐宋元时期，德昂人在边疆各民族中有较高的政治地位，商品经济比较发达，经济生活也比较富裕，以致在边疆一些民族中形成"德昂人很有钱，银子也多"的观念。自清代后期，德昂人的社会急剧变迁，他们原有的优越经济条件丧失了，他们提供市场的商品也不一样，过去商品价值高，此时的商品价值低多了，多是从山林中采摘来的野生果、菜，这与历史形成鲜明的对照。

近代，德昂人和周围民族间的商品交换，全仰赖于汉族、傣族为主体的定期集市。居住于芒市三台山的德昂人要到以傣族为主的帕底、芒市、遮放市场，居住茶叶管和冷水沟的则到以汉族为主的勐戛街；镇康、耿马地区的德昂人要到以汉族、傣族为主的甘棠、南伞、孟定、新街、孟浪等集市交换。他们到市场上出售自己生产的茶叶、粮食、麻布、猪、鸡、黄果、芭蕉、甘蔗和采集来的野菜、山果，购买生产生活所需的铁犁头、锄、刀、盐、煤油等。

关于边民互市，在中缅边界沿线，不论是中国或缅甸一侧，在人口较集中的地区都形成了一些定期的集贸市场，国内的德昂族（原称"崩龙族"）和国外的崩龙族都将自己的土特产投入市场，两国边民直接交易。19世纪末，英帝国主义吞并缅甸之后，他们的商业资本统治着缅甸市场，而我国的工业十分落后。因此，边疆市场上的日用工业品多为英国货或英国资本家在印度、缅甸建设的工厂生产的产品，如棉纱、棉毯、布匹、牙刷、肥皂等，缅甸的货币（卢比）也在我国边民中流通。中华人民共和国成立后，我国工农业生产迅速发展，自己生产的棉布、棉纱、锄、犁、农业机械、日用百货等源源不断地运往边疆，数量众多且价格便宜。现在我国的边疆市场都是以国货为主，并有相当一部分产品为缅甸德昂族等群众购买。德昂族的交换，主要是个人直接向市场买卖，过去存在大家庭时则由分管财务的人代表大家庭对外交换，但大家庭在 21 世纪初即已解体了。21 世纪初，德昂族人中也出现个别利用农闲时间从事牛、马或布匹、食盐等贸易的小商贩。交换中使用的货币，20 世纪 50 年代前，多用云南地方银币（半开），边境市场除用银币外，也流通缅钞。20 世纪 50 年代以后通用人民币。

改革开放以来，德昂族的观念也发生了深刻的变化，他们努力提高甘蔗、茶叶、紫胶、橡胶等商品的产量和质量。妇女们除参加生产劳动外，抽空还要采集竹笋、木耳、香菌和野生瓜果到集市出售，有的则半脱离或全脱离农业而投入市场流通领域。三台山乡有的妇女做豌豆粉卖，有的则做小百货生意。镇康县白崖村村主任刘阿芒的三个女儿分别和汉族、白族小伙子结婚，各自在镇康县南伞镇开设百货商店。商品从日用小百货到成衣、毛线、儿童玩具、收录音机、电视机等均有经营，品种有百余种。不论从经营规模和范围看，他们当时在南伞地区的排序，也属屈指可数之列。而在德昂族中，包括德宏、临沧、保山、普洱地区的整个德昂族中，三姊妹也是佼佼富裕者，有文章赞誉德昂族这三姊妹"红了南伞半边天"。

德昂族居住的古永昌郡内各民族与中原人民互相往来的历史悠久，很早就开始了互通有无的交换活动，开辟了商道。而在此区域的商道中，"尤以""中印古道"最著名。因为，它沟通了中、印两个文明古国，中国的丝绸（有的学者认为还有铁、茶）西去，印度佛教文化东来都与它分不开。晋宁石寨山发掘出西汉时滇王墓葬的贝、双人盘舞铜扣饰所表现的人物都是通过这条道路往来的。这一重要古道，西汉武帝力图进一步发展，曾受到昆明人的阻碍，但民间往来是不会中断的。即使如此也只是暂时的，《华阳国志·南中志》说："孝武时……置巂唐、不韦二县。……渡澜沧水以取哀牢地，哀牢转衰。"大约在公元前 2 世纪末或公元 1 世纪初，中印谷道又畅通了，历汉晋至唐，佛教已在云南的一些地区广为传播，从这条路进进出出的中外商人和僧侣日益频繁，从南诏崇圣寺佛塔中得到的佛教文物，有不少是来自东南亚的，而且与南亚语系民族（包括德昂族先民）有直接和间接的联系。明代时期，从腾冲、德宏到缅甸的路已是四通八达，其中险要关口不少，明朝政府曾在永昌郡设立"八关"（神护关、万仞关、巨石关、铜壁关、铁壁关、虎踞关、汉龙关、天马关）、"九隘"（古永、明尧、滇滩、止那、猛豹、大塘、坝竹、杉木笼、石婆婆），但商人们往来最多的是以下几条支线：从永昌经腾冲古勇达缅甸密支那，或从盈江铜壁关达八莫，或经陇川出铁壁关，或从永昌经潞西、畹町抵缅甸曼德勒，也可从大理经临沧、双江（元代曾在此设立通西府）到缅甸、泰国，从海上到达更远的地区和国家。

40

　　然而，中印古道永昌段有怒山、高黎贡山山脉纵横，有澜沧江、怒江、槟榔江阻隔，往来极为艰辛，物资运输全仰赖于马帮、牛帮和人的肩挑背负，至今陇川县王子树乡有地名叫"大牛寨""小牛寨"的，索其来源，在元明至清代前期，这里多住有德昂人，他们拥有驮牛帮，为商旅运送物资，牛帮往来多在此地歇脚，因而得名。直到近代，我们看到居住在山区的德昂族，他们仍然在用黄牛（主要用公牛，也有少量母牛）驮运谷物、柴火，2000 余年变化甚微。居住在山麓和坝区的，由于土地比较平坦，他们运输多使用牛车，少数用驮牛。

　　过去，德昂人也善于修筑道路，但只限于用石头铺筑乡村道路，而不能修通行汽车的现代化公路，直到中华人民共和国成立前，只有滇缅公路经过潞西和畹町，建筑和通车时间均较晚，到 1938 年 9 月才全线贯通，使用不久，怒江以西段 1942 年即被日军占领，1945 年 1 月，日军被赶出畹町后才被收复。中华人民共和国成立后，情况就大变样了，随着我国国民经济的发展，德宏州县县通了公路，绝大多数乡也修通了公路，由于运输甘蔗等物资的需要，许多村社也修通了能通行拖拉机和汽车的简易公路，德宏州的公路网基本形成。

　　1991 年，德宏州修建的飞机场已投入运营，德昂族的干部群众到内地学习、开会、旅游时，除乘汽车外，还可以乘波音 737 客机。邮电通信对德昂人来说更是从无到有，过去要传递信息，如家中有人亡故，便在门前鸣放火药枪，告知附近亲友，枪声传递不到的地方就派人去告知。而今德宏州与全国各地，甚至国际的直拨电话已于 1992 年开通，德昂族干部群众也能使用上现代化的通信工具了。①

德昂族传统美德

1. 敬老爱老的美德

　　德昂族有一种良好的尊重长者的社会风尚，在家庭内，长辈抚育幼辈，幼辈尊重长辈是必须的。他们对社会上的老人也同样尊重，把爱护、尊重与赡养老人，视为民族的美德。因此，每当过年过节时，年轻人总要把家里最丰盛的饭菜送一份给村里的高寿老人，以表达敬意。对于村里丧失劳动能力的孤寡老人，当他们无力耕种土地时，亲戚们要无偿地替他们下种和收获，使他们有饭吃，生

41

---

① 桑耀华：《德昂族文化大观》，云南民族出版社，1999。

活有保障。有的则把他们接到家里，让他们和自己一起生活。居住在澜沧县的德昂族，每年新谷登场吃新米饭时，首先要由晚辈子孙添饭敬长辈老人，长辈尝新后，说几句祝福的话，然后全家才能进食，否则，会被认为是对长者的不尊敬。一年一度的泼水节到了，德昂族在奘房（佛寺）院坝里用圣洁的水去洗涤释迦牟尼佛像身上的灰尘，并互相泼水祝福。在家中，晚辈要为长辈洗手洗脚，当一盆温暖的水端到长者面前时，晚辈先向长者合掌致意并叩头，口中喃喃自语，说明一年来自己在某几件事上有违长者教诲，或在某些方面有对长者不尊重的地方，望长辈指教原谅；长辈也说自己有时对晚辈发了脾气，在某些事情上起表率作用不够，但愿今后共同搞好团结，和和气气地相处，阖家幸福等。然后晚辈用水为长者洗手洗脚。如果父母已去世，长兄、长嫂或大姐、大姐夫担负长辈责任，接受弟妹的洗手洗脚礼，同时说明爹妈不在世了，哥哥、嫂嫂、姐姐、姐夫就像爹妈一样了，应当接受弟弟、妹妹的洗手洗脚礼。嫁出去的女儿、妹妹，或外出入赘的儿子、弟弟，也要偕同他们的配偶一同来为长者举行洗手洗脚礼。如果路远不能同来，可由一方作代表，并向长者说明其配偶不能前来的原因。他们回来时要送一小包茶叶和几块糯米饼，用双手恭恭敬敬地献给长辈。洗手洗脚礼有一定的宗教色彩，但它对于教育晚辈尊重长辈，长辈爱护晚辈，协调家庭成员间及亲戚之间的关系是有着积极意义的。

2. 不乞讨的志气

中华人民共和国成立前的德昂族，虽然生活很贫困，但没有人去做乞丐，是个"人穷志不穷"的民族。德昂族具有多次反抗统治阶级残酷压迫剥削的光荣历史，虽然多次起义失败，给他们增添了新的苦难，然而苦难的环境更锻炼了德昂族人民。据说在一次武装反抗芒市土司武装失败后，房屋被烧，村寨被毁，德昂族人民被迫迁离故土。因战乱而丧失了土地、家园，迁徙到其他地方的德昂族，吃的、用的、穿的、住的都遇到极大的困难，饥饿、疾病在威胁着他们。但是德昂族的首领对群众说："我们反抗土司压迫剥削的斗争失败了，处于无

家可归的境地，逃难的人家都无吃无穿，这些困难也不是一人两人能解决的，不必怨这怨那，也不要去乞讨，要靠自己。"的确，大批丧失家园流离失所的群众集中在一块，大家都同样困难，向谁去讨。因此，他们有困难总是自己克服，决不诉苦，也不会开口向他人要东西，甚至把向他人乞讨看作是一种耻辱，这种观念一直保留至今，这正是他们引以为豪的"宁愿挨饿，决不乞讨"的志气。

德昂人有困难，即使是在亲戚间也很少去谈论，但是当他们知道或看到亲友有困难时，总是将自己有限的粮食、钱物送上门，乐于主动帮助他人。①

家长和老人在节庆、敬佛的日子里，都要对后代子孙进行教育。大部分禁忌和习俗，则是通过自然村落和家庭间约定的不成文的村规民约、风俗习惯和各种禁忌来保证实施。道德观可综合为以下两方面：

（1）不偷拿别人东西的美德。在德昂族的社会生活中，不论从道德观念，还是民族传统礼性来说，都不许偷东西。偷东西被视为缺德、可耻，被人们唾弃为品德极坏之人。所以，在德昂族村寨极少甚至没有偷拿别人东西的行为，沿袭着夜不闭户、路不拾遗的淳朴、善良的古朴民风。

（2）互助的道德，一直保持着优良的社会公德风尚和互助美德到今天。这些美德，反映了德昂的历史悠久文明和良好的道德观念，保障了德昂族的社会秩序和谐安宁。②

 ## 德昂族风俗民情

与其他民族一样，德昂族的生活习俗和风俗习惯是由其生存的自然环境、生产方式、生产力状况等因素所决定的，并反映了该民族社会、经济、文化等方面的历史进程。德昂族居住的地区，多系亚热带气候，夏无酷暑，冬无严寒，雨量充沛，土地肥沃，适宜农业生产。自古以来，德昂族先民便世代生活在这块土地上，种植着水稻、旱谷、玉米、小麦、薯类等粮食作物，以及茶叶、草烟、棉花、甘蔗、橡胶、核桃、咖啡等经济作物和蔬菜水果。他们以自己的生活方式，接受着大自然的恩赐，也承受着大自然对他们的制约。与此同时，他们也经受着外来文化长期不断的冲击以及宗教文化的影响和渗透，从而形成了有别于其他民族的独特的生活习俗和风俗习惯。③

① 桑耀华：《德昂族文化大观》，云南民族出版社，1999。
② 黄光成：《德昂族文学简史》，云南民族出版社，2002。
③ 桑耀华：《德昂族文化大观》，云南民族出版社，1999。

 服饰

　　德昂族在历史上创造了灿烂的文化，其服饰文化尤为独特，服饰是划分德昂人各支系的重要标准，也是德昂族区别于其他民族的重要标志。德昂族自古分布广阔，山川阻隔，江河分流，族人之间难以互往，因而德昂族形成了较多的支系。国内外现已知的支系就有 20 多个，众多支系又形成了复杂的语言和多彩的服饰文化。据清光绪年间的《永昌府志》记载："崩龙，类似摆夷，惟语言不同，男以背负，女以尖布套头，以藤篾圈缠腰，漆齿，文身，多居山巅，土司地皆有。"[②]根据文献记载，汉晋时期，德昂族先民与佤族、布朗族的先民在服饰方面均以"贯头衣"而著名。郭义恭《广志》载："黑爨濮，其衣服，妇人以一幅布为裙，或以贯头。"樊绰《云南志》载："扑子蛮以青娑罗缎为通身裤。"又说："娑罗树子，破其壳中白如絮，纺织为方幅，裁之笼缎，男子、妇女通服之。"景泰《云南图经志书·顺宁府》载："蒲人男子，以二幅布缝为一衣，中间一孔，从头套下，无衿袖领缘，两肩露出。"自隋、唐后，"披五色娑罗笼"和"藤篾缠腰，红籍布裹髻，出其余垂后为饰"成为该民族妇女服饰的鲜明特点。明初钱古训李思聪《百夷传》载："哈剌（倔族、德昂族）妇女以娑罗布披身上为衣，横系于腰为裙，仍环黑藤数百围于腰上。"《百夷传》还说："哈剌妇女类阿昌，以红黑裙藤系腰数十圈，蒲人膝下系黑藤数遭，以娑罗布系肩上为盛装。"史书上的记载与德昂族、佤族现实生活中的"藤篾缠腰"仍然一脉相承。至于妇女包头"出其余垂后为饰"，直至今日仍是德昂族妇女的一种传统装束。[③]

　　德昂族不同支系的服饰有明显差别。我国境内德昂族有"梁""别列"（亦称"布雷"或"布列"）、"汝买"三个支系，根据妇女服饰颜色和装饰的不同，人们分别称其为"花德昂""红德昂""黑德昂"。"花德昂"妇女的长裙织有匀称的蓝、红色宽线条横纹；"红德昂"妇女的长裙下摆织有一段宽约 15~20厘米的火红色横条纹；"黑德昂"妇女的长裙则以蓝黑为底色，间织着红、绿、白等色的细条纹。人们从德昂族妇女的服饰上，一眼便可以看出其所属的支系。

---

① 刘毓珂：《永昌府志》，1885。
② 段梅：《东方霓裳：解读中国少数民族服饰》，民族出版社，2004。

不论哪个支系的服饰都有一些共同点，传统服饰以深色为主，男子的服饰大多为黑、蓝大襟上衣及裤脚宽大的半截裤子，扎青布腰带，缠裹腿，头裹青、白布包头或花色毛巾，头巾两端饰以彩色绒线球。过去男子左耳戴大银耳筒，佩戴银项圈，外出时喜欢佩带一把长刀、一个挎包，有铜炮枪的还要扛上枪。德昂族妇女多穿黑色、藏青色的对襟上衣和手工编织的筒裙，佩戴银项圈、耳筒、耳坠、彩色绒球等饰物。最有特色的是妇女腰间的腰箍，少则五六个，多则二三十个。腰箍多用藤条编制，各个腰箍宽细不一，多漆成红、黑、黄、绿诸色，有的上面刻着各种花纹图案，有的还包上银片或锡片，在阳光照射下闪闪发光，鲜艳夺目。德昂族认为姑娘身上佩带的"腰箍"越多，做得越精致，越说明这个姑娘勤劳、聪明、能干，也表明这个姑娘心灵美好。所以，德昂族的妇女都佩戴腰箍，并以此为荣。在青年男女社交期间，小伙子为了获得姑娘的爱情，常常费尽心思，

德昂族各支系女子服饰（来源：云南人民出版社企鹅号网页，网址：https://new.qq.com/rain/a/20211208a087s100）

精心制作有动植物图案和花纹的"藤篾腰箍"送给自己心爱的姑娘佩带，于是"藤篾腰箍"又成了青年男女爱情的信物。关于腰箍的来历，民间有一个美丽的传说：远古时候，德昂族妇女满天乱飞，每天晚上都会飞出寨子，男人们则留在家里编竹篮。后来，心怀怨气的男人们便想了个办法，他们用藤篾做成圆圆的腰箍，抛向天空把她们套住，从此，德昂族姑娘就不能再飞，落到地上和男人们过上了男耕女织的幸福生活。就这样，腰箍就变成了德昂族妇女服饰中不可或缺的组成部分，腰箍和传说也流传至今。德昂族女子一般从结婚起开始佩戴腰箍，戴得越多表示这个女子越聪明伶俐、美丽善良。这些服饰和配饰无不反映了德昂族人对大自然的崇拜，对美好生活的向往，对至臻爱情的美好愿景。①

德昂传统长刀和挎包（摄影：杨芍）

德昂族的服饰在不同年龄阶段也有差别。例如，男孩在 7 岁前，头戴瓜皮小帽，帽沿镶嵌银泡、银币或银佛，帽顶系一红色绒球。女孩子在 13 岁前，上衣着青布或白布短衫，下身着带挂肩的青布小裙，不缠腰箍，不戴包头（7 岁前头戴一顶与男孩相似的瓜皮小帽），留短发，双耳穿孔，佩戴小银圈或小银坠，颈部戴数个银项圈。青年男子的服饰讲究装饰，衣襟多钉有银泡，缀满小红绒球。中老年男子多用青、白布包头，不佩戴饰物，穿着随便，但一般都喜欢用青布裹腿。凡年纪超过 50 岁的妇女，喜着黑色粗布或黑灯芯绒女式大襟衣，宽袖、圆领，不镶红边，不钉五彩绒球，但头顶两层披巾，内层为红条纹，外层为黑色，均自染自织。如遇节日庆典，黑包头外罩红条纹披肩（俗称"观音斗"），腰系几道黑漆藤篾圈，不戴银耳坠、项圈。②

---

① 据保山市隆阳区人民政府网站：http://www.longyang.gov.cn//info/egovinfo/1072/xxgk_content/01525758-9-/2022-0224008.htm。

② 据保山市隆阳区人民政府网站：http://www.longyang.gov.cn//info/egovinfo/1072/xxgk_content/01525758-9-/2022-0224008.htm。

德昂族女子的一身嫁衣从纺织、染色、刺绣到缝制，满载着一个女子最美的青春和最好的希望。女子的嫁妆要做三套，一套父亲的，一套母亲的，然后才是自己的。从换上姑娘装开始，女孩子就要上山采蓝靛、茜草和马耳草来煮出青色、红色和黑色的染料，密封在陶罐中。然后采棉纺线织布，要织一匹衣布，一匹裙布，一匹帽子布，一匹筒帕布，一匹护手布，一匹绑腿布。就这样耗去一年又一年，直到遇见心爱的人，才开始渍染、剪裁、绣制、缝合，一针一线都是送给希望中的未来。①

德昂人家中展示民族特色服饰、工艺品的一角
（摄影：杨芍）

德昂族喜欢用彩色绒线编织各种美丽的装饰，绚烂的色彩，代表着绚烂的幸福
（摄影：杨芍）

47

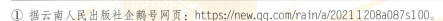

① 据云南人民出版社企鹅号网页：https://new.qq.com/rain/a/20211208a087s100。

 饮食

德昂族地区一般以大米为主食，掺以玉米、荞、豆类，个别地区以玉米、荞子为主粮。蔬菜种类较多，有白菜、青菜、萝卜、土豆、韭菜、番茄、辣椒等；瓜豆类有南瓜、黄瓜、豌豆、毛豆、四季豆等。这些蔬菜多在屋前宅后的菜园子和旱谷地间种植。德昂族的饮食很大程度上由其居住地的气候、环境所决定，因天气炎热，喜酸、辣、苦（凉），三者皆开胃、消食、消暑、解毒。食物的烹制方法主要有烤、蒸、炸、煮、炒、剁、舂、腌等。德昂族尤其喜好食用酸性食物，他们不仅对腌制酸性食物有着丰富的经验，而且腌制的食品也极富有本民族特色，如酸腌菜、酸笋、酸炣菜、酸木瓜汁等。

酸腌菜：分为水腌菜和干腌菜两种。水腌菜制法较简单，将青菜洗净、晒干，再洗一次，切碎，拌少许凉米饭、盐，泡于瓦罐中，浸泡两三日即可取食，可以同菜、肉一起炒或煮。腌干腌菜的方法是将菜洗净晒干，切段，撒以花椒粉、辣椒粉、茴香籽、盐、少许料酒等佐料，反复揉透，放于瓦罐中，不加水，将罐密封，两个月后可食用。食法与水腌菜相同，但味道不一样。干腌菜的贮藏期长，有的两三年都不变质、不发霉。

酸笋：酸笋在德昂族的菜谱中占有重要地位。在竹子抽笋季节，采回嫩笋，剥除笋壳，切成细丝，泡于盐水罐中，四五日后即可取食。食法极多，煮、炒、拌都可以。有名的菜肴如酸笋煮鸡、酸笋煮鱼、酸笋煮肉、酸笋炒牛肉等。许多蔬菜也可与之煮、炒、拌等。

酸炣菜：将青菜洗净，切成段，放于铁锅中，加入西红柿、酸木瓜等少许，煮透，也可加入一些新鲜的肉或排骨，熟烂后佐餐。如将其放到次日再食（有肉需加热后再食），味更佳。这是德昂族、傣族喜食之菜。

酸木瓜：把酸木瓜切成细丝，泡于盐水中，称为酸水。吃时，以烧辣椒为佐料，拌后可食，也可以当酸醋食用。

另外，德昂族还有以下一些比较独特的菜肴：

苦刺果：苦刺果是一种野生植物，食时加酸笋、番茄、豆豉、茴香、茶豆、牛干巴、干鱼或牛肉合煮，再加上蒜、芫荽、葱等作料即可。

橄榄树皮丸子：用新鲜橄榄树刮皮，刮下揉、泡后，稍加剁肉，做成丸子，

48

清汤煮，加茴香、草果等作料，汤开后便可食用。

春春菜：把豆类等新鲜蔬菜洗净，加辣椒、蒜、姜等佐料一同春碎后食用。

臭菜：将青菜洗净后切碎密封到罐子里，等发酵到一定酸度后拿出来晒，晒干后蒸熟，再晒干后即可食用。吃时用冷水冲，再放入蒜、辣椒、芫荽等佐料即可。

除此之外，德昂族也喜欢采食山涧田沟中的野菜，如鱼腥菜、秧鸡菜、依格曼叶菜、菌类等。

烤茶煮茶：在德昂族的传统饮食中，茶叶具有非常重要的作用。在德昂族的居住地随处都可见郁郁葱葱的茶林，德昂族也一直以嗜饮浓茶著称。茶有烤茶和煮茶两种。烤茶是把茶叶装入小罐内，放在火塘边烤出香味后，再冲入开水煮沸，其味浓香，苦而回甜；煮茶则是将茶叶直接放入茶壶中煮沸饮用。烤茶主要是在招待远方亲朋或宾客时饮用，而煮茶大多在客人较多或在田间地头劳动时饮用。另外，茶叶也是德昂人社交活动中必不可少的礼品，其茶叶礼仪也别具特色，如看望亲友、举办红白喜事、发送请柬甚至赔礼道歉，都要送上一小包茶叶，意思是"茶到礼到"。茶叶已成为德昂族社会生活和交往的重要媒介。

嚼烟：闲暇之余，德昂人还喜欢嚼烟。他们将草烟丝、沙基（一种用麻栗树皮熬制的浸膏）、槟榔、芦子和熟石灰等一同放于烟盒内，嚼时，先取一点儿烟丝放入口中，再加一点儿沙基、芦子、槟榔、熟石灰咀嚼，十几分钟后吐出残渣。由于经常嚼烟，人不长龋齿，口腔也清洁，他们的牙齿也相应变成黑色而且有光泽。我国古代史书中常用"黑齿""漆齿"记载他们的先民，可能与此习俗有关。过去成年男子都嚼烟，烟盒经常放在随身携带的挎包内，路遇亲友，都互相传递，请对方嚼烟。嚼烟也由此成为德昂族社会交往礼仪，不过现在年轻人一般都喜欢抽卷烟，嚼烟习俗只是在部分中老年人中还保留着。

德昂族信仰南传上座部佛教，教规禁止饮酒，因而德昂人不酿水酒，也不酿烧酒。

 音乐舞蹈

德昂族能歌善舞，无论是谈情说爱、婚礼、节庆，还是丧葬、生产劳动等场合，往往会用歌来表达他们内心的情感。德昂族民歌常见的曲调有以下几种："做摆调""隔山调""作对歌""串姑娘调"和"婚礼调"。德昂族的舞蹈多为集体舞，广为流传的有象脚鼓舞、水鼓舞。德昂族民间乐器常见的有葫芦笙、三弦、笛箫、象脚鼓、水鼓、蜂桶鼓等。

德昂火塘（供图：德宏州委宣传部）

 民居

德昂族大多数居住在山区或半山区，很早以前他们的先民即"各以邑落自聚"，选择濒临江河的地方建村寨。据史书记载，唐朝时蒲人部落已经过着"楼居"生活。由于滇西南地区属亚热带气候，气温高，降雨量大，"风土下湿上热，多起竹楼，居濒江"。"楼居"既防潮又凉爽，加之当地竹木资源丰富，便于修建竹楼。因此，干栏式"楼居"建筑就成了当地各民族适应环境的必然选择。

德昂族民间流传着这样一个动人的故事：诸葛亮当年率兵南征来到德昂山寨。有一天突遭袭击，受伤遇险，幸得勇敢善良的德昂姑娘阿诺相救才得以化险为夷，转危为安。在短暂的接触中，二人产生了感情。当重任在肩的诸葛亮不得不辞别心上人的时候，便将自己的帽子留给阿诺作为信物。痴情的阿诺苦盼18年，等来的却是心上人的死讯。从此，心碎肠断的阿诺不吃不睡，每天呆立村头，望着心上人东去的路。到第33天，突然雷电交加，大雨倾盆。雨过天晴之后，阿诺不见了。而她站立的地方却出现了一间同诸葛亮的帽子一模一样的房子，这就是德昂人后来居住的竹楼。

德昂族传统民居多用木料做框架，梁柱之间均用斧凿穿斗结合而成，不用钉子固定，其他部分如椽子、楼板、晒台、围壁、门、楼梯等均用竹子为原料，因此也称"穿斗房"。房屋底部用数十根木柱支撑，四周不加遮挡，用以饲养牲畜或堆放杂物。楼上住人，四周围以竹筏或木板，内部用竹壁隔成数间卧室。

德昂族传统民居（摄影：杨芍）

德昂族的房屋大小视家庭人口多少而定。一般底部纵横竖立20～25根柱子，房屋呈方形。过去，镇康地区曾存在过几十个家庭成员共居于一幢房子的父系大家庭。因此房子面积较大，一幢房子占地四五百平方米，最大的一幢房子长达50米，宽15米，占地750平方米。

楼上走道宽敞，走道两旁为各小家庭住间，人口多的家庭可住两三间。各户之间隔以竹壁，并在每户的住间旁设有招待佛爷及客人的地方。建造这样大的竹木结构建筑，在工艺上是比较复杂的。

德昂族传统民居的房顶用茅草覆盖，四面都有屋檐，俗称"四檐出水"，与傣族、布朗族的房屋三面屋檐呈直线不同，德昂族房屋的三面两端和檐口向上呈弧形，这种弧形屋面在结构技术上要比直线屋面难度大。充分体现了德昂民族精湛的传统建筑工艺和独创精神。在房屋装饰上，三台山乡的德昂族在茅草房屋脊上一般装饰有数个葫芦状的草结做饰物，类似内地寺庙上的宝鼎、鳌鱼之类，这也成了德昂族建筑与其他民族建筑的区分标志。

历史上德昂族居住的村落，除奘房（佛寺）为瓦顶外，很难见到其他的瓦房。20世纪六七十年代的"公社化"时期，德昂族地区也开始烧制砖瓦，同时由于经济条件的改善，当地群众便对传统房屋进行了改造，使其更加坚固耐用。例如，有的家庭用青瓦替换茅草，有的家庭安装了几片可透光的亮瓦，有条件的家庭还用木板墙替代了竹篾笆。这一次的住房改造，没有改变传统的木结构。

节日庆典

德昂族信奉南传上座部佛教，因而他们的节日庆典和其他信仰小乘佛教的少数民族并无多大区别，其传统节日基本上都是宗教性节日，只是在具体细节上有少许差异。较大的节庆有泼水节、关门节、开门节、烧白柴、做摆等。泼水节多在公历4月中旬左右举行，即傣历的新年举行，节期5天。主要活动有：用清水为佛祖沐浴洗尘、搭佛房、采花、泼水、堆沙、诵经、爬竿竞赛、跳象脚鼓舞和孔雀舞等。

1.春节

农历正月初一（傣历四月）。德昂族过春节是受汉族的影响，但过年内容却按佛教形式进行。过春节时，德昂族和傣族一样要舂糯米粑粑，并携纸幡旗、鲜花、食物等祭品前往寺院参拜佛像，听佛爷诵经，祈求来年五谷丰登、六畜兴旺。

2.点油灯

农历正月十五（傣历四月）。德昂族中信奉"润"派的信徒于傣历四月十五日，用全村寨每户捐来的钱买来香油，点"千油灯"。点灯之前，由寨中老人用木棍

搭成四方形木架，架高 1 米，木架中央插一根木杆，顶钉一块小平板以置油碗。到这天，全寨信徒携带祭品参拜佛像，听佛爷诵经，祈祷全村寨人人安康、六畜平安。当晚，"千油灯"点燃，直到灯油烧尽，人们方散。信仰其他派的德昂族不举行这一活动。

3. 泼水节（亦称采花节）

在农历三月清明节后 7 天，傣历六月十五日举行。这个节日是把佛陀诞生、成道、涅槃三个日期合并在一起举行的纪念活动。同时又是傣历（小历）的元旦，因此也当作新年来庆贺，又因为要进行浴佛仪式，把寺院的浴佛活动扩大到群众互相泼水、互相祝福，故称"泼水节"。这个节日与傣族基本上相同，但关于泼水节来历的传说却与傣族有很大的差别。泼水节一般要持续 3~5 天。在泼水节正式开始的前一天，全村男女老少要前往山中采摘鲜花，青年人要敲象脚鼓、铠锣在前面引路，将鲜花采回，插满小佛房，表示献给神，其余的相互赠送，表示吉祥幸福，然后人们随着锣鼓声集体舞蹈。德昂族也把这一天叫作"采花节"。

4. 关门节

农历六月（傣历九月）。德昂语称"进洼"，译为"关门节""入雨安居"节。"入雨安居"是佛教词语。仪式隆重，全体僧侣集中于佛寺，由"希拉多"（大佛爷）宣布"入雨安居"守戒开始。信徒需备钱财、各色幡旗、鲜花等供品献给佛寺，参拜佛像，听佛爷诵经。晚上则敲锣、打鼓、舞蹈，为时 3 个晚上。之后的 3 个月内，僧侣禁止出寺院，每日早晚诵经拜佛，只有信徒请其去超度亡灵，方能外出。一般信徒亦不出远门、不起盖房屋、不"串姑娘"、不办婚事等。

5. 开门节

农历八月（傣历十一月）。德昂语称"出洼"，译为"开门节""出雨安居"节。在每年的傣历十一月十五日，僧侣都集中于中心佛寺，举行"出雨安居"的宗教仪式，接受众信徒布施。青年男女则敲铠锣、象脚鼓，以求得佛祖保佑。之后僧侣即可出入寺院，不受约束。信徒们亦可以出远门、盖房屋、"串姑娘"、结婚等。

6. 贡黄单

农历九月（傣历十二月十五日）。全寨信徒举行贡黄单（袈裟）仪式，即全寨信徒集资购买两件袈裟供奉给佛爷穿戴。次日，信徒还要往佛寺献幡旗、鲜花及素食品，听佛爷诵经；中午和晚上要敲铠锣、象脚鼓庆贺。

7. 烧白柴

在农历腊月十四日（傣历三月十四日）这天举行。据神话传说，"白柴"代表着因安排生产节令有误而被杀的"昆宋"天神的白骨，但信徒认为是当时气候严寒，怕佛祖受冻，需烧白柴，给佛烤火，以驱寒冷，增加温暖之意。当天晚上，寨内外青年男女聚集在白柴堆成的宝塔前，敲鼓跳舞，佛爷或安长诵经祈祷。之后，由安长或老人把火点燃，人们敲象脚鼓、铠锣庆贺，一直等到白柴烧尽才回家。次日，负责管理寺院的老人，要拾一些烧过的柴炭，放于土罐内，供放于大殿神坛上，表示给佛祖烤火。

8. 做供

德昂族"做供"的日期不定，一般是根据村社或个人的资金积累情况来决定的。三五年举行一次，每次时间为两日。每户信徒或村寨集体都可以主持"做供"。若是全寨集体"做供"，则由大家集资，并到寺院参拜佛像、敬献贡品、施舍功德等；若是个人单独"做供"，其他人必须由主人邀请才能参加，并施予功德。"做供"之意是祈求全村寨或家中人人平安、六畜兴旺、消灾除难、来年风调雨顺。在德昂族的观念中，"做供"是一件人生大事，如果一辈子不供佛，一则愧对祖先，不能超度亡魂；二则在社会上受歧视，愧对子孙。因此，即使是节衣缩食，只要稍有积蓄，也不惜全部用来"做供"。[①]

 婚恋习俗

1. 未婚青年组织与自主婚姻

德昂族的婚姻制度，基本上是按照同姓不婚的原则，镇康地区尚保留氏族外婚的一些特征，这里的婚姻是按固定的氏族（"克勒"）缔结，一个氏族的青

① 《德昂族简史》修订本编写组：《德昂族简史》，民族出版社，2008。

年男子基本上固定与另一个氏族女子通婚。例如，"办耐"氏族的男子可和"宛恩"氏族女子通婚，"班"氏族的男子则和"办耐"氏族的女子通婚。若本村可互相婚配的氏族无法找到婚姻配偶时，就到外村相配的氏族中去寻找。只要在遵守同姓、同氏族不婚原则的前提下，未婚青年男女有充分的社交自由。"别列""梁""汝买"各支系可互相通婚，但要尊重女方习俗，若"别列"男子娶"汝买"女子为妻，则按"汝买"礼节举行，反之亦然。

按老习惯，年满14岁的年轻男女便可进行社交活动，参加本村社的青年组织。男女青年组织均有自己的领头人，男的称为"司岗脑"或"首包脑"（领头小伙子），女的称为"阿巴干"或"首包别"（领头姑娘）。青年领头人是民主选举产生，并经过村寨头人认可。选为青年领头人应作风朴实正派，品德良好，关心村社公共事务，热心公益事业，关心男女青年的婚姻，具有较强的组织能力和号召力，在青年中有较高的威信。青年领头人负责组织和领导本村社未婚青年的社交活动，以及组织青年男女参加村社内外的一些重大活动，如宗教节日、婚姻、丧葬、排解婚姻纠纷等。青年组织可以秘密集会，地点由男女青年领头人临时决定。青年领头人如果结婚了，即另行推举新的领头人，新老青年领头人之间还要进行简单的交接仪式。

2. 对歌

德昂族男青年找对象主要采取对歌的形式。对歌有两种基本方式：一是男青年领头人带领一群小伙子去和本村或外村的姑娘们集体对歌，在对歌过程中选择适意的伴侣，这种形式多在节日或有人家举行婚礼时进行，这时人比较集中；另一种是某个小伙子选中某个姑娘后，单独一人或邀请一两个好友，在夜幕降临时到姑娘家的竹楼后门轻吹芦笙，姑娘知道有男青年来找她，不管是否相识，都会很礼貌地将男青年请进家，也有的地方是小伙子直接进姑娘家，先把火塘里的火生起，再请出姑娘来对歌。在这种情况下，家长们便主动避开去睡觉休息，让青年人自由地去交谈和对歌。

3. 送竹篮

德昂族男青年向自己中意的女青年求婚，除夜里到女青年家中对歌，直接倾诉爱慕之情外，还可以用送竹篮的方式试探对方的心和表达爱情。但是，这种送竹篮的求爱方式，不像对歌那样随时可以进行，一般是在每年一度的泼水节期间较集中地进行。每年的农历三月十二日到三月十四日，是德昂人的盛大节

55

日——泼水节。在泼水节期间，男女老幼都穿上节日盛装，隆重地欢庆这丰富多彩的民族节日活动，竹篮作为男女青年爱情的信使，更牵动着无数青年男女们激动的心，给节日增添了紧张、欢乐的气氛。在节日到来之前，小伙子们都躲到僻静的地方，精心编制竹篮，少的编一个，多的编六七个，这要由小伙子选定的姑娘的数目而定。竹篮编好了，在节日到来的前三天，小伙子趁夜深人静之时，先将编制得最好的竹篮送给自己最中意的姑娘，依次再送给平日相处得好的其他姑娘。要知道姑娘是否有意，就得看姑娘在泼水节的时候背的是不是自己所送的竹篮。节日里的德昂族姑娘，都背一个装有竹水筒的细眼竹篮，这个竹篮是她们从小伙子们送来的若干个竹篮中挑选出来的，选竹篮也就是选她们满意的小伙子。当泼水节的仪式举行完毕，人们相互泼水表示祝贺，此时，小伙子们便去寻找身上背着他编制的竹篮的姑娘。小伙子们把竹筒里的清水先泼在一束鲜花上，又轻轻地洒向姑娘，姑娘也以同样的方式，将花束上的水轻洒到小伙子身上。这一来一往的水珠，既是他们之间爱情的表白和许诺，也是把他们的爱情向他人公开。

德昂族男女青年虽然通过送竹篮和互相泼水的方式肯定了恋爱关系，但是按照德昂族的习俗，男青年的家长必须托媒人到女方家说亲，获得女方家长的同意才算正式订婚。

4.说媒

德昂族的说亲，是在男女青年自由恋爱、婚姻自主的基础上，按老规矩履行的一种手续，媒人虽需花费一定的口舌，但是一般都能成功。德昂族女方家长，对女儿选中的伴侣来求婚，通常都是应允的，家长们普遍认为"姑娘爱上的人，不同意是不好的"，并认为相爱就是幸福。父母对女儿选择对象之事是很关心的，他们对常和女儿来往的男青年的身世、品德都留心考察，也会给女儿提出一些忠告，但一般不把自己的意愿强加给女儿。也有父母不同意，但男女双方态度坚决的，便走上逃婚之路，双双离家外出，过两三年后再回家，父母也就不再过问了。在现实生活中，也有因父母反对而婚事告吹的，但事例并不多。

德昂族因信仰南传上座部佛教，恋爱、结婚时间都受一定限制，找对象和办喜事的时间，一般都在当年十月（即开门节）后，到第二年四月泼水节为止。新婚夫妇在当年的泼水节期间，要拜一次村中的长老，称为"赶朵"。届时，准备些粑粑、糖果，父母再为他们准备些纸花，然后到长辈家中一一叩拜，并告知长辈们：我们已经结成夫妻，成人了，以后我们也会像你们一样生活，成家立业，

并白头偕老。长辈们祝福新婚夫妇互敬互爱，家庭幸福。"赶朵"时，新婚夫妇所到人家的青年，均可向他们泼水，表示吉祥和欢乐。

在德昂族生活中还出现过反抗父母意愿，为实现婚姻自主采用的"抢婚"。当青年男女双方彼此有情，而被女方父母拒绝时，男青年便约几个小伙子趁夜深人静、姑娘独自一人时，将姑娘"抢"去，隐藏于附近山林里，由男方家暗地送饭，女方父母派人到处寻找时，男方家再托媒人携茶叶一包前往说媒，女方父母知道后，只好同意姑娘的亲事。

德昂族青年恋爱自由，比较注重婚前道德，很少出现私生子。若遇到婚前私生子的事件会受到社会舆论的谴责，并要由男方到女方寨子请群众喝酒"洗寨子"，再请佛爷念一天经，以此赎罪，男女双方方可正式结婚。[①]

娱乐习俗

德昂族是一个能歌善唱的民族，唱歌在德昂族人的生活中不仅具有一般的快乐，还具有传播本民族文化和传情达意的作用。通过传唱民歌的形式，使本民族的许多无文字记载的诗歌等传统文化得以流传。德昂族人不仅欢度节日要唱歌，青年男女在谈恋爱时，也是用对歌的方式来倾诉衷情。德昂族的婚礼，从头至尾全在歌声中进行。新郎家派出的迎亲队，实际上是一个以青年人为主体的男声合唱团。这个合唱团由歌手领唱，众人应和。新娘就是让这个合唱团用一路的歌声迎接到新郎家的。德昂人不仅欢乐时唱歌，即使在平常的劳动中也离不开唱歌，歌声是德昂人生活中不可缺少的部分，在不同的场合，按不同的意义，德昂人往往选唱不同的曲调。

欢乐德昂山（摄影：杨帮庆　供图：德宏州宣传部）

57

---

① 桑耀华：《德昂族文化大观》，云南民族出版社，1999。

在节庆、婚礼和盖房时，往往由本民族的歌手独唱长诗。长诗歌调以《芦笙哀歌》《帮工调》为代表作。《芦笙哀歌》是描绘一对青年男女的爱情悲剧的叙事歌曲，曲调凄凉婉转、哀怨，往往使人忍不住悲伤流泪。几乎每个青年男子都会吹唱《芦笙哀歌》。《帮工调》是采取男女对唱的形式，从相互试探对方的爱慕之情唱起，唱到两个相爱，准备结婚，可无钱办婚礼，男子只好出远门去帮人采茶挣钱，再回转家中与情人结婚的故事。它情节动人，语言质朴。

德昂族民歌常见的五类曲调

（1）"做摆"调。这类曲调和唱词，只能在佛寺"做摆"或宗教节庆之日唱，带有佛经韵味，但与佛爷诵经迥然不同。主要内容是祈求佛祖保佑全寨吉利、平安，给信徒带来幸福。

歌词是：

我们将鲜花和幡旗，

插在神龛前。

我们将谷花，

撒满了佛寺。

让我们这一代人，

不要再遭受灾难，

让我们的下一代过上幸福生活。

（2）"隔山"调。德昂语称"牙木乃"。它是青年男女在野外山林间所唱调子，可以男女单独对唱，亦可集体对唱。姑娘和小伙子各站在山林一边，唱时用左手捂住左耳，以食指轻塞耳孔，以示呼喊对方，通常是男子先唱。

男唱：

在这宁静的山林里，一个伙伴也没找到。只有我孤单单的一个人，在山林里生活。

姑娘若听到隔山调后，都能立即回答。

女唱：

你若找不到伙伴，

可以来我家竹楼找我，

若你已有了伙伴，

就干脆不要来了。

如果你不嫌我丑， 你就过来让我看看你的嘴脸。

隔山调需放声高唱，音调高亢，声音在山谷中回荡。歌词可随情编唱，但要清晰，能使对方听清。若集体对歌，则主要唱 "古本"，可连续对歌一二日不停。

（3） "作对"调。德昂语称 "格楼龙盘"。 "作对"，顾名思义就是男女双方用挑剔、讽刺、挖苦歌词互相揭露对方短处的调子。唱时不限定时间、地点，无论在林间、田野、村寨、竹楼，根据对方所唱，即时编词以对。

（4） "串姑娘"调。这种调子是由 "芦笙" "鸡叫" 和 "分别" 三调组成。

（5） "婚礼"调。德昂语称 "格尔长木"。这是男女双方代表主人表达思想感情的调子。

在上述各调的演唱中，歌手都离不开 "古本" 唱词。"古本"——德昂语称 "格楼当"，是固定唱词。如男女间互相盘问天地的起源、表达爱情等。一般德昂人都会几首，可以集体合唱，也可以一男一女对唱。在任何场所下，都必须先唱 "古本"，然后才能根据对方的歌词进行对答，现编现唱或触景生情演唱。他们的歌词接近口语，雕琢不多，但情感真挚。

唱歌在德昂人生活中是非常普遍和重要的，所以，一个好的民族歌手很受群众的欢迎和尊重。唱歌人人都会，但要成为一个歌手却非易事，因歌手不仅要擅长歌唱，还要能创作音乐和诗歌，必须具备多方面的知识和才能。德昂族历史上的歌手，一般都要在名师指点下进行专门培训，许多歌手出身于 "歌手世家"，也有少数是通过自学走进歌手行列的。

德昂族的乐器，多与歌词相配合演奏，富有本民族特点。德昂族的乐器有管弦乐器及打击乐器两大类。打击乐器只能在泼水节、"进洼" "出洼" "做摆" "烧白柴" 等宗教节日及结婚喜庆时使用，禁用于 "串姑娘"。"串姑娘"时多用三弦、芦笙等管弦乐器。

德昂族的舞蹈，都是在重大节日或人们欢聚时进行的。舞蹈分为欢庆性和宗教性两种，广为流传的是象脚鼓舞，由敲鼓、铠锣和前面的男子带头，其他人跟在后面，按一定步伐、手势绕圈而成。也有的是男女分成两圈，男子组成

外圈，女子组成内圈，由一个戴草帽的男子带头击鼓，其他男子跟随，提起大裤脚，露出腿上所刺花纹，绕场欢舞。由女子组成的内圈，排头的女子击铠锣，与击鼓男子配合，跟随的女子亦与男子并排而舞。德昂族独有的水鼓舞，其步法、形式基本与前同，但舞时要把鼓绳挂在脖子上，鼓抱在胸前，右手持槌击大头鼓面，左手以手掌拍小头鼓面，两手相互配合，击出节奏，鼓声深沉浑厚，音短促，舞步与鼓点协调一致，具有一种古朴的民族韵味。[①]

　　德昂族是中华民族大家庭的一员，他们在脱贫致富奔小康的路上，日子越来越红火。

　　① 桑耀华：《德昂族文化大观》，云南民族出版社，1999。

深山走出脱贫路

云南人口较少民族脱贫发展之路

德昂「直过」跨千年，跟党跨入新社会

德昂族居住的滇西南，自然条件优越，地理位置重要，这里是中国古代通往印度的"蜀身毒道"（西南丝路）的必经之路。闻名中外的滇缅公路从它的"心脏"部位穿膛而过，黑亮的柏油马路像根青藤把它紧紧地拴在中国西南边疆的版图上。这里层峦叠嶂，云蒸雾绕，充满神秘色彩。这里的神秘不仅源于大山的深邃，更来自德昂族文化的古老、丰富与深沉。处于这条丝路之上的德昂族先民——"濮人"，很早就进入到农业经济的时代，所以德昂族还善于种植经济作物，如茶叶、棉花、甘蔗、咖啡、橡胶等，家家户户都在自己住宅周围或村寨附近的山坡上栽培茶树。1949 年后，德昂族地区在国家大力扶持下，生产有了很大发展，政治、经济、文教卫生等方面都发生了显著的变化。特别是改革开放以来，德昂族地区在不断完善生产责任制的基础上发展农业生产，开展多种经营，出现了一片兴旺的景象。当地立足实际，"产业扶贫"成果斐然。

2019 年 4 月 21 日，云南省宣布独龙族、德昂族、基诺族 3 个从原始社会直接过渡到社会主义社会的少数民族率先实现整族脱贫，历史性告别绝对贫困。这3 个"直过民族"人口虽然只有数万，但虑及其历史、自然条件、文化等因素，今天能将其贫困发生率从几年前的 24.25% 拉低到 2.42%，无疑是人类反贫困历史上最为壮观的一幕。这 3 个民族从不足温饱到解决"两不愁三保障"，再一次体现出党心、民心聚力之伟和"不让一个兄弟民族掉队""一个都不能少"的坚定之誓。

当家作主，民主参政

中华人民共和国成立前，德昂族刀耕火种，饱受压迫。德昂族受傣族封建土司统治，头人多世袭或由土司任免。头人称"达岗"（汉族称之为"总伙头"），相当于乡长，管辖数村。每村设"达吉岗"（汉族称之为"伙头"）一人，并设"达

朴隆""达基格"等头人，协助"达吉岗"处理村内一切事务，为土司摊派款项和贡物。属景颇族山官直接管辖的德昂族，要向山官缴纳一定数量的保头税、官工、官谷等，同时，还要向国民党政府缴纳苛捐杂税。19世纪后半期，地主经济逐渐渗透到德昂族人民的经济生活中。随着土地所有权的丧失，德昂族人民也就沦为向其他民族的地主交纳租谷的佃户。德昂族70%的农民向傣族头人佃耕，还有些村寨由于丧失了水田，67%的人家靠帮工度日，或以砍柴、编竹器、采竹笋上集市出售来维持生活。同时，在本民族内部也分化出1%左右的地主和稍多于1%的富农。

德昂族传统茅草房（来源：云南省社会科学院图书馆馆藏资料）

德昂族是"直过民族"，元、明以来，德昂人在政治、经济、文化诸方面都属于傣族封建领主经济的一部分。进入晚清和民国时期，德昂族深受统治阶级的经济剥削，不仅要缴纳各种苛捐杂税，还要受到债利、地租、牛租、雇工的种种剥削，成为社会地位低下、生活贫困的民族。过去，德昂族的水田、茶园和宅旁的园地为个体家庭私有，到近代已可以自由典当或出卖，但在典当或出卖之前，首先，得征求本村头人及族长的意见。头人和家族成员有优先购买权。典当有两种方式：一种方式是以较低价格定期典出，在此期间还可以承租耕种，缴纳一定地租；另一种方式是双方商定典当金额和时间，典当期满后收回或续租。1950年前，少数民族在政治上遭受重重压迫和种种歧视，经济上受各种剥削，生活上得不到保障，贫病交加，人口数量日趋减少。最早世居的德昂族，传说

原人口很多，可到 1952 年统计人口时，只剩下 1854 人（1954 年 2008 人，1964年 3385 人，1982 年 6116 人，1990 年 8153 人；1954 年至 1964 年递增率为 5.36%；1964 年至 1982 年递增率为 3.34%；1982 年至 1990 年递增率为 3.66%）。可见，在过去漫长的岁月里，争取民族生存是许多少数民族面临的主要问题。中华人民共和国成立初期，由于人民生活尚未得到较大的改善，特别是少数民族山区经济依然落后，加之"大跃进"的影响，少数民族人口的发展，还是处于停滞、减少或增长速度缓慢的状态，1954 年至 1964 年的 10 年间，总体看当地少数民族人口年递增率为 1.2%，其发展速度慢于汉族人口的增长速度；1964 年至 1982年的 18 年间，少数民族人口年递增率为 2.3%，发展速度仍然略慢于汉族人口的增长速度；1982 年至 1990 年的 8 年间，少数民族人口数量的变动，是一个由减少、停滞到增长缓慢，发展为快速增长的过程。①

中华人民共和国成立后的德昂族民族干部
（来源：云南省社会科学院图书馆馆藏资料）

---

① 贺勇：《三台山德昂族乡脱贫攻坚中的博弈问题研究》，硕士学位论文，云南大学，2018。

1956 年，根据德昂族人口少、居住分散、各地社会经济发展不平衡的情况，采取了不同的方针，对德昂族地区进行改革。保山、临沧地区及德宏州坝区的德昂族，因过去直接隶属于傣族土司，其政治经济结构与傣族相同，因此和傣族一样，实行和平协商的方式进行土地改革。和平协商土地改革的主要任务是取消封建领主、地主所有制，把田地分给德昂族农民，使他们成为土地的真正主人。不久，在这些地区又实现了农业合作化。德宏州半山区和畹町镇的德昂族，受傣族土司和景颇族山官的统治，同时这一地区荒地可以自由开垦，土地并不缺乏，因而改革和景颇族地区一样，实行向社会主义直接过渡的方针，即在共产党的领导下，认真依靠贫苦农民，团结一切劳动人民，团结和改造一切与群众有联系的民族头人，在国家大力扶持下，通过互助合作，大力发展生产，以及加强与生产有关的经济文化工作，逐步消灭阶级和原始落后因素，逐步过渡到社会主义。

中华人民共和国成立后，党和国家的民族区域自治政策保证了德昂族人民享受到平等的政治参与权利和民族自治权利。1953 年 7 月，德宏傣族景颇族自治区 (1956 年 5 月改设自治州) 成立，其中德昂族代表有 12 名；在德昂族居住比较集中的州、县各级人民政府中，都有德昂族的干部，各级和全国人民代表大会也有德昂族代表参加。1987 年 12 月，在云南芒市三台山乡建立了第一个、也是唯一一个单一德昂族民族乡。1988 年 3 月，在临沧地区的耿马县，成立由佤族、拉祜族、傈僳族、德昂族联合建立的军赛民族乡。①

 ## 帮助扶持，平等发展

中华人民共和国成立后，中央及地方人民政府在民族识别的基础上，基于"多元一体"格局建构理念，采取了政治、经济、文化等方面的民族工作和民族政策，扶持和帮助德昂族地区的全面发展，缩小德昂族与其他民族之间的差距，促使德昂族将民族身份与自身利益结合起来，在中华民族大家庭中与其他民族获得平等的发展机遇，从而建构中国德昂族的国家认同观念。

---

① 《德昂族的直过故事：古茶新香满边寨》，据云南民族文化音像出版社网站：http://ynmzyx.cn/zh-hans/content/539。

 ## "派下去"和"请上来"的民族工作

中华人民共和国成立后,云南省委派出民族工作队到德昂族地区开展民族工作,疏通民族关系,争取和团结德昂族上层人士,使其向党和政府靠拢,培养、选拔和任用德昂族干部,并以上层人士和民族干部为桥梁对其他德昂族人民进行宣传和教育,从而巩固边疆地区的稳定与安全。1950年6月,中央派出访问团到少数民族聚居地区访问,以宣传党的民族政策。访问团将党的民族政策宣传到德昂山寨,与德昂山寨的代表和群众座谈、联欢,使德昂族人深切地感受到了党和政府的温暖。除了"派下去",党和政府还采取"请上来"的措施宣传民族政策,加强民族间交流。1950年以来,中共云南省委、省政府组织民族参观团到北京、重庆、上海等城市考察访问,各州县组织代表团赴云南省内参观。1950年至1953年,组织少数民族参观团赴京参加国庆观礼,陇川金板相、梁河杨老三等德昂族代表先后参加过国庆观礼,并和毛泽东主席等国家领导人合影。① 各类参观访问团的德昂族代表回来后,积极宣传党的政策和中央对少数民族的关怀,激发了德昂族对党和国家的拥护和热爱之情。

中华人民共和国成立之初,国家要将边疆地区各民族整合到新的多民族国家体系内,就必须获得边疆各少数民族的认同,这种认同关系到边疆的稳定、多民族国家的统一乃至整个中华民族共同体的建设。② 因此,中央及地方政府通过"派下去"和"请上来"的方式,与德昂族群众"交朋友",为普通民众"做好事"建立了少数民族和国家的亲和关系,增进了民族团结和对民族国家的政治情感和认同感。

 ## "和平协商"下的改革

中华人民共和国成立之前,德昂族处于傣族土司的管理之下,傣族土司任命德昂族头人负责村寨事务,并收取贡品。德昂族头人及其下设各等级职务有"老亢"或"达岗"(总伙头)、"达吉岗"(伙头)、"达朴隆""达基格"(后两者相当于副伙头)。"老亢"或"达岗"管理三五个村子,是德昂族头人在

① 李茂琳、董晓梅:《当代云南德昂族简史》,云南人民出版社,2012,第20、30页。
② 白利友:《中国共产党在边疆地区少数民族中的政党认同建设研究》,《西南民族大学学报》(人文社会科学版)2016年第1期,第34页。

土司政权中最高的职位，负责执行土司地方机构的政策法规和指令；"达吉岗"是村落头人，具体负责村寨事务；村寨里还设"达朴隆""达基格"二职，与"达吉岗"一起处理村寨共同事务。各个级别负责人各司其职，层层上报，对于难以解决的问题，召集村社头人会议，共同商议裁定。"老亢"或"达岗"的职责之一是为土司征收赋税，同时土司授权德昂族头人向其所管辖村寨征收一定的赋税或劳役，因此这些头人成了本民族中的地主、富农，但这一部分富裕起来的人仅占整个德昂族人口的 2% 左右，而且其经济力量尚落后于其他民族。

镇康、耿马地区的头人并不世袭，"达朴隆""达基格"一般由群众选出，"老亢"或"达岗"最初为各村社头推举后报经土司批准。但到近代以后，这种会议及头人会议"已成为形式上的民主，实际是执行土司、国民党地方机构法规的组织"，^①沦为国民党收税征兵的附属机构。

中华人民共和国成立前夕德昂族尚处于封建领主经济阶段，附属于傣族或景颇族土司。中华人民共和国成立后，在国家的统一领导下，彻底废除了封建土司领主制度，淘汰落后的生产生活方式，并通过社会主义改造、互助合作、发展生产等方式，直接过渡到社会主义。中央政府建立起对德昂族的直接领导，在基层建立组织，使德昂族参加到国家的政治体系中。国家的大力扶持和领导，使德昂族群众的社会地位、物质文化生活都有了较大提高，为德昂族国家认同观念的确立奠定了基础。

 ## 民族区域自治

中华人民共和国成立以后，在党和国家各级政府的努力下，我国各族人民获得了平等的政治权利，民族区域自治政策的实行，使包括德昂族在内的少数民族在社会生活各方面都取得了长足的发展。云南省作为一个多民族的边疆省份，截至 2021 年，全省有 8 个自治州、29 个自治县、150 个民族乡。德昂族属于人口较少民族，据 2010 年统计数据，其人口仅有 20556 人。但在中华民族大家庭中，德昂族与其他兄弟民族享有平等的政治地位，共同行使当家作主的权利。1953年 7 月，德宏傣族景颇族自治区宣告成立，在自治区人民代表中有 12 名是德昂

---

① 国家民委民族问题五种丛书云南省编辑组：《德昂族社会历史调查》，云南民族出版社，1987，第 33 页；桑耀华：《德昂族文化大观》，云南民族出版社，1999，第 136 页。

族代表；而且，此后在德昂族集中的州、县都有德昂族干部，在各级人民代表大会中都有一定数量的德昂族代表。1987年12月，在芒市三台山建立了第一个、也是唯一一个单一德昂族民族乡。1988年3月，在临沧地区的镇康县设立了有佤族、拉祜族、傈僳族、德昂族4个民族的军赛民族乡。三台山德昂族乡是全国唯一的德昂族乡，是德昂族、景颇族、汉族3个民族杂居的山区，三台山乡辖勐丹、出冬瓜、允欠、帮外4个村民委员会，有31个自然村，下设34个村民小组，其中德昂族有19个村民小组。从云南省到德宏州都重视对德昂族干部的培养，对其参政议政能力的提升发挥了重要作用。

综上，三台山德昂民族乡的设置与德昂族干部的培养和选拔以国家制度和法律的形式保障了德昂族自主管理本民族内部事务，体现了德昂族平等参与国家事务管理的权利与民族区域自治权利，增强了德昂族的身份意识与国家认同意识，在维护国家统一和民族团结中发挥了重要的制度功能。

人口较少民族的经济扶持

德昂族是云南省8个人口较少民族之一，也是"直过"民族，与汉族、景颇族、傣族、傈僳族、佤族等民族分寨杂居在山区，其主要聚居地较偏远，交通不便，信息闭塞，产业结构单一，贫困程度较深，因此，政府不仅要给予德昂族人民广泛的参政议政权利，而且还要积极改善德昂族民众的经济水平，缩小与其他民族间的差距。中华人民共和国成立之后的相当长一段时间，尽管德昂族的社会经济、文化状况发生了很大改变，但其文化习俗仍相当大程度得到留存。在国家西部大开发和兴边富民的大背景下，针对人口较少民族的贫困问题，在我国"十一五"和"十二五"专项规划中都制定了专门针对人口较少民族的《扶持人口较少民族发展规划》，云南省政府和德宏州也结合实际，制定了云南省和德宏州的扶持人口较少民族发展规划。2005年开始，云南省政府响应国家"兴边富民行动"，实施了"兴边富民工程"，目的在于加快边境地区经济社会发展。德昂族聚居的9个村委会82个村民小组都在扶持人口较少民族发展名单内。经过10余年的努力，扶持人口较少民族发展的工作取得了很大成效。在云南省委、省政府特殊政策的扶持下，德昂族的经济、文化水平得到了极大发展，与其他兄弟民族的差距逐步缩小，西南边疆和谐的政治秩序也得到了进一步巩固。

以德宏州三台山德昂族乡为例，该乡是全国唯一的德昂族乡。2005年以来，

68

在当地政府的主导下，三台山乡先后对生存环境较差的德昂族村寨进行了易地搬迁，先后实施了允欠第三村民小组、出冬瓜大坪子新寨、出冬瓜四组新寨、邦外拱别新寨、邦外上帮村民小组、勐丹沪东娜村民小组的易地搬迁工程，共搬迁 192 户 712 人。2005 年 12 月 21 日，上海市民委和云南省民委签署了《关于对口帮扶德昂族发展的合作协议》，通过整村推进方式，在培植产业、发展教育、培养人才等方面帮助德昂族发展，引导德昂族群众发掘其内在潜力，增强"造血"能力，走出贫困。德昂族村寨较为频繁的搬迁变动，虽然客观上改善了德昂族的居住条件，但仍不可避免对德昂族的固有习俗与文化传统造成了不可逆的影响，原有的德昂村寨社会又会进行自发地调适以平衡这种变化，他们根据搬迁后的情况与其他民族在文化上接近、融合，加强与周边民族的相互依赖和功能上的互补，通过建构新的社会关系，以弥补因部分文化被破坏而带来的功能上的缺失。但从另一个方面来说，国家对德昂族的经营与设置，也为德昂族国家认同的确立提供了新的契机。①

养猪能手（来源：云南省社会科学院图书馆馆藏资料）

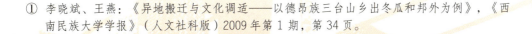

① 李晓斌、王燕：《异地搬迁与文化调适——以德昂族三台山乡出冬瓜和邦外为例》，《西南民族大学学报》（人文社科版）2009 年第 1 期，第 34 页。

根据三台山乡政府的统计，2017年全乡总人口7410人，其中德昂族为4454人，占全乡总人口的60%。

表2 三台山乡德昂族收入情况[①]

年份	农民总收入（元）	人均纯收入（元）	粮食总收入（元）	人均口粮（千克）
1978	488306	115	323592	311
1988	1861000	251	800000	297
1998	11548100	646	2458900	281
2005	15931900	911	3170300	304

截至2017年，三台山乡实现农村经济总收入1.67亿元，农村常住居民可支配收入达6348元。纵观三台山德昂民族乡这40年的进步，可概括为跨越式发展，取得了令人瞩目的成就。可以看出，中华人民共和国成立之后，国家加大了边疆少数民族的经济社会建设，尤其是近年来，更是加大了对人口较少民族的扶持力度，使德昂族的经济取得了长足发展。

整体而言，在认同建构过程中，经济因素发挥着不可替代的作用，尤其是在跨境民族聚居地区，两地经济的差异在跨境民族民间交往中会被成倍放大，从而侵蚀国家认同的现实根基。因此，国家针对德昂族的实际情况，在民族平等的思想与理念下，国家根据民族身份对德昂族实施优惠扶持的经济政策，将德昂族整合进国家的建设发展进程中，缩小边疆民族区域与内地之间的差距，改善德昂族群众的经济生活水平。这种基于扶持对象的特定身份选择，不仅强化了德昂族族群意识，而且也奠定了中国德昂族国家认同的经济基础。在访谈中，德昂族人民认为这些政策是党和国家对他们的关心和帮助，他们的生活水平和质量才得以提高和改善。因此，德昂族群众对党和政府的拥护、对政府的信任和对国家的认同感都得到增强。

---

① 据三台山乡政府：《三台山乡地方志》（内部资料）。

在让"各民族紧密地团结在国家周围"的国家认同建构过程中，国家必须通过各种平衡策略增进各民族之间的平等和公正的安全感。[1]国家针对德昂族的实际情况，在"中华民族多元一体"格局中和民族平等的思想与理念下，制定一系列优惠扶持政策和采取各方面措施，把德昂族整合到国家的建设发展进程中，建构起德昂族的国家认同。同时，国家根据民族身份对少数民族实施优惠扶持政策，这种扶持对象的选择依据，强化了各民族对其民族身份认同的意识。[2]

民族识别，确立身份

中华人民共和国成立后，党和人民奉行彻底的民族平等政策，把少数民族的身份表达作为边疆政治工作中的首要任务。"民族识别，就是对居住在一定地域上的人们共同体就其语言、经济生活、文化和心理素质以及历史来源等要素，进行综合的考察和分析研究，确定其族属和名称。这既是一项政治工作，又是一项科学研究工作。"[3]民族识别后，各民族才纳入国家政治框架内，成为中华民族大家庭中平等的一员，国家赋予和确定了民族身份，民族平等的政策才能得以落实。[4]德昂族的民族识别后，国家赋予了其身份，确定了国家各项民族政策与民族工作开展的对象，德昂族各方面的利益得到了保障，民族识别工作中的调查研究工作，为其历史书写奠定了基础。识别为中华民族大家庭的成员后，德昂族民族身份的确定强化了其族群意识，是德昂族加强民族身份认同建构的过程，也是国家认同建构的过程。

1954年3月，根据中央统战工作会议精神和云南省委指示，云南省委统战部和云南省委边疆工作委员会组织了在昆的中国科学院语言研究所、中央民族学院研究部、云南大学、云南民族学院、昆华医院、省委统战部和省委语文研究组等7个单位的专家、学者、教授和科研人员共46人，组成云南民族识别研究组，下又分为7个工作小组，由林耀华等人负责，开始了云南省民族识别第一阶段的

71

① 何明：《国家认同的构建——从边疆民族跨国流动视角的讨论》，《云南师范大学学报》（哲学社会科学版）2010年第4期，第25页。
② 袁丽华：《中缅德昂族历史叙述比较研究》，博士学位论文，云南大学，2019。
③ 黄光学、施联珠：《中国的民族识别》，民族出版社，1995，第112、113、146页。
④ 王文光、段红云：《中国古代的民族识别》，云南大学出版社，2011，第1页。

工作。[1]

1954 年民族识别调查时，没有将德昂族识别为一个单一民族，而是将德昂族（当时称"崩龙"）放在了待识别人群之中。[2]

1960 年，在云南省民委的牵头下成立了"云南省民族识别综合调查组"，经过调研后认定德昂族语言属南亚语系孟—高棉语族佤—崩龙语支的崩龙语，无文字，分布于德宏傣族景颇族自治州、临沧地区、普洱地区及腾冲、龙陵、昌宁等县，自称为"汝买""昂"或"曩"[3]，最终确定为单一民族，识别为"崩龙族"。

1983 年，德昂族代表在德宏州第八届人民代表大会上提议，将"崩龙"改为"德昂"。

（1）"昂"是本民族自称，虽然德昂族存在众多支系，称呼也不尽相同，但对外都自称为"德昂"。

（2）"崩龙"一词来自傣语，始见于清代乾隆年间的记载，产生于矛盾和冲突的背景下，用德昂话来解释，有两层意思：一是"土崩瓦解后，又合拢在一起的民族"，二是"顺水蹚走的人"。

（3）"做奴隶的民族"。在德昂人看来，"崩龙"一词带有一定的歧视和污蔑意味，而"德昂"，在他们的语言里，是"从岩洞里出来的先民；勤劳、善良、勇敢、智慧的人"。在德昂族的《古歌》里，德昂先民最早是住在崖洞里的，"昂"似乎折射了德昂族对祖先居住历史的一种追忆。

因此，将"崩龙"改为"德昂"，不仅符合本民族意愿，也有利于民族平等和团结。[4]后经云南省民委召开"关于崩龙族要求更改族称的座谈会"，对崩龙族族称改名做了充分讨论，并最后决定改为"德昂"。经过广泛调研与细致论证，1985 年 9 月 17 日，国务院公布了《关于更改崩龙族族称的批复》，同意将以"德昂族"替代"崩龙族"的传统称呼。10 月 6 日，德宏州政府下发了《关于贯彻执行国务院更改崩龙族族称批复的通知》，并在同年 10 月举行的德宏州"民族团结月"中，广泛宣传了国务院的决定。目前，"德昂"的名称已经获得了普遍

---

[1] 《云南民族工作 40 年》编写组：《云南民族工作 40 年》（上），云南民族出版社，1994，第 276 页。

[2] 尤伟琼：《云南民族识别研究》，博士学位论文，云南大学，2012，第 264 页。

[3] 尤伟琼：《云南民族识别研究》，博士毕业论文，云南大学，2012，第 267、268 页。

[4] 杨忠德：《中国少数民族文化大词典·德昂族卷》（手稿）。

认可，成为德昂族人民建立民族认同的基础之一。

民族识别是国家主导并组织实施下的民族身份认定，宗旨在于加深对中国各个民族社会发展程度的了解，为今后国家的民族工作与民族政策提供现实基础。经过民族识别后，德昂族被国家赋予和确定了民族身份，被正式纳入国家政治框架内，成为国家话语规范下法定的民族。其应享有的政治、经济、文化、教育等领域中的权利，得到了国家制度层面的充分保障，客观上强化了德昂族的族群意识、身份意识与国家认同观念。此外，民族识别工作中的调查研究工作及德昂族历史的整理编纂，为德昂族日后的历史叙述奠定了基础。同时，民族识别后，通过实施民族优惠政策，促使德昂族将民族身份与自身利益结合起来，在"中华民族"体系中凸显民族意识，并有意无意地通过历史叙述建构自己的话语权，显示历史上参与建设和中华民族形成中的作用。因此，德昂族民族识别是德昂族民族身份建构的过程，也是国家认同建构的过程。[1]

德昂"直过"，历史跨越

"直过民族"是指中华人民共和国成立以后，没有经过民主改革，由原始社会末期跨越几种社会经济形态而直接过渡到社会主义社会的民族。云南民族"直过区"是指20世纪50年代初，中国共产党和人民政府对云南边疆还处在原始社会末期或已经进入阶级社会，但阶级分化不明显、土地占有不集中、生产力水平低下的景颇族、傈僳族、独龙族、怒族、德昂族、佤族、布朗族、基诺族和部分拉祜族、哈尼族、瑶族等民族居住的约66万人，涉及现在8个州（市）、24个县（市、区）的地区，采取特殊的"直接过渡"方式，即不进行土地改革，以"团结、生产、进步"为长期的工作方针，使其直接但却是逐步地过渡到社会主义，实现了历史性的跨越。[2]

中华人民共和国成立之时，德昂族的基本状况是人口较少（仅有6000多人），居住分散，政治、经济处于傣族、景颇族的附属地位，生产力水平十分低下，教

① 袁丽华：《中缅德昂族历史叙述比较研究》，博士学位论文，云南大学，2019。
② 中共云南省委党史研究室编：《云南民族"直过区"经济社会发展研究资料汇编》，云南民族出版社，2006。

育文化非常落后，生活十分贫困，在许多方面还带有非常浓厚的原始共产主义的气息。

1952 年秋天，云南省委、保山地委工作组进入德宏地区开展工作，工作小组到达德昂族村寨开展"做好事、交朋友"的工作，无偿地送给十分贫困的德昂族群众口粮、种子、农具和耕牛，帮助他们恢复和发展生产。之后，在党委和政府的直接扶持帮助下，直接过渡进入社会主义社会，开始了社会主义实践。[1]德昂族由原始社会末期跨越几种社会经济形态而直接过渡到社会主义社会，实现了民族发展的历史性飞跃。德昂族进入社会主义社会后，在各级党委、政府的领导下，在各兄弟民族的帮助下，在政治、经济、社会、文化、教育、卫生等方面都取得了巨大的进步。

德昂族直接过渡进入社会主义社会是其发展史上的一次飞跃，从纵向来看，其生产力确实得到了很大的提高，但是从横向比较或绝对发展水平的角度看，其生产力水平仍然处于一种较低的状态。德昂族群众竞争观念和效益观念相对淡薄，对外界的影响缺乏响应。一些落后的风俗习惯和消费习惯也阻碍发展，使得德昂族群众长期停留在低水平的生产和低水平的生活状态。德昂族的主要经济活动是农业生产，生产的主要目的是自给自足，劳动产品的商品化率比较低，商品交换观念不强，长期以来市场经济发展较慢。

中华人民共和国成立之前，德昂族没有自己的学校，只有到佛寺中做和尚的男子才有机会接受文化教育，妇女根本就没有接受文化教育的权利和机会。中华人民共和国成立之后，政府在德昂族地区建立了学校，适龄的德昂族男孩和女孩都平等地获得了受教育的权利和机会。但是办学条件和师资力量相对较弱，难以培养出充分满足德昂族发展的人才。另外，德昂族主要居住在山区，交通不便，不能及时有效地获取外界新信息，落后的观念和保守的思想难以改变。

近年来，在党的领导下，采取了一系列正确措施促进德昂族社会的发展。

（1）实事求是，立足现实，从德昂族的政治、经济、社会和文化的发展实际出发，尊重民族传统，考虑本民族特殊的文化传统、特殊的生产方式、特殊的经济生活，以及特殊的风俗习惯，总结历史经验，选择恰当的发展战略。

（2）转变普遍存在于德昂族群众中的安于现状、不求变革、墨守传统的思

---

① 晓根、刘文光:《全面建设小康社会进程中的云南"直过民族"研究》，中国社会科学出版社，2011。

想观念，树立市场经济观念，树立竞争意识和效益观念，改变原有的思想观念系统，接受市场经济观念。激发发展需求，提升自我发展动力。

（3）走和谐发展和新型的民族发展道路，处理好经济与环境、资源和人口之间的关系。良好的生态环境是德昂族发展的优势，发展经济要发挥这一优势，而不能毁坏这一优势。

（4）德昂族聚居区地处连接东南亚国际大通道附近，与东南亚毗邻。①发挥区位优势，发展边境贸易。②抓住建设民族文化大省带来的机遇，发展本民族的优秀传统文化，挖掘民族文化资源，培育和发展本民族的文化产业，发展民族文化旅游产业。③抓住建设绿色经济强省带来的机遇，发展热带、亚热带作物种植业，改造传统农业，发展绿色经济。

（5）大力发展民族科教文化事业，培养本民族干部和提高专业技术人才的素质。属于"直过民族"的德昂族仍保留着一些原始共产主义遗迹，习惯于共同生产，小家庭组织生产的能力有限，培养能力强的民族干部来组织生产和管理社会事务十分必要。同时培养有文化、懂技术、会经营的新型农民，提高农民的整体素质。

（6）各级党委、政府和各族群众积极给予扶持和帮助。鉴于德昂族历史和现实的发展状况，其发展能力较弱，内在的发展动力不足，在现在的发展竞争中处于相对劣势的地位，所以德昂族的发展离不开各级党委、政府和各族群众的大力的直接扶持和帮助。例如，政策、资金、项目上的倾斜和照顾，帮助制定发展规划、直接指导开发项目的实施、积极开展直接的生产技术指导。①在党的正确领导下，德昂族社会将再次创造新的历史奇迹，使"直过民族"德昂族实现民族发展的第二次历史性跨越。

中华人民共和国成立以来，德昂族经济社会先后实现两次跨越发展：第一次跨越发展是中华人民共和国成立之初，通过实行直接过渡政策，由原始社会末期或封建社会初期的社会形态直接过渡到社会主义社会；第二次跨越发展是改革开放 40 多年，德昂族整族实现脱贫，德昂村寨旧貌换新颜，德昂族人民与全国各族人民一道全面建成了小康社会。②中华人民共和国成立之初，在毛泽东思想指引下，按照实事求是的原则，党中央、云南省委集中统一领导了云南少数民族

75

① 晓根、刘文光：《全面建设小康社会进程中的云南"直过民族"研究》，中国社会科学出版社，2011。

② 张国平：《德昂族跨越发展的制度保证》，《社会主义论坛》，2020 年第 4 期第 49-50 页。

的民主改革和直接过渡。1954 年，根据生产力发展的实际水平和群众自愿互利的原则，党中央决定对德昂族等部分民族实行直接过渡政策。德昂族从此跨越了其他民族上千年的发展历程，德昂族人民彻底告别了被剥削、被压迫的苦难历史，政治上翻身做了主人，社会经济性质发生了根本性转变，进入了全新的历史发展时期。在党中央集中统一领导下，各级党委、政府认真贯彻实行民族平等、民族团结、民族互助、民族和谐的民族政策，有力保障了德昂族的各种权益。

坚持人民当家作主，发展全过程人民民主，密切联系群众，紧紧依靠人民推动国家发展是推动德昂族跨越发展的民主政治制度保障。中华人民共和国成立以来，为了保证德昂族人民当家作主的权利得到有效保障和落实，党领导和组织德昂族人民积极参与各级政治协商会议、人民代表大会、民族区域自治和村民自治，十分重视在德昂族群众中培养和选拔干部，充分保障德昂族人民参与地区和国家事务管理的权利。德昂族干部群众以主人翁的精神努力发展生产、建设家园，自我发展能力不断增强，干事创业的积极性不断提高，有力推动了德昂族的跨越发展。

"坚持全国一盘棋，调动各方面积极性，集中力量办大事"是助推德昂族跨越发展最鲜明有力的政策和制度。中华人民共和国成立以来，党中央、国务院高度重视少数民族事务，始终坚持全国一盘棋，集中力量为少数民族办大事、办好事，有力推动了少数民族经济社会的快速发展。习近平总书记指出，脱贫路上"决不让一个兄弟民族掉队"。脱贫攻坚 8 年来，党和政府对德昂族集中实施"五个一批"帮扶措施，通过整合统筹政府、单位部门、社会团体、企业、个人等多方力量，充分调动各方面的积极性，开展整族帮扶、整村推进、因户施策的精准扶贫和精准脱贫对策，确保了德昂族贫困群众实现"两不愁三保障"。

"坚持各民族一律平等，铸牢中华民族共同体意识，实现共同团结奋斗、共同繁荣发展"成为德昂族跨越发展最重要的国家民族政策和制度保障。中华人民共和国成立之初，党就确立了我国各民族不分大小一律平等、增进团结、共同发展的民族政策和制度。1954 年，我国的第一部《中华人民共和国宪法》明确规定："禁止对任何民族的歧视和压迫，禁止破坏民族团结和制造民族分裂的行为。"它确保了德昂族人民翻身做主人，与全国各民族平等参与和管理地区和国家事务，共同发展进步。改革开放后，1982 年我国新制定的《中华人民共和国宪法》进一步规定："中华人民共和国各民族一律平等。国家保障各少数民族的合法的权利和利益，维护和发展各民族的平等、团结、互助关系""国家根据各

少数民族的特点和需要，帮助各少数民族聚居地区加速经济和文化的发展""国家尽一切努力，促进全国各民族的共同繁荣"。1986年以后，国家开始更多地关注和帮助德昂族等少数民族加快经济社会的发展，通过扶贫开发、脱贫攻坚等一系列帮扶政策和措施，促进了德昂族经济社会实现跨越发展，全面践行了党提出的"帮助各少数民族聚居地区加速经济和文化的发展""促进全国各民族的共同繁荣"，以及"决不让一个兄弟民族掉队"的庄严承诺。我国各民族平等、团结、互助以及共同繁荣发展，既是党的民族政策的基本方针，也是国家制度的重要组成部分，为德昂族经济社会的跨越发展提供了强大的制度保障。①

"坚持公有制为主体、多种所有制经济共同发展和按劳分配为主体、多种分配方式并存，把社会主义制度和市场经济有机结合起来，不断解放和发展社会生产力的显著优势"成为德昂族跨越式发展最主要的经济制度保证。改革开放40多年来，德昂族各聚居地区所有制经济结构不断优化和丰富，公有制经济得到巩固，集体经济不断发展壮大，个体经济、私营企业、股份制等经济快速发展，人民群众的经济收入日益多元化和稳步提高；德昂族农业农村产业结构不断调整优化，农产品的商品化程度不断提高，休闲旅游等新型农村经济开始兴起，群众的市场经济意识日益增强。我国国家经济制度促使德昂族农村社会生产力持续得到解放和发展，人民群众的生产生活水平不断提高。

"坚持共同的理想信念、价值理念、道德观念，弘扬中华优秀传统文化、革命文化、社会主义先进文化，促进全体人民在思想上、精神上紧紧团结在一起"成为德昂族跨越发展最主要的思想文化制度支撑。中华人民共和国成立70多年来，在党的领导和关怀下，德昂族人民牢固树立了爱党、爱国、爱社会主义的思想，坚定了中国特色社会主义共同理想和共产主义远大理想，积极践行社会主义核心价值观，努力传承和弘扬中华优秀传统文化、革命文化、社会主义先进文化，以及本民族优秀文化，大力开展乡风文明建设，促进了德昂族人民在思想上政治上行动上始终紧密团结在党中央周围，为德昂族跨越发展提供了强大的精神文化支撑。

"坚持以人民为中心的发展思想，不断保障和改善民生、增进人民福祉，走共同富裕道路"是推进德昂族跨越发展最核心的发展思想和目标制度。党始终

---

① 张国平：《德昂族跨越发展的制度保证》，《社会主义论坛》2020(04):49-50。

坚持执政为民和践行全心全意为人民服务的宗旨，努力改善民生，帮扶德昂族摆脱贫困，使人民群众的生活质量和水平实现跨越发展，德昂族群众的民生不断得到保障和改善。

"坚持德才兼备、选贤任能，聚天下英才而用之，培养造就更多更优秀人才"为德昂族跨越发展提供了坚实的人才制度保障。党和政府重视发展德昂族教育，德昂族群众受教育程度显著提高，党和政府为德昂族培养了大批人才，为德昂族跨越发展提供了强有力的智力支持。中华人民共和国成立以来，党和政府为德昂族建立了自己的学校，大力发展学校教育，为德昂族培养了许多大中专各类人才，甚至还有本民族的硕士、博士研究生等高层次人才。一直以来，党和政府十分重视培养和选拔德昂族干部，使德昂族拥有了一批德才兼备的党政干部，在他们的带领下，德昂族群众正努力发展生产，积极建设美丽家园，做到房子、票子"两手抓"。

云南省德宏傣族景颇族自治州芒市三台山乡是全国唯一的德昂族乡，现有德昂族人口4351人。由于经济社会发展基础差、底子薄、起步晚，当地群众一直比较贫困，2009年，全乡农民人均纯收入仅有2000多元。近年来，国家在三台山乡深入实施产业扶贫、科技扶贫、到户增收等一系列扶贫措施，因地制宜引导群众发展种植业、养殖业等特色产业，增强了德昂族群众增收致富的能力。目前，全乡36个村民小组均已实现"五通"（通路、通水、通电、通广播电视、通电话），大部分农户已经搬入新居或即将搬入新居；大多数村民有摩托车和拖拉机，一些人还买了汽车。2015年，该乡农民人均纯收入达5000元，2022年超过6000元，全乡实现"脱贫摘帽"。赵所宝家就住在三台山上。秋高气爽，赵所宝趁着好天气粉刷房子。夫妻俩自己动手，浑身上下沾着灰浆。新房有90多平方米，已花掉8.3万元，主体建筑已基本完工，预算装修完总共要花11.2万元。"国家补贴4万元，贷款6万元，我又向亲戚借了1.7万元，把以前的空心砖房换成了'安心房'。"赵所宝搓手笑着说。

"今年全芒市脱贫出列，我们乡有一个建档立卡贫困村136人要脱贫。"乡党委书记李茂新说。全乡现在有两个易地扶贫搬迁点，涉及68户，安居房为贫困户量身打造，贫困户靠国家补助和贷款基本能解决买房资金问题。"搬家三年穷"。抓房子易，抓票子难，三台山德昂族乡对抓票子格外看重。赵所宝家的牲口圈里，有两头母猪和一头黄牛。从芒市市委办公室出任出冬瓜村第一书记的鲁东东说，一头母猪平均一年产崽七八个，能卖三四千元，加上养牛，再加

上田里种的甘蔗、茶叶、坚果，一般贫困户当年就能脱贫，这叫"长短结合"。村党总支书记李二极插话："只要手脚勤快脑子灵活，脱贫致富并不难。"

农民种植甘蔗，除掉化肥、砍甘蔗人工费等成本，所剩无几。另外，蔗糖企业效益不佳，还拖欠蔗农的甘蔗款。上好的春茶，1千克才卖5元多。好在乡里近些年发展了3万多亩[①]坚果，靠着芒市食品工业园区，效益不错，1千克鲜果能卖10元钱。向附近傣族群众学习，乡里有德昂族、景颇族群众种起了菠萝，三年投产一年两收，亩产近六七千元。

出冬瓜村曾经的贫困户李二杰，今年已脱贫，还被选为村小组干部。他是个养牛能手，家里养了13头黄牛。今年8月，他参加了市里的养牛技术培训。"他只读过三年书，养牛却很在行，还带动了许多乡亲。"李二杰有这么大本事，村党总支书记李二极实在没想到。

乡党委书记李茂新介绍，国家对三台山扶贫很重视，从"九五"时期就开始投入，主要做移民搬迁和道路基础设施，解决"人在山上田在脚下"的问题。多年帮扶，为当前脱贫攻坚打下了基础。乡里一手抓"硬件"，一手抓教育等"软环境"，今年专门拿出3.2万元，补助9名考上大学和中专的建档立卡贫困户的孩子。[②]

在德宏傣族景颇族自治州芒市人口较少民族聚居的三台山德昂族乡，处处都是新道路、新房子、新家园和新的生活，每一个村民的脸上，都展露出幸福的喜悦和对美好未来的憧憬！自开展扶持人口较少民族发展工作以来，三台山德昂族乡党委、政府紧紧抓住这个大好机遇，团结带领广大干部群众稳步推进新农村建设，全乡经济和社会各项事业有了较大发展，农民生产、生活条件得到了较大改善，思想观念有了很大变化。

---

① 亩：土地面积单位（非法定），1亩≈666.67平方米，全书特此说明。
② 徐元锋：《全国唯一的德昂族乡今年要脱贫出列》，《人民日报》。据中华人民共和国中央人民政府网站：http://www.gov.cn/xinwen/2016-10/30/content_5125983.htm，访问日期：2016年10月30日。

改革开放，阔步前进

 古老茶农跟党走，阔步迈向新时代

德昂族在党的领导下，与其他民族实现了政治上的平等。中华人民共和国成立后，党和国家的民族区域自治政策保证了德昂族人民享受到平等的政治参与权利和民族自治权利。1953 年 7 月，德宏傣族景颇族自治区（1956 年 5 月改设自治州）成立，其中德昂族代表有 12 名；在德昂族居住比较集中的州、县各级人民政府中，都有德昂族的干部，各级和全国人民代表大会也有德昂族代表参加。1987 年 12 月，在芒市三台山建立了第一个也是唯一一个单一德昂族民族乡。1988 年 3 月，在临沧地区的耿马县，成立由佤族、拉祜族、傈僳族、德昂族联

古老茶农绽放幸福笑容（摄影：钱明富　供图：德宏州委宣传部）

合建立的军赛民族乡。

中华人民共和国成立以来，为了确保德昂族人民当家作主的权利得到有效保障和落实，党领导和组织德昂族人民积极参与各级政治协商会议、人民代表大会、民族区域自治和村民自治，十分重视在德昂族群众中培养和选拔干部，充分保障德昂族人民参与地区和国家事务管理的权利。政治上的平等，保障了德昂族干部群众以主人翁的精神努力发展生产、建设家园，自我发展能力不断增强。民族自信心是一个民族肯定的、积极的自我认识和自我评价。一个民族由于认识到自己在国家中的平等地位，认识到自己对整个人类发展的崇高价值，因而产生对于本民族进一步生存和发展能力以及光辉灿烂前景的确信。

德昂族是中国西南边疆最古老的开发者之一，在历史上曾经有过繁荣富强的时代，并创造了灿烂的文化和文明。但元、明时期，由于长期的战乱和当地傣族封建领主势力的扩张，迫使德昂族先民大量迁往缅甸，少数没有逃离的则成为傣族领主的属民，从而丧失了建立独立社会经济结构的条件。到清代以后，德昂族更多地受到封建地主经济和统治阶级的剥削而失去土地，沦为了社会政治地位低下、经济极度贫困的民族。中华人民共和国成立前的德昂族处于弱势地位，政治经济上被压迫、被剥削，他们吟唱古歌时忧伤缓慢的歌调反映出这个民族心理上的沧桑和沉重。

中华人民共和国成立以后，随着国家新的政治制度的建立和党的民族政策的贯彻执行，德昂族摆脱了悲惨的命运，结束了被压迫的历史，开始了崭新的生活。20 世纪 50 年代初期，德昂族被识别为单一民族，成为中华民族大家庭中的一员，这不仅使他们能够平等地参与到国家的政治生活中来，而且使德昂族的历史得到尊重，文化得到保护。特别是改革开放以来，德昂族社会生产力得到显著的提高，人民生活得到极大改善，与当地其他民族的发展差距也正在逐步缩小。德昂族在党的领导下，民族自信心极大增强，找回了昂扬奋进的民族精神，不仅与其他民族一样，实现了精神上的平等，还通过脱贫攻坚，精准扶贫，使民族经济得到了极大发展，与其他民族一起，实现了经济上的齐头并进，正在和其他民族一起奔向小康。

各项改革促开放，德昂喜跃新台阶

实行家庭联产承包责任制，发展商品经济。

（1）1978年后，党中央决定对农村进行改革，推行家庭联产承包责任制，解除了束缚德昂族跨越发展的体制障碍。1982年，德昂族家家户户分得了土地，有效地提高了德昂族群众的生产生活水平，从此，德昂族生产生活水平的改善和提高步入快车道。三台山公社1982年人均生产粮食126.5千克，比1981年（62.5千克）增长了1倍。

（2）20世纪80年代中后期，德昂族村寨甘蔗种植开始得到推广，产业结构开始发生变化，农村商品经济快速发展。

到2001年，德昂族的种植业经济收入占其整个农村经济总收入（按行业划分）的75.74%，其中粮豆种植面积占总的农作物面积的46%，甘蔗种植面积占总的农作物面积的47%，种植粮食和甘蔗的面积达到了93%。[1]甘蔗种植逐渐成为德昂族的支柱产业和家庭收入的主要经济来源。[2]有学者统计，"从1989年到1999年，三台山乡的14个德昂族社的总收入由112万元增加到530万元，增长了418万元，增长了4倍多，纯收入由88万元增加到164万元，增长了76万元，增长了85.70%。从上述总收入和纯收入的增长幅度可知，该地区德昂族的经济近十多年来有了较快发展，收入有所提高。"[3]

改革开放后，国家对德昂族的帮扶政策不断加强、力度不断增大。1981年，国家在发展比较困难的情况下，依然给予三台山公社125268元的补助，分别投入水利6万、饮水5万、开田开荒840元、救济粮282元、修桥2400元、茶叶茶种2700元、化肥7000元、其他1000元。到20世纪80年代中后期，扶贫开发成为一项国策，党和政府进一步加大对德昂族等少数民族贫困人口的帮扶力度。三台山乡"1996年列为云南省扶贫攻坚乡之后，至2004年8月，国家、省、州、市共投入扶贫资金436.129万元，平均每人690元，平均每年54.105万元，实施扶贫项目73个。1996年开始，德宏州、芒市五套班子为领衔的机关单位与贫

① 王铁志：《人口较少民族发展的结构性差异——以德昂族经济和社会发展为例》，《黑龙江民族丛刊》（双月刊）2006年第1期。

② 张国平：《新中国70年德昂族跨越式发展：历程·经验·路径——以云南省芒市三台山乡为例》，《中共云南省委党校学报》2020年第21卷第5期。

③ 王铁志：《德昂族经济发展和社会变迁》，硕士学位论文，中央民族大学，2004。

困自然村挂钩扶贫。1998 年开始，机关党员干部结对扶贫，不脱贫不脱钩"。[①]

  2005 年，全国人口较少民族扶贫开发工作正式启动，次年国家启动上海对口帮扶德昂族的工作，实行整族整村推进政策。上海对口帮扶德宏州 55 个德昂族自然村（三台山乡占有 18 个），上海 5 年共投入三台山乡帮扶资金 2526.9 万元、云南省级配套资金 1549.5 万元、县级整合资金 217.9 万元，被帮扶村寨的道路、通信、住房得到很大改善，产业结构得到优化，教育文化得到快速发展。[②]

---

① 廖元昌：《德昂族生存困境与构建和谐社会》，《云南行政学院学报》2005 年第 5 期。
② 张国平：《新中国 70 年德昂族跨越式发展：历程·经验·路径——以云南省芒市三台山乡为例》，《中共云南省委党校学报》2020 年第 21 卷第 5 期。

深山走出脱贫路

云南人口较少民族脱贫发展之路

发展滞后受局限，党为德昂谋发展

贫困问题，困扰发展

贫穷始终是一个困扰德昂族社会的问题。在中华人民共和国成立后，党和政府采取了多种措施，帮助德昂族脱贫致富，[1]党和政府在德昂族地区开展的扶贫工作可以分为如下两个阶段：

第一个阶段是中华人民共和国成立之初的扶贫工作。中华人民共和国成立后，党和政府首先派出工作小组深入德昂族地区，帮助德昂族恢复和发展生产。1952年秋，云南省委、保山地委派出工作小组进入德宏地区工作。工作小组在德昂族村寨开展了"做好事、交朋友"的工作，给予挣扎在贫困线上的德昂族人民口粮、种子、农具、耕牛的救济，帮助他们恢复和发展生产。在农业合作化运动中，党和政府主要通过互助合作的方式在德昂族地区开展扶贫工作。1954年，德宏州政府在"直接向社会主义过渡"的地区办起了生产资料完全集体所有的四个合作社，其中有两个合作社就是德昂族合作社，即盈江县小新寨德昂族社和潞西曼良合作社。盈江县小新寨德昂族社的成员都是基本上没有生产资料、生活极端贫困的德昂族农民。政府工作队通过和傣族协商，划出一些坝区土地，并提供农具、种子、耕牛，让这些德昂族农民从山上下来开田种植水稻，仅一年后，该合作社就自给有余。潞西曼良合作社是以互助组为基础，由景颇族、德昂族、汉族等民族组成的，成立一年后，就增收了232%。[2]1956年，在"和平协商土地改革"的地区成立了南虎寨德昂族合作社，次年就实现了粮食自给。

1958年，德昂族合作社变成了人民公社，社内生产资料归公社所有，办起了集体食堂。人民公社的做法实际上不适应当时德昂族社会的情况，以至于不仅没有起到消除贫困的作用，而且破坏了生产，使当地人民生活更为困难，因此导致大批边民外流。1959年，撤销了人民公社、集体食堂，生产资料归还给社员，

① 王铁志：《德昂族经济发展和社会变迁》，硕士学位论文，中央民族大学，2004。
② 桑耀华：《德昂族文化大观》，云南民族出版社1999年版，第176页。

包工、包产到队，群众不愿意办的社可以停办。随之该地区的生产又得到了恢复和发展，外流边民陆续回归。随着"入社自愿、退社自由"政策的贯彻落实，德昂族地区的合作社发展壮大起来，人民的生活水平有了较大的提高。仅南虎寨德昂族合作社的人均粮食产量在 1963 年就达到了 565 千克，比办社前增长了几倍，还向国家交售了 3340 千克余粮。① 1966 年至 1978 年，德昂族不仅没有借助合作社发展的良好势头摆脱贫困，反而在持续不断 的政治运动中又陷入了贫困状态。

第二个阶段是改革开放以来的扶贫工作。1978 年，党的十一届三中全会后，党和政府先后出台了一系列政策、措施，帮助德昂族逐步落实家庭联产承包责任制，推广农业科技，实现科学种田，以此发展生产，脱贫致富。同时，还在专门开展的扶贫工作中将德昂族地区列为重点扶贫对象，并在政策和资金等方面给予倾斜，例如，云南省在"九五"扶贫计划中将三台山乡确定为省里重点扶持的扶贫攻坚乡。据德宏州扶贫办介绍，从 1996 年到 1999 年，各级政府每年投入 50 万元，在三台山乡实施扶贫开发项目 28 个。其中投工 21.7 万个，开挖土石方 1.5 万立方米，新修、复修水沟 11 条，总长 41.2 千米，新修、复修堤坝 13 座，道路 2 条、长度 25 千米，改造农田 0.14 万亩，新修基本农田 0.35 万亩。同时，为 0.22 万人和 0.1 万头大牲畜改善了人畜饮水条件；新增经济作物 0.12 万亩，林果 0.48 万亩，新增养牛、马、羊、猪 3400 头；实用技术培训 0.1 万人；人均产粮从 280 千克提高到 329 千克，增长了 17.5%；人均纯收入由 470 元提高到 610 元，增长了 29.79%。解决了 3900 多贫困人口的温饱问题。目前，行政村和各自然村都通了电，通了公路，行政村有了卫生室。各行政村都有完全小学，适龄儿童入学率在 99% 以上，实现了六年制义务教育普及。②

近年来，党和政府还利用易地搬迁来解决贫困问题。一部分德昂族村寨地处偏远，交通不便，距离田地较远，人畜饮水困难，经济发展缓慢。党和政府组织居住在这些村寨中的德昂族搬迁到交通、水源相对方便，距田地较近的地方，以此推动经济发展，脱贫致富。政府为此共投入 79.6 万元（其中省里拨 59 万元），

① 桑耀华：《德昂族文化大观》，云南民族出版社 1999 年版，第 177 页。
② 王铁志：《德昂族经济发展和社会变迁》，硕士学位论文，中央民族大学，2004。

搬迁了 5 个村寨，共计 64 户 875 人。例如，1997 年在德宏州人大、芒市市委市政府和三台山乡党委、政府的领导下，实施了南虎新寨和冷水沟社的易地搬迁工作。

地方政府还派出农业技术人员到德昂族合作社建立两化（化肥和化学除草）试点，曾以三分之一的价格向他们提供杂交稻种，也曾无偿补助他们建盖新瓦房的一部分费用。1999 年，德昂族的土地承包合同顺延 30 年，积极完成了"一证一书"的续签换证工作。这些政策、措施的实施和资金的投入使部分德昂族从缺粮户变成了余粮户，解决了温饱问题，初步摆脱了贫困。

总之，改革开放至今，党和政府以推行家庭联产承包责任制为中心，在德昂族地区开展的扶贫逐步从输血式救济转向了造血式开发。也就是说，不仅要通过救济使德昂族摆脱贫困，解决温饱问题，而且要发展生产，使他们走上致富之路。[1]

尽管党和政府采取了上述多种办法扶持德昂族的发展，并取得了一定的效果，但不可否认的是德昂族的贫困问题仍然比较严重。据介绍，三台山乡的农村经济收入处于全州 5 个民族乡的末位，德昂族人均纯收入为 433 元，比同一地区的汉族低 327 元（汉族人均纯收入为 760 元），比景颇族低 292 元（景颇族人均纯收入为 725 元）。[2]其中，1999 年，34 个德昂族村寨人均纯收入为 498 元，农民人均得粮为 273 千克，与全市农民人均纯收入 1053 元和农民人均得粮 381 千克相比，分别少 555 元和 108 千克，说明德昂族群众生活还比较贫困。2001 年，芒市确定的未解决温饱的标准为人均纯收入低于 620 元，但当年三台山乡的农民人均纯收入仅为 623.5 元，其中德昂族村民的人均纯收入仅有 482.2 元，有相当多的人口仍然处在温饱线以下。当时确定的人均 620 元的贫困线标准包括农民每天吃的口粮，应该说这个标准是比较低的。据德宏州扶贫部门的干部介绍，他们认为："我们这里至少要人均纯收入 800 元才能基本解决温饱问题，因为平均每人每天要有 2 元钱才能吃饱肚子和有必要的衣服穿，另外还要有点儿钱供小孩读书。"如果把三台山乡的农民人均纯收入放在全国大背景下来考察，就可

87

---

① 王铁志：《德昂族经济发展和社会变迁》，硕士学位论文，中央民族大学，2004。
② 《云南德昂族经济和社会发展调查报告》（内部资料，2001 年），转引自王铁志：《德昂族经济发展和社会变迁》，学位论文，中央民族大学，2004。

以发现差距更为悬殊。2001 年，全国农村居民人均纯收入为 2366 元，不仅三台山乡的德昂族与全国平均水平差距十分惊人，就是当地的汉族、景颇族与全国平均水平相比，差距也是巨大的。

三台山乡的出冬瓜和邦外两个德昂族村寨的 198 个家庭就生产和生活开支状况所做的问卷调查也反映了德昂族的贫困状态。①

表 3　出冬瓜和邦外两个德昂族村寨群众生活性开支的构成状况（单位：%）

教育支出	医疗支出	食物支出	衣服支出	吸烟支出	饮酒支出	节日宗教支出	合计
0.0972	0.1820	0.3528	0.1506	0.0823	0.0653	0.0698	1.00

表 4　出冬瓜和邦外两个德昂族村寨群众生产和生活开支满足状况（单位：%）

答案	吃穿开支	生产开支	文化教育开支	吃粮开支
不够用	73.2	78.3	80.3	56.1
够用	19.7	15.7	12.1	32.3

表 3 反映了 198 个德昂族家庭生活性开支的构成情况，从中可以看出，用于吃穿的费用仍然超过 50%。平日开支中最多的是食物，其次是医疗，再次是衣服，排在第四位的是教育。从表 4 可知，调查对象的收入不足以满足他们的生产和生活开支，他们的开支中最不够用的是文化教育开支，其次是生产开支和吃穿开支。有 56.1% 的人的吃粮开支不够用。据笔者调查，这些调查对象中有 73.2% 的人靠买粮的办法解决缺粮问题，仅有 0.5% 的人靠救济解决缺粮，其中有 58.1% 的人缺乏买粮的资金，仅有 10.1% 的人有买粮的资金。

表 5　出冬瓜和邦外两个德昂族村寨群众生活状况的自我评价（单位：%）

自我评价	解决温饱	贫困	极度贫困	满意	不满意	很不满意
百分比	46.5	37.4	2.5	2.0	59.1	14.6

从表 5 可知，调查对象中认为已解决温饱的仅有 46.5%，尚有 37.4% 的人认为自己的生活贫困，有 2.5% 的人认为自己处在 极度贫困状态；对生活状况不满意的人高达 59.1%，很不满意的人有 14.6%，满意的人仅有 2.0%。这说明德昂族

① 王铁志：《德昂族经济发展和社会变迁》，硕士学位论文，中央民族大学，2004。

的生活主要处于未解决温饱或贫困的状态，极度贫困的并不多。这种对生活状况不满意的意识在一定程度上会有助于他们认识发展上的差距，从而促使他们努力改变现状，摆脱贫困。[①]

环境闭塞，信息滞后

德昂族居住在边远落后的山区或半山区，地处偏僻，生存状态较为原始，生产力发展水平低下，其经济文化发展受自然环境的影响较多。

一方面，德昂族所处的地理环境影响其文化特点的形成。德昂族地区山高谷深，"一山分四季、隔里不同天"，气候呈立体分布状态。立体气候形成了立体分布的地面资源，造就了人们不同的生计方式。而德昂族又与当地的傣族、景颇族、汉族等分布在不同的海拔等高线上，民族分布的立体状态与立体气候、立体资源环境结合在一起，孕育了各个民族独特的文化。德昂族的文化就是在这种环境下形成的。另一方面，封闭的地理环境限制了德昂族与其他民族之间的经济文化交流。德昂族过去长期处于自给自足的小农经济生产状态，与外界的商品交换数量有限。受交通运输条件差和成本高等因素制约，至今一些经济发展项目尚不能在德昂族地区实施，这影响了德昂族的经济发展。从另一个角度来说，文化变迁在许多情况下产生于异文化的强烈冲击，尽管当今世界越来越变得像个地球村，现代化、信息化的发展日新月异，但在边远地区，异文化的影响仍然有限。封闭的地理环境有时也使绿色的自然环境和历史悠久的民族传统文化免遭工业化污染和人为破坏，因此往往那些最偏僻、最落后、民族人口最为集中的地方，自然风光最美丽，乡土气息最浓厚，民族传统文化保存得也最完整。和谐的自然生态环境和优秀的民族传统文化都是实现可持续发展的宝贵资源。[②]

部分德昂族至今仍然处于贫困状态，主要有以下几个方面的原因：

生态环境封闭。德昂族聚居的滇西南亚热带山区，高黎贡山和怒山山脉贯穿其中，有良好的气候条件和较丰富的资源优势。这里年均气温为17℃左右，其中平地为22℃，山地为19.5℃，无霜期有300天以上，年降雨量在1600~2200

89

①②王铁志：《德昂族经济发展和社会变迁》，硕士学位论文，中央民族大学，2004。

毫米，80%的降雨量集中在5月至10月，尤以7月至8月为多。全年分干、湿两季，冬无严寒，夏无酷暑，雨量充沛，土地肥沃，适宜各种亚热带及温带植物生长，生物多样性特征明显。而且，植被恢复能力强，森林覆盖率较高，土地资源丰富，发展潜力很大。①但是，德昂族地区的生态环境中也存在一些不利于经济发展的因素，主要有：德昂族村寨普遍坐落在海拔800~1500米的山区，多山地少平地，多旱地少水田，极易受自然灾害影响，生产很不稳定。亚热带地区雨热同季、干湿分明的气候特征所导致的春夏多雨极易造成洪涝灾害和水土流失，所导致的秋冬季节缺水也极易造成人畜饮水困难与土地资源不能充分利用等后果。

山区的田地比较分散，一般离村寨较远，生产半径过大，群众大量的时间耗费在路途中，实际从事生产劳动的时间并不多，降低了劳动效率，从而导致土地资源得不到充分利用，过高的劳动力投入换来的却是较低的收益回报。地处边远山区，交通运输困难，无疑会增加与外界进行物质交换的运输成本，其结果一方面是当地的劳动产品不能及时转变成商品，或因运输成本加大而在市场上失去竞争力；另一方面是当地群众不得不以较贵的价格购买外地商品，特别是化肥、农药、建筑材料等，这些因交通问题增加的支出直接增加了生产成本，因此造成效益的双重流失。因此，这些不利于经济发展的环境与条件也是他们生活贫困的主要原因之一。

山区地理位置偏僻，交通不便，信息闭塞，造成德昂族与外界交流和沟通的困难。闭塞的地理环境使得德昂族长期生活在封闭落后的地区，形成了不愿意与外界交往，不敢到外面闯荡的性格弱点。特别是德昂族生活在其他民族的包围之中，为了使自己不被同化，他们努力保持民族认同感，对其他民族的文化有所戒备或保持一定距离。这种自我封闭的结果使得德昂族的经济社会文化发展相对缓慢，在外部世界快速发展的情况下，德昂族的贫困问题就显得突出起来。②

---

① 《云南德昂族经济和社会发展调查报告》（内部资料，2001年），转引自王铁志：《德昂族经济发展和社会变迁》，学位论文，中央民族大学，2004。
② 王铁志：《德昂族经济发展和社会变迁》，硕士学位论文，中央民族大学，2004。

基础薄弱，设施落后

中华人民共和国成立前，德昂族地区的基础设施薄弱、不完善，基本上没有建立起来，比较好的基础设施就是通过其境内的仅19千米的滇缅公路。中华人民共和国成立后，特别是改革开放以来，在党和政府的努力下，德昂族地区大力兴建基础设施，取得了一定的成绩，如通过多年的兴建，德宏州芒市三台山乡的4个行政村现已全部通路，16个社通了简易公路（晴通雨阻），30个社通了电，5个社解决了饮水困难，新改造的320国道贯穿其境，路面达到一级标准，从乡政府到外面联系比较方便。在德昂族居住的其他地区，村村通电问题也基本得到解决。目前，德昂族地区在基础设施建设方面存在的问题主要有：一方面，乡村道路建设比较差。如在三台山乡，只有从乡政府到勐丹行政村的12千米公路为弹石路面，能够保证常年通车。而其他公路全是砂石路或土路，在旱季能够通车，一到雨季就泥泞不堪，车辆行驶非常困难。另一方面，农田基本建设和水利设施落后。德昂族地区有灌溉条件且稳产、高产的水田很少，水田中干水田（依赖于雨水的"雷响田"）的比例大，这类水田产量很不稳定。旱田多是顺着山坡开垦的，没有多少如"坡改梯"式的农田基本建设，在雨水的常年冲刷下，水土流失很严重。

此外，村寨的基础设施建设极为落后。有近三分之一的德昂族群众仍然住在不避风雨的茅草房内。村寨内道路建设和卫生设施建设都很落后。大部分德昂族村寨的道路都是泥土路，在雨季，人们一出门就要在混合着牲畜粪便的泥水中跋涉，既不方便，也不卫生。近年来，"边疆文化长廊建设"取得一定成效，大部分德昂族村寨都通了广播电视，但有些偏僻的德昂族村寨能收到的节目较少，效果也较差。还有部分分布在山上的德昂族村寨至今没有解决人畜饮水问题，有的常年喝在屋檐下接的雨水，或者到很远的水库去拉水，浪费了很多劳力，也增加了群众的支出。下面的访谈记录，反映了缺水吃的农民遇到的困难：[1]

"雨天接雨水吃，而旱天就要到4千米外的水库拉水吃。到水库拉水，平

---

① 王铁志：《德昂族经济发展和社会变迁》，硕士学位论文，中央民族大学，2004。

时自备车和水桶，自家拉自家喝。没有条件的，请别人帮助拉，一次拉两桶（废汽油桶），有 300 千克，给 5 元钱。人均一天用水 50 千克，5 口之家，拉一次水最多用两天。遇到结婚办喜事就要雇人拉水。这里旱季有 7 个月，一家如果靠别人拉水，一年水费要花 300 多元。因此我们准备搬到 320 国道边，以解决饮水难的问题。"[1]

基础设施的这种薄弱、不完善状况进一步局限了加工工业和第三产业的发展，使德昂族的经济结构调整等变得十分困难。可以说这已成为影响德昂族总体发展的瓶颈因素。由于受交通条件等基础设施条件的限制，一些生产项目发展不起来，有的发展起来了也比坝区晚。例如，种植甘蔗就是首先在糖厂附近的坝区发展，待山区通路后才在公路两边发展。因此，要加快德昂族地区的经济文化发展，必须首先解决交通等基础设施落后的问题。[2]

教育落后，发展缓慢

1949 年以前，德昂族聚居区没有任何学校教育，德昂族的文化教育是通过寺庙里的"佛爷"、和尚向民众以口传的方式进行的，德昂族中只有少数人识字，文化水平总体较低。

1949 年后，在党和国家民族政策以及国家对教育的大力扶持下，德昂族居住地区各种形式的教育都有了全新的发展，适龄儿童均可到学校接受正规教育，义务教育得到普及，基础教育形成一定规模。

改革开放后，尤其是近年来，在国家和社会各界的关心支持下，德昂族干部群众在各级党委和政府的领导下，结合自己的实际，认真贯彻执行国家针对民族聚居地区制定的各项扶持政策和措施，商品经济和教育科技事业得到了大力发展。德昂族人民的生产生活发生了巨大变化，生活质量大幅提高。

德昂族聚居区教育从无到有，发生着翻天覆地的变化，办学条件得到大力改善，学生规模逐年增加，师资力量得到加强，教育教学质量得到提升。2017 年，德宏州在校德昂族学生共 3213 人，其中，幼儿园 502 人、小学 1838 人、初中

①② 王铁志：《德昂族经济发展和社会变迁》，硕士学位论文，中央民族大学，2004。

757 人、高中 112 人、特殊教育学生 4 人。教育的落后状态是德昂族生活贫困的主要原因之一。中华人民共和国成立以来，国民教育在德昂族地区推行的效果并不理想。30 岁以上的人口中有小学文化程度的不到 10%，能写、会读、能算的人在村寨里屈指可数，真正懂汉语并能书写的不足 20%。[①]这样落后的教育状况使得德昂族的人口素质较低，主要表现在他们组织生产的能力、利用资源的水平以及生活的计划性等方面，在农业耕作技术，以及发展多种经营的能力和日常生活的安排上都有所欠缺，以至于在相同的生态环境和政策环境中，他们的生活水平远远不如当地的汉族、傣族等民族，处于贫困状态。[②]

德昂族分布在远离经济文化中心的边远山区，由于历史、地理等方面的原因，教育发展非常缓慢。中华人民共和国成立前，德昂族地区没有一所学校，现代教育尚未起步。中华人民共和国成立后，在党和政府的帮助下，德昂族的教育取得了巨大的成就，但仍然存在许多的困难和问题。教育落后是制约德昂族发展的关键因素。因此，要想加快德昂族经济和社会发展的步伐，必须首先发展民族教育。

 德昂族的传统教育

教育是培养人的社会活动，人们对教育的理解有狭义和广义之分。狭义的教育专指学校教育；而广义的教育泛指一切增进人们知识、技能、身心健康，影响人们的思想意识的活动，如社会教育、家庭教育、学校教育等。一个民族要生存和发展，必然要通过各种途径传承本民族的生产生活经验，传承本民族的传统文化。从这个意义上讲，教育是伴随民族发展的全部过程的。如果从广义上理解教育，德昂族传统教育的历史源远流长，其主要形式有家庭教育、社会教育、口传文化教育、寺院教育等。

 口传文化教育

德昂族没有本民族文字，本民族的传统文化是通过口头代代相传的。口传文化教育有的在火塘边，有的在奘房，还有的在田间地头进行。在没有学校教育

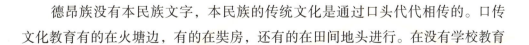

---

① 据《云南德昂族经济和社会发展调查报告》（内部资料），2001。
② 王铁志：《德昂族经济发展和社会变迁》，硕士学位论文，中央民族大学，2004。

和现代传媒之前，这是传播民族文化的最有效途径。口传文化教育的内容比较丰富，一类是民族历史故事，主要讲述人类的起源，民族迁徙的历史，古代的战争故事，民族英雄的事迹等。另一类是民族口头文学，其内容和形式比较丰富，有反映人类起源的《宝葫芦》《洪水的故事》《达古达楞格莱标》和《"滚思艾，妈阿嘎"的传说》，有反映民族习俗的《神女浴》《不献坟的传说》，有歌颂忠诚、善良的美德的《金凤凰》《松鼠和老虎的故事》，有反映忠贞爱情的《芦笙哀歌》。还有一类是在不同场合传唱的民歌，如婚礼上唱的《迎亲调》野外劳动时唱的《隔山调》、小伙子串姑娘时唱的《串调》、奘房做贡时唱的《做摆调》等。这些口传文学作品，有的传授了本民族的历史文化知识，有的讲授了做人做事的道理，使人们在娱乐的同时受到了启迪和教育。这种传统的教育和娱乐方式流传数千年。现在的青年人主要接受学校的正规教育，同时由于报刊、广播、电视、网络等现代传媒的冲击，民间口头文化的传承已基本失去了市场。

 寺院教育

德昂族与傣族一样信奉南传上座部佛教，因此在较长的历史时期一直存在着寺院教育。据傣文史料和汉文史料记载，佛教传入德宏地区并成为普遍信奉的宗教，其时间大约在15世纪中叶。在16世纪以后，佛教的发展进入鼎盛时期，明朝的朱孟震在《西南夷风土记》中曾记载，芒市及其附近地区"俗尚佛教，寺塔遍村落，且极壮丽"。佛教传入后，为了使信教群众能够读写经文，一些奘房办起了寺院教育。

寺院教育的主要内容是在佛爷指导下学习经书，同时也学习傣文、算术、历史、文学故事和其他知识。一部分人经过在寺院集中学习，还俗后成为社会上的知识分子。在当时政教合一的封建制度下，人们要学习傣文和文化知识，出家当和尚是唯一途径，因此在傣族地区有"佛寺即学校，佛爷即老师，和尚是学生，经书是课本"的说法。德昂族的宗教信仰受傣族的影响。过去傣族要求每一个男子在一生中都要出家过一段僧侣生活，摆脱人间烦恼，实践佛教戒律，这样才有成家立业的权利，否则就会被社会歧视。因此，许多男孩在六七岁时就被送入佛寺当小和尚，接受佛教知识和启蒙教育。德昂族的习俗也与此相似，一般在孩子10岁左右，就由家长向主持和尚和村社首领提出申请，得到批准后，

就送孩子到寺院学习经文和佛教常识。见习期（一般半年，多至一两年）满后，"佛爷"认为合格者，可以剃度成为和尚。小和尚到了20岁左右，大多数还俗，娶妻生子，参加生产劳动，也有个别终身为僧的。在德昂族社会，许多50岁以上的男子由于有进入寺院学习的经历，因此，他们懂一些傣语、傣文和佛教知识。现在在傣族地区，仍有部分群众坚持把孩子送到寺院学习一段时间，学龄儿童披袈裟当小和尚的事情时有所闻。但是在德昂族地区，送孩子到寺院学习的做法已经基本绝迹。对于德昂族来说，寺院的教育功能已基本消失。

中华人民共和国成立后，少数民族教育发展揭开了新的历史篇章。1950年，中央人民政府批准的《培养少数民族干部试行方案》，明确了发展少数民族教育的方针和任务。1951年9月，教育部在北京召开第一次全国民族教育会议，系统地阐述了中华人民共和国的民族教育政策。在中央政策的支持下，潞西县的民族教育获得了长足发展。1951年，东山的景颇族山官在政府帮助下兴办了景颇族地区的第一所小学——翁角小学，拉开了景颇族地区学校教育的序幕。1952年，政府又在景颇族聚居的西山弄丙新开办省立潞西第二小学，这所学校体现了国家对少数民族教育的特殊照顾，学生入学年龄不限，伙食全包，制服、被褥、书籍免费。同年，全县有省立小学2所、县立小学8所、民办小学12所，在校学生1607人，其中傣族学生287人、景颇族学生112人、傈僳族学生7人，少数民族学生大约占学生总数的25%，但是当时德昂族、阿昌族还没有子女入学，可见德昂族的教育发展比起当地其他少数民族还是比较落后的。1956年，潞西县全县除3个景颇族乡外，各个乡镇都建立了学校，如1956年在三台山乡建立的勐丹小学。当时全县共有学校70所，在校学生5767人，其中少数民族学生2151人，少数民族学生占学生总数的比例大约提高到了37%，《潞西县志》记载当时各民族都有儿童入学[①]，这就意味着当地的德昂族从此才开始成规模地接受学校教育，这也标志着当地德昂族从此结束了没有学校教育的历史。中华人民共和国成立以来，德昂族地区各种形式的教育都有了长足发展，取得了可喜可贺的成绩。

（1）基础教育形成了一定规模。过去德昂族地区没有一所学校，如今仅三台山乡就有小学12所、寄宿制初级中学1所。在小学中，有完全小学3所、初

---

① 云南省潞西县志编纂委员会：《潞西县志》，云南教育出版社，1993，第332页。

级小学 3 所（有一年级至四年级学生）、教学点 6 个（只有一年级至三年级学生）。2000 年，这些小学共有教学班 50 个，小学在校生 1001 人（其中女生有 452 人），其中有德昂族学生 631 人，占学生总数的 63.04%；景颇族学生 155 人，占学生总数的 15.48%；汉族学生 213 人，占学生总数的 21.28%；傈僳族学生 2 人，占学生总数的 0.20%。中学有在校生 484 人（其中女生有 226 人），其中有德昂族学生 242 人，占学生总数的 50.00%；景颇族学生 132 人，占学生总数的 27.27%；汉族学生 108 人，占学生总数的 22.31%；傣族学生 2 人，占学生总数的 0.41%。目前的学校布点和招生规模基本能满足群众送子女读书的需要。

（2）在学校规模扩大的同时，教师队伍建设也取得了一定成绩。2000 年，全乡有教师 104 人，其中德昂族教师占 22.2%。教师的文化程度有所提高，在小学教师中，中专毕业的有 34 人，高中毕业的有 4 人，初中毕业的有 2 人，小学毕业的有 1 人。在中学教师中，大专以上文化程度的有 18 人，中专毕业的有 4 人。这些教师在比较艰苦的情况下，为发展民族教育而努力克服困难，辛勤工作。其中土生土长的德昂族教师赵志刚，曾先后 5 次被评为州、县、乡先进教育工作者，1989 年被原国家教委授予"全国优秀教师"称号。

（3）在全州范围内，德昂族村寨共有小学 41 所（包括完小和教学点，其中有半寄宿制学校 3 所），在校学生 2120 人。1999 年，全州德昂族小学入学率为 95.29%，巩固率为 96%，毕业率为 94%，小学升初中升学率为 90.8%。应该说，基础教育在德昂族地区取得了可喜的成就。[①] 从纵向上看，德昂族教育的发展速度是比较快的。过去，德昂族没有读书人，现在有了本民族的大学生，本民族的干部和教育、科学、文化工作者。远的不说，从 1982 年到 2000 年，该民族每万人中大学、高中、初中和小学文化程度的人口数，就分别增长了 3.46、3.90、3.22 和 2.16 倍。但是如果从横向上比较，由于学校教育起步比较晚，加上经济贫困，传统观念制约等原因，德昂族教育发展水平与其他民族相比还有很大的差距。

---

① 王铁志：《德昂族经济发展和社会变迁》，硕士学位论文，中央民族大学，2004。

 **政策措施**

云南省在发展民族教育中采取了特殊的政策措施，对发展德昂族教育起了重要作用。这些措施主要有：

（1）在德宏州和芒市分别开办民族中学，每年分给德昂族地区一定的招生名额，使当地优秀学生能享受到较好的教育。

（2）在民族聚居地区开办寄宿制或半寄宿制学校，仅三台山乡的3所完全小学就有867名学生属于半寄宿制，中学有484名学生属于全寄宿制。省财政拨出专款，对寄宿制学校的学生发放补助费，2000年前全寄宿制学生的补助标准为每生每月15元，半寄宿制学生的补助标准为每生每月7元。三台山乡政府不直接发给学生补助费，而是补贴在每月的学生伙食中。2001年后，省财政提高了补贴标准，全寄宿制学生的补助标准达到了每生每月25元，半寄宿制学生的补助标准达到了每生每月12元。

（3）云南省决定，从1999年开始，对土地与国境线接壤的自然村中的边境小学实行"三免费"（免杂费、课本费和文具费），平均每个学生一年可以免除150元。德昂族人口大多分布在边境线附近，这项政策可以使他们直接受益。

（4）省财政拨出专款1800万元，为人口较少民族的60所小学每校拨款30万元，用以改善办学条件。

（5）云南省在中等、高等学校招生时，对边疆少数民族降低30分，内地少数民族降低20分。从1999年开始，对人口较少民族（全国10万人以下的布朗族、阿昌族、德昂族、怒族、独龙族、普米族、基诺族，再加上景颇族、瑶族），在正常招生录取的情况下，每个民族另外录取2~3人。2000年，又决定在省属大学、中专，为13个人口较少民族每年办一个大专班，一个中专班。除省里制定的这些政策外，有些县市也针对本地人口较少民族的实际情况采取了特殊措施，如耿马傣族佤族自治县决定每年拿出七八万元钱，供5名德昂族学生上初中读书，为了到省民族大学附中读书和到耿马傣族佤族自治县民族小学读书而家庭经济困难的学生提供资助。[1]

97

---

[1] 王铁志：《德昂族经济发展和社会变迁》，硕士学位论文，中央民族大学，2004。

 存在的问题

　　德昂族的教育虽然取得了很大的成就，但是仍然存在许多发展中的问题。目前最突出的是学生辍学的问题、教育经费匮乏的问题和教师队伍建设的问题。

　　（1）学生辍学的问题。三台山乡的德昂族中小学生辍学的问题比较严重。据当地一份材料介绍，1998 年全乡小学入学率为 98.9%，辍学率为 1.9%，高于芒市平均 0.5% 的辍学率；初中入学率为 84.4%，辍学率为 9.3%，也高于芒市平均 2.7% 的辍学率。仅从这些统计数字看，三台山乡的学生辍学问题要比其他地区突出，而且更为严重的是，实际辍学的人数要比统计数字多得多。据三台山乡中心学校负责人介绍，因为学生入学时层层动员，从统计数字看，入学率是不太低的，但是开学不久有些学生就辍学了，因此实际入学率就要大打折扣。例如，在 2000 年该乡的小学入学率为 99.27%，扣除辍学的 87 人，实际入学率也就是 92.09%；中学入学率为 96.49%，扣除辍学的 116 人，实际入学率也就是 64.19%（访谈 113）。在该乡的出冬瓜村，统计报表上的适龄儿童入学率为 98%，但据介绍，该村有适龄儿童 248 人，经过动员后仍然有 36 人没有到校，如果按此计算，适龄儿童入学率约为 85.48%。在三台山乡的学生辍学问题中，情况最严重的是德昂族。例如，该乡小学辍学 87 人，其中有德昂族 74 人，景颇族 9 人，汉族 4 人；中学辍学 116 人，其中有德昂族 50 人，景颇族 40 人，汉族 26 人。德昂族辍学的学生分别占小学、中学辍学学生总数的 85.06% 和 43.10%。

　　（2）教育经费缺乏的问题。教育经费缺乏的问题一直是制约农村教育发展的瓶颈，在民族聚居地区更是如此。在三台山乡，政府对教育是比较重视的，教育经费逐年有所增加，确保了教师工资按时足额发放。但该乡是少数民族贫困乡，1999 年全乡财政收入为 72.4 万元，而总支出达到 212.39 万元。全乡"吃皇粮"的人员有 182 人，其中有政府干部 55 人，"农林水"工作人员 22 人，教师 89 人，卫生院工作人员 16 人，人均年工资 1 万余元，现有的财政除支出人员工资和少得可怜的办公经费（工作人员出差的经费好几年都不能报销）外，没有多少可以动用的经费去搞基本建设和公益事业。由于上级拨款许多是按项目下达的，因此国家规定的确保教育经费增长比例高于财政增长比例，确保生均教育经费逐

年增长有时就难以做到。

三台山乡各学校的基本建设大多是在国家投资或社会各界资助下进行的，目前办学条件已有很大的改善，但是还有 3 所学校近 1000 平方米的校舍属严重危房。由于乡政府搬迁，九年制学校不得不实行搬迁，完成全部搬迁需要 400 万元，缺口为 300 万元。为了提高教学质量，该乡拟对现有的 6 个教学点进行压缩，将教学集中在几个中心学校进行。但是由于山区群众居住分散，就需要盖学生宿舍，这项投资需要 520 万元，现在只筹集了 130 万元。另外，"一无两有"的问题虽然解决了，但是"六配套"还没有达标。有些学校虽然配了理化实验室，但是在人均图书、电教设施、卫生条件和体育器材方面还没有达到国家规定的标准。

（3）教师队伍建设的问题。教师队伍建设是学校的三项基本建设之一，教师的素质，直接关系教育的质量。德昂族地区的教师队伍建设虽然取得了很大成绩，但是还存在一些问题：①现有教师合格率偏低，有相当一部分没有达到小学要中专师范毕业或高中以上学历、初中要专科以上学历的要求。②代课教师比例高。如三台山乡因师资力量不足，目前小学使用代课教师 22 人，中学使用代课教师 1 人，代课教师占教师总数的 24.1%。代课教师的月工资不足 300 元，比农民帮工的报酬还低（一般一天 15 元），因此许多代课教师不安心现在的工作。③本民族教师太少。大多数德昂族学生入学前不懂汉语，在小学一二年级需要使用本民族语言进行翻译教学。许多地方反映，在有德昂族教师的地方，教学质量就好，学生的入学率就高（访谈 126 人，芒市五岔路乡）。目前，德宏州仅有德昂族中小学教师 31 人，而且这些德昂族教师又大多集中在三台山乡，在其他德昂族聚居区本民族教师很少。因此，在德昂族聚居地区加强培养懂德昂语的本民族教师是非常有必要的。

（4）德昂族教育落后和人才缺乏的问题比较突出。在德昂族村寨，30 岁以上的人口中有小学文化程度的不到 10%，能写、会读、能算的人在村寨里屈指可数。多数青壮年只读完小学或没有读完小学，回乡几年后就成了半文盲甚至文盲，由于语言环境的影响，有的甚至连汉语都说不清楚。如三台山乡约有 11.4% 的人口不懂汉语，60% 的脱盲人口中，懂傣文的占一半以上，真正懂汉文并能书写的不足 20%。近年来，当地政策强力推行六年义务制教育，适龄儿童的入学率已在 90% 以上，但是巩固率很低，学生辍学率仍然很高。保山市潞江傣族乡芒颜行政村的 3 个德昂族村寨虽有德昂族 911 人，但没有一名本民族高中毕业生，具有初中文化程度的不足 1%，近几年初中入学率为 0，小学辍学率高达

50%。镇康县军弄乡的德昂族人口占总人口的 6.1%，初中在校生 200 多人，其中德昂族只有 5 人，只有 1 名德昂族高中毕业生。镇康县南伞镇硝厂沟村有德昂族 665 人，其中没有 1 名高中毕业生，只有 1 名初中毕业生。

 制约因素

德昂族教育发展受到经济发展水平和文化传统等因素的影响。

（1）贫困制约。德昂族地区大多属于贫困地区，家庭贫困成为制约普及义务教育的最关键的因素。例如，在 1999 年，芒市 34 个德昂族村寨人均纯收入为 498 元，农民人均得粮为 273 千克，与全市农民人均纯收入 1053 元和农民人均得粮 381 千克相比，分别少 555 元和 108 千克。三台山乡德昂族中约有 37% 的人口还没有解决温饱问题。送孩子上学读书，对于那些生活在贫困线上的农民来说，不仅会减少劳动力和家庭收入，每年还有杂费、课本费和寄宿制学校的伙食费等不小的开支。如果是半寄宿制，也就是学生自带柴米和副食，一个学生一学期要支出杂费 20 元钱，书费 20 多元钱，文具费 20 元，另外每月交伙食加工费 5 元，全年需要花费 170 元。贫困家庭供一个孩子就很紧张，如果一家同时有两个孩子上学就供养不起了。如果是全寄宿制，花费就更大了。

（2）观念制约。德昂族以农为主，生产自给自足，思想观念落后，小农经济意识浓厚。受传统观念的影响以及生活环境和生产力发展水平的限制，群众对科学文化知识没有更大的渴求，认为读书只要识几个字，学点算术，能算算账，日后不受哄骗就足够了。另外现在的农业生产的科技含量也不高，主要靠天吃饭，依赖祖宗传下来的传统生产知识。现在的教育主要是应试教育，许多学生升学无望，所学知识与农业生产没有多大关系，有的学生书读多了，不专心务农反而误事。基于这种认识，当地群众除应付义务教育任务外，主要依赖传统教育方式，通过言传身教和实际操作，教会男孩如何砍柴、耕作，女孩如何做家务和纺线、织布。受这种观念影响，家长送孩子读书的积极性不高，这是许多适龄儿童离开学校的原因之一。

德昂族没有学校教育的传统，教育观念与那些学校教育历史较长，再穷也要送孩子去读书的民族有很大的不同。南方有些少数民族虽然没有本民族文字，但是有较长的学校教育历史。例如，白族先民在唐朝时就重视学习汉文典籍，把子弟送到内地去读书。在土家族、苗族等地区，在近代较早的时候就开始兴办义学，举办学堂。汉文化中流传数千年的孔夫子"修身、齐家、治国、平天下"和"学而优则仕"的思想在他们中间也有一定影响，而在德昂族中，汉文化影响的积淀就不那么深厚。许多家长送孩子读书就是为了将来孩子能跳出农门，找到工作，端上国家干部的铁饭碗。但是就业制度改革后，国家不再实行毕业生统一分配安排工作。加上近年来高等教育和中等专业教育扩大招生，高等教育、中等专业教育毕业生就业难的问题突出起来，如三台山乡南虎寨的一名云南省民族干部学校的德昂族毕业生，毕业两年了还没有找到工作。有的县一年回来师范毕业生有一两百人，但是仅有三分之一的人能被招录。在就业中还存在"找关系""走后门"等不正之风。老实本分的德昂族群众世代务农，在城里没有多少关系，为孩子谋职业可动用的社会关系非常少，因此一部分思想文化素质较低的群众认为，"送孩子读书难找工作，浪费了钱财"。在新的"读书无用论"的影响下，一些家长对孩子读书这件事不重视，教师动员学生上学的工作非常难做。

（3）语言制约。德昂族的传统语言保持得比较完整，在德昂族村寨，家庭用语和邻里之间的交际都使用本民族语言，如果不懂德昂语，是寸步难行的。在这种比较单纯的语言环境的影响下，小学生入学前基本不能用汉语会话，大多说本民族语言。学生入学后在一年级才开始学习汉语，因此需要使用德昂语进行翻译教学，一般到了二三年级后才能完全脱离母语。因为语言障碍，德昂族学生在学习上要多花费许多时间，影响了对课文的理解和表达，也容易遭受学习失败的挫折和打击，这对树立学生的学习自信心和提高学生入学率都有直接的影响。[①]

临沧市镇康县是国内德昂族的第二大聚居地，全县德昂族人口有3076人，占全县总人口的1.8%，少数民族人口的5.7%。人口分布呈大分散小聚居状态，主要聚居在南伞镇白岩村的白岩、硝厂沟，哈里村的哈里、大寨、下寨、中寨、火石山和军赛乡大坝村的红土坡、南榨村的酒房坡等9个自然村，另有小部分与汉族杂居。中华人民共和国成立前镇康县德昂族处于傣族土司的统治之下，是县内经济文化最落后的民族，中华人民共和国成立前还有原始社会末期父系大家庭的遗存，没有文字，结绳记事。中华人民共和国成立以后，德昂族教育从无到有，实现了跨越式的发展。[②]1956年，汉族教师李映学在哈里村开办大寨小学，在面

---

① 王铁志：《德昂族经济发展和社会变迁》，硕士学位论文，中央民族大学，2004。
② 卢绍良：《德昂族教育发展现状与对策——以镇康县为例》，《创造》2019年第7期，14-19页。

积 0.5 亩的校园上，建起 60 平方米简易校舍，招收德昂族一年级学生 22 人，这是镇康县德昂族聚居地区第一所小学。

改革开放以后，党和政府把教育放在优先发展的战略地位，加大对教育的投入，民族教育得到长足发展。1996 年全县 7～14 岁德昂族人口 407 人，入学 272 人，入学率为 66.8%。2007 年开始实行"两免一补"，对困难学生进行救助，德昂族聚居村寨学校入学率、巩固率有较大提高。例如，硝厂沟 1996 年 7～14 岁德昂族儿童 132 人，入学 93 人，入学率为 70.45%，2008 年学龄儿童 177 名，入学 144 名，入学率达 81.36%；德昂族主要聚居村哈里行政村，1996 年 7～14 岁人口 144 人，入学 69 人，入学率为 47.92%。2008 年，7～14 岁德昂族人口 135 人，入学 131 人，入学率为 97%。

1975 年，镇康县开办南伞农中，1978 年，该校改为普通初中，德昂族村寨附近才开始有初级中学；1987 年以后，开办了军弄、军赛两所农村初级中学，形成覆盖德昂族村寨的初中教育网络。德昂族中学生从无到有。1964 年镇康建县前，德昂族没有初中学生。直至 1965 年，德昂族才有第一名初中生；1987 年，全县才有 2 名德昂族初中生；1990 年，镇康县德昂族才有第一个高中生；1991 年，全县有德昂族初中生 26 人；1996 年，全县德昂族初中生增至 38 人，有高中生 2 人，职高生 2 人。目前，南伞中学有德昂族学生 29 人；军赛中学有德昂族学生 14 人；军弄中学有德昂族学生 38 人。全县共有德昂族在校初中学生 81 人。

文盲率逐步降低。据 1987 年统计，全县德昂族青壮年人口有 768 人，文盲人数 499 人，非文盲率为 35.29%，低于全县 18.24 个百分点；1997 年，全县德昂族青壮年人口 890 人，文盲人数 550 人，非文盲率为 38.2%，9 个自然村共有农户 363 户，没有识字人的农户达 93 户，非文盲率非常低。通过"两基"工作，2008 年，德昂族文盲人数大大减少。

 教学质量

镇康县德昂族教育存在德昂族聚居地区学校教学质量差的情况。

（1）德昂族小学低年级学生汉语听说能力差。德昂族聚居的 9 个自然村，白岩、红土坡两村汉族、德昂族杂居，德昂族儿童汉语听说能力比较强，德昂族学生在学习中与汉族学生差距不明显；哈里、中寨、下寨、火石山、大寨、

硝厂沟、酒房坡等村德昂族与外界交往较少，低年级学生学习中存在着汉语语言障碍。其中，大寨、中寨、下寨、酒房坡地处偏僻，交通闭塞，与外界交往困难；硝厂沟村虽然地处中共云南省委党校《创造》杂志近郊，但因属于德昂族独居村寨，与外界交往也非常少。这些村寨，小学低年级学生汉语听说能力较差，教育教学中存在着很多困难和问题。

（2）缺少"双语"教师。全县9个德昂族村寨中，仅白岩、红土坡两个村寨德昂族与汉族交往较为密切，小学低年级学生汉语听说能力较强，其余7个村寨，有的地处偏僻，交通阻隔，与外界交往不便；有的虽然地处交通便利之处，但本民族独居自闭，与外界很少交往，儿童汉语听说能力较差，入学以后，有较大的语言障碍。因此，在这些村寨学校教育教学活动中，要求教师懂德昂族语言，才方便与学生交流。特别是小学低年级教学中，要求教师能用德昂族语言辅助教学，才能与学生交流沟通。全县涉及德昂族教育的63名小学教师中，仅有5名德昂族教师，会讲德昂族语言的汉族教师也为数不多，师生交流不畅，学生听不懂教师授课内容，严重影响德昂族村寨小学的教育教学质量的提高。

（3）经济文化落后所致。中华人民共和国成立前，镇康德昂族还有原始社会末期父系大家庭的遗存，没有文字，结绳记事。中华人民共和国成立以后，党和政府重视民族教育，在德昂族聚居村寨办起了学校，开了镇康县德昂族教育之先河。但横向相比，德昂族教育仍十分落后，1997年统计，除"文革"期间保送的"工农兵大学生"外，镇康县德昂族没有一名大专生。至今，镇康县德昂族仍没有本科生。文化教育的落后，使德昂族缺少文化底蕴，父母认识不到培养子女的重要性，对子女教育放任自流。认识不到读书的重要性，因而缺乏学习科学文化知识的志向和动力。

（4）教育资源配置不均衡。镇康县德昂族聚居的村寨，大都地处偏僻，交通不便，师资、仪器、图书等配备情况相对乡镇中心完小和公路沿线学校要差，造成教育条件的不均衡。镇康县是边疆贫困县，社会经济落后，德昂族村寨又大多数处于偏僻山区，交通不便，贫困人口比例大，家庭贫困成为德昂族学生辍学的重要原因之一，是德昂族学生就读学校"控辍保学"面临的重要问题。最近几年，党和国家加大义务教育的投入，实行了"两免一补"政策，对义务教育阶段学生免除学杂费和课本费，对家庭困难的农村学生给予生活补助，使因家庭贫困辍学的学生大大减少，这对德昂族就读学校的"控辍保学"提供了很好的物质条件，但仍有少数德昂族学生仍因家庭经济特别困难而辍学。因此，广泛发动社会各界

对特困德昂族学生进行救助，是降低特困德昂族学生辍学率的重要途径之一。

进行双语教学是我国民族平等、民族团结和各民族共同繁荣政策的重要体现。"各民族都有使用和发展本民族语言文字的自由"，在德昂族聚居村寨学校普及基础教育的过程中，德昂族儿童存在由于不懂汉语而影响教学效果的实际问题，决定以招收德昂族学生为主的学校必须推行双语教学，用德昂族语言辅助教学，加强汉语听说能力的训练。在低年级教学中，以德昂族语言为教学辅助语言，学生可以在母语的帮助下，逐步学习汉语言与其他科学文化知识，减少了因直接进入汉语环境导致的语言障碍而带来的学习困难，可以缩短学生的教育进程，有利于教学质量的提高。①

经济薄弱，生计困难

薄弱的经济基础是造成德昂族生活贫困的主要原因之一。德昂族在历史上长期身受多重压迫、剥削，其中受傣族土司统治的时间最长，而傣族土司制度的经济基础又是封建领主经济，具有封闭性、落后性的特征，加上内地的文明直到清末才真正影响到南甸（今德宏州梁河县）、干崖、盏达（今德宏州盈江县）一带，国外的资本主义也难以渗透到这一地区。因此，长期以来，德昂族的经济和社会发展缓慢，德昂族人生活贫困不堪。

中华人民共和国成立前，德昂族丧失了大部分水田，虽然可以自由开垦村公地，但因为缺乏耕牛等农业生产工具和垫支的资金，再加上承受了沉重的赋税和债务负担②，他们往往在辛苦一年后，不但一无所得，而且还欠地租③，只有靠出卖短工或长工为生，甚至以砍柴、烧炭、编篾席、挖竹笋、采集野菜等的收入糊口。例如，芒龙山的一部分德昂族人家的佃耕收入根本无法维持生活，

---

① 卢绍良：《德昂族教育发展现状与对策——以镇康县为例》，《创造》2019 年第 7 期，14—19 页。

② 中华人民共和国成立前，德昂族的赋税和债务负担来自国民党政府的劳役、傣族土司的贡赋、景颇族山官的保头税、地主的地租和牛租、高利贷的高额利率等方面。

③ 过去，德昂族在缴纳实物地租（德昂语称为"租马"）时，认为田地的租额等于播种的种子的数量，即租种播 50 斤种子面积的田地，须付租 50 斤。这就说明他们缴纳的地租应是绝对地租，而不是级差地租，他们在缴纳地租时并不考虑土地的肥瘦、路程的远近、耕作时所付出的劳动量等因素。

只有靠出卖短工度日；另一部分德昂族人家甚至连佃耕都不可能，只好靠出卖长工或砍柴、烧炭、编篾席、挖竹笋的收入为生。全村仅1户未负债，其他26户均欠地主的债。[①]

中华人民共和国成立后，特别是改革开放以来，德昂族的经济有所发展，取得了一定的成就，但薄弱的经济基础使得他们不可能立即摆脱贫困，在短期内实现经济的迅速发展，因此在生产、生活模式和科技应用上都远远落后于内地发达地区，仍属于"少、边、穷"地区。由于经济基础薄弱，当地不能提供足够的配套资金，有些应该发展的建设项目迟迟发展不起来。已经开展的项目如种植甘蔗等，又由于群众缺乏资金投入，影响了作物的收成。当地干部也意识到了投入不足对德昂族收入的影响。

除技术落后和缺乏管理经验外，很重要的原因是资金和劳动力投入不足。一方面，当地群众平均每年每亩投一包尿素，折合人民币60元；而外来承包户平均每年每亩投一包尿素，另外还投普通钙肥或复合肥一包，折合人民币90元至100元。另一方面，当地群众平均每年每亩投入12个劳动日；而外来承包户平均每年每亩投入15个劳动日。德昂族在人均用电量、人均化肥和农药使用量方面，都低于汉族和景颇族。产生这种情况的原因除德昂族群众科技意识淡薄外，主要是因为缺乏资金，当农作物需要施化肥或农药时，他们自己拿不出资金，也不能像其他人（如有经济实力的汉族或外来承包户）那样容易得到贷款，因此影响了他们的生产投入，进而影响了他们的经济收入。[②]德昂族具有优势的传统产业不怎么赚钱，而那些相对收益好一些的产业他们又不熟悉。他们在这些产业方面的发展相对滞后，不仅生产规模相对较小，生产效率也相对较低。因此，要使德昂族赶上当地其他民族的发展水平，必须要发展那些相对滞后的产业，解决结构性差异的问题。[③]

由于德昂族在当地比较早地种植了水稻，水稻种植经验作为传统文化的一部分，在田间劳作中世世代代口耳相传，不断积累并得以发展，因此在水稻产量等方面德昂族仍具有一定的优势。此外，在水牛养殖和传统民房建筑方面，德昂族与其他民族相比也毫不逊色。但是在产业结构调整中，德昂族在经营当地新增的一些产业方面，如种植甘蔗、蔬菜、水果，以及养猪、养鸡等，与其他民族相

105

① 桑耀华等：《崩龙族简史》（打印稿），1980，第35页。
②、③ 王铁志：《德昂族经济发展和社会变迁》，硕士学位论文，中央民族大学，2004。

比差距就显示出来。经营这些产业的技术要求高，还要有较多的资金投入来保证。但是在德昂族祖祖辈辈传授下来的传统文化中，没有这些产业的生产经验可资借鉴，这些生产技术要通过向其他民族学习才能获得。在学习这些生产技术的过程中，语言障碍、教育落后、观念保守和资金缺乏都困扰着他们，因此掌握起来就不太容易。而恰恰经营这些产业，是目前德昂族地区群众增加收入的主要手段。在这些能够增收的产业发展上，德昂族与其他民族存在着明显差距。

科技的不发达使得德昂族的生产力水平较为低下，农业生产的经营管理方式落后，科学种田的意识淡薄，既不能充分利用新的农业生产技术，也不能充分发挥农业机械和化肥的作用，以至于粮食平均产量较低，形成了广种薄收、高劳力投入、低产出的状况。同时，由于科技意识薄弱，接受新知识的能力较弱，德昂族的生产技术主要是来自口传身授的一些传统经验，从而形成了生产结构比较单一的局面。这就使一些科技含量高、经济效益好的新项目，如种植甘蔗、香蕉、柑橘等，在附近的汉族群众搞得红红火火，而德昂族由于缺乏这方面的生产经验，始终开展不起来，从而在生产上形成了效益好的项目少的结构性缺陷。[1]

意识淡薄，消极被动

文化的落后使得部分德昂族群众自给自足的小农意识浓厚，满足于吃饱、穿暖、拜佛，在生产、生活中安于现状，不思进取，存在"等、靠、要"的思想。同时，他们的商品观念也较淡薄，从事商品交易的主要是妇女，交易的商品多是山茅野菜，交换和销售一般不用秤，以堆、把、篮、件、个为单位计算，货物比较廉价，自己所种的农产品主要用于自食，很少成为商品。这使他们的经济难以发展起来，生活水平得不到改善和提高。[2]

德昂族的贫困落后状态也与其商品经济意识淡薄、不善经营有关。德昂族地区土地资源比较丰富，以德宏州芒市三台山德昂族乡为例，2001 年全乡人均旱地面积为 2.979 亩，人均水田面积为 0.628 亩，森林覆盖率达 50.4%，而森林

①、② 王铁志：《德昂族经济发展和社会变迁》，硕士学位论文，中央民族大学，2004。

中大部分是没有多少经济价值的灌木林，完全可以利用当地优越的亚热带气候条件更新改造为经济林木，种植咖啡、澳洲坚果、茶叶、银杏树等。然而，由于生产力水平低，经济基础薄弱，他们根本没有办法依靠自身力量培育新的优势产业，只能大量出租土地以获取微薄的租金，并为承包经营者打工得到廉价报酬。德昂族出租土地的现象比较普遍，个别德昂族甚至把大部分土地出租给别人办茶场或种植热带作物，自己则搬迁到场区简陋的房屋中居住。这样做的结果并没有使他们的生活状况发生根本性的好转。①

马克斯·韦伯在他的《新教伦理与资本主义精神》一书中，认为新教教义，更确切地说是加尔文派教义促进了资本主义发展，因为这种教义把勤奋、诚实、严肃、认真，以及节约金钱和珍惜时间转化为世俗的行为准则。一个民族占主导地位的价值观念影响着人们对客观事物的判断和所采取的行动，对民族的发展肯定会产生重要的影响。对德昂族来说，最突出的表现是迷信宗教和迷信权威，自主意识比较薄弱。受宗教影响和民族历史记忆影响，民族性格比较内向，强调自我完善，很少与他人发生争端。过去受人欺负争不过一跑了之，现在有了困难就忍着，不会跑也不会要，就在当地熬着，缺乏走出去闯荡的自信和勇气。此外，商品意识薄弱，数量观念比较淡薄，生产和生活不会算计等也影响他们的发展。

长期以来缺乏来自外部的强有力支持也是德昂族生活贫困的主要原因之一。目前，德昂族社会中来自外部的支持主要是一些党和政府组织的扶贫项目。当前，国家扶持三台山乡的扶贫项目主要有以下几项。

（1）扶贫攻坚乡，从1996年到2000年这五年间，每年50万元，项目已经到期。这笔经费国家是无偿拨下来的，但是到自治州以后，种植、养殖、加工的项目变为有偿的了，但仍归乡上，已经滚动到17万元左右，但只回收上来3万多元。

（2）今年畜牧扶贫资金有25万元，已经建立了乡畜牧站，有偿用于农村畜牧示范户，如养猪户、养鸡户等。对示范户的牲畜、家禽棚圈建设无偿支持一部分，对其购买仔猪、仔鸡实行有偿支持。

（3）文化站建设省里扶持了10万元，尚缺5万元。

（4）2020年国家民委教育司从人口较少民族教育经费里面扶持30万元，用于中学学生宿舍建设。

---

① 王铁志：《德昂族经济发展和社会变迁》，硕士学位论文，中央民族大学，2004。

这些扶贫项目虽取得了一定的成绩,但在具体实施这些扶贫项目的过程中,存在一些问题:一方面,扶贫项目批复和资金到位时间过长,有的项目批复下来或资金到位的时候,已过了种植季节,影响了当年该项目的完成情况。另一方面,扶贫项目虽多,但与之配套的资金并不多,仅靠这些资金(主要是省扶贫资金和市配套资金)不足以解决贫困问题,同时也体现不出扶贫项目所追求的规模效益。

德昂族在资源分配中的不利地位也不利于他们摆脱贫困。再加上德昂族文化在一定程度上的封闭性所带来的负面影响,诸如不敢争和不会要等,使得德昂族获得外部支持的机会较少。据笔者调查,德昂族的高层次代表人物较少,在民族自治地方,他们当上领导干部的机会也较少,基层的意见不容易反映上去。一些建设项目,如公路建设、大型农业科技项目等往往从坝区开始,居住在半山区的德昂族较少受益或受益较晚。

总之,造成德昂族贫困的原因是多方面的,既有生态环境封闭、基础设施落后、经济基础薄弱、文化教育滞后、长期缺乏来自外部的强有力支持等客观方面的原因,又有经营管理不善、自我封闭、在资源分配中处于不利地位等主观方面的原因。德昂族的贫困正是在这些原因的综合作用下造成的,其中的任何一种原因都不足以单独造成德昂族的贫困。总体上看,中华人民共和国成立以来,在社会主义建设中,德昂族社会的面貌发生了很大的变化,经济得到了一定程度的发展,但就发展速度而言仍较为缓慢。[1]

① 王铁志:《德昂族经济发展和社会变迁》,硕士学位论文,中央民族大学,2004。

深山走出脱贫路

云南人口较少民族脱贫发展之路

精准扶持促转变，党的光辉沐边疆

2013 年，一个名为"精准扶贫"的全新现代策略诞生，对症下药，制定针对性的扶贫措施。据云南省扶贫办主任黄云波介绍，脱贫攻坚战全面打响后，云南省把 9 个"直过民族"和 2 个人口较少民族列入脱贫先行攻坚计划，因地制宜，因族施策，精准帮扶，创新实施"一个民族聚居区一个行动计划、一个集团帮扶"的攻坚模式，推动"直过民族"聚居区实现"千年跨越"。长久以来，因生存环境恶劣、生产方式落后、生产力水平较低，经济社会发展基础差、底子薄、起步晚，德昂族群众的贫困问题十分突出。自脱贫攻坚战打响以来，德昂族聚居地区优势产业得到扶持，基础设施得到完善和加强，教育事业得到发展……德昂族群众以全新的面貌，于 2018 年实现整族脱贫，历史性告别绝对贫困。①

政策扶持，政府帮扶

扶持人口较少民族发展政策在德昂族中的实践与成效

扶持人口较少民族发展政策是指国家针对我国人口在 10 万人以下的 22 个少数民族制定和实施的一系列政策。2005 年 5 月，国务院通过并开始实施《扶持人口较少民族发展规划 2005—2010 年》（以下简称《规划》）。人口较少民族社会发展的主要问题是生产生活条件差、贫困问题突出、社会事业发展滞后，在对人口较少民族社会发展的特征进行清晰把握的基础上，扶持政策针对人口较

---

① 杨旭东、何成全：《德昂族阔步迈向崭新时代》，《云岭先锋》2020 年第 9 期。

少民族社会特点确定了政策步骤："十五"期间，首先，要使人口较少民族聚居的行政村基础设施得到明显改善，群众生产生活存在的突出问题得到有效解决，基本解决现有贫困人口的温饱问题，因此，项目的主要任务是以加强基础设施建设、改善生产生活条件、调整经济结构、发展特色产业、促进群众增收为实施重点[①]。之后，再用 5 年时间，在 2010 年前，进一步改善基础设施、教育、文化、医疗卫生条件，较大幅度地提高经济和社会发展水平，使大部分群众达到小康，接近全国的平均发展水平。处于边疆民族聚居地区的人口较少民族德昂族被规划为重点帮扶对象。三台山德昂族民族乡成立之初，基础条件很差，村民生活水平低下，发展滞后。2005 年以来，按照《规划》的总体安排，德宏州整合"兴边富民""较少民族项目""整村推进""新农村建设""上海对口帮扶"等建设资金，分别组织实施了基础设施、产业开发、科技推广及培训三大类的项目，取得了良好的政治、经济和社会效益。2009 年，全乡实现农村经济总收入 2984.18 万元，农民所得总收入 1109.31 万元，农民人均纯收入 1875 元，分别比 2005 年增长 56.7%、72.7% 和 73%。具体表现在下述几个方面：

（1）人居环境得到改善。2005 年，三台山乡居住在茅草房、权权房和危房的有 402 户 1845 人，占农业户的 28.9%，其中德昂族 295 户 1326 人，占农业户的 20.8%。2005 年至 2009 年，全乡实施安居工程 720 户，实施易地搬迁 435 户，将 14 个德昂族村民小组的村内道路修成水泥路、弹石路面，实施安居抗震房改造 160 户，基本消除了茅草房、权权房和危房，很大程度上改变了德昂族人住楼上、牲畜关楼下的生活习俗，改善了村内卫生脏乱差的现状。基本实现了农村道路硬化，人畜饮水困难的问题基本得到解决，农村环境有了很大的改善。

（2）经济收入增多，生活质量逐步提高。2005 年末，三台山乡德昂族绝对贫困人口 206 人，占农业人口的 3.2%，德昂族相对贫困人口 3302 人，占农业人口的 51.9%；农村经济收入 2389 万元，农民人均纯收入 874 元，粮食总产量 3681 吨，人均口粮 225 千克。2009 年，三台山乡农村经济总收入 2984.18 万元，农民人均纯收入 1875 元；人均口粮 300 千克。基本解决了现有贫困人口的温饱问题。最为明显的是三台山乡出冬瓜村（德昂族村），通过扶持，2007

---

① 中国人口较少民族发展研究丛书编委会：《中国人口较少民族经济和社会发展调查报告》，民族出版社，2007。

年全村经济总收入达 631.74 万元，比 2004 年的 390.6 万元增加 241.14 万元，增幅 61.7%；农民人均纯收入 1586 元，比 2004 年的 604 元增加 982 元，增幅 162.6%；人均口粮 353 千克，比 2004 年的 263 千克增加 90 千克，增幅 34.2%。

（3）农田水利基本建设得到改善。三台山德昂族乡地质属断裂层结构，人畜饮用水不足是三台山德昂族乡的一个明显的特点，为此全乡借助扶持人口较少民族发展的机遇，开展农田水利基本建设，提高灌溉供水能力，增加科技投入，加大了平田改土力度，优先解决涉及面积广、受益人数多的拦水坝、小塘坝和引水沟渠的损毁和欠缺问题。

（4）养殖业获得长足发展。通过 5 年的引导、带动，养殖业获得了长足发展，全乡形成了以允欠三组为代表的一大批德昂族养猪大户及养猪示范村，养殖大户年出售仔猪 100 头以上的有 3 户，仔猪销售从过去的 0 头增加到 2009 年 4560 头，收入达 136.8 万元，占畜牧业收入的 22.8%。

（5）基础设施建设不断得到夯实。全乡 34 个村民小组已全部通公路，其中 4 个村委会所在地和 17 个村民小组通弹石路，3 个村民小组通水泥路，11 个村小组通砂石路，正在建一个乡村柏油路；有 26 个村民小组架通自来水，有 8 个村民小组用电力抽水，通水率达 100%；全乡 4 个村委会和 34 个村民小组都通电和通广播电视，通电率达 100%，有 3 个村民小组 74 户 334 人实现了"村村通"。[1]

重点帮扶德昂村寨（摄影：杨芍）

---

[1] 李晓斌、杨晓兰：《扶持人口较少民族政策实践的效果及存在的问题——以云南德昂族为例》，《中南民族大学学报》（人文社会科学版）2010 年第 30 卷，第 6 期，第 12-16 页。

 党和国家实行大规模、有计划的持续性扶贫开发政策

（1）党和政府开始实行有计划、有组织、大规模的扶贫开发政策，处于贫困状态的德昂族得到重点帮扶。1986 年，国务院成立贫困地区经济开发领导小组，扶贫开发开始常态化、制度化。1994 年，国务院制订了《国家八七扶贫攻坚计划 (1994—2000 年)》，少数民族贫困地区成为扶贫攻坚的主战场。1996 年，芒市三台山乡被列为云南省重点扶贫攻坚乡。20 世纪八九十年代国家向三台山乡投入上千万元，修建道路、农田、水利、电力、通信等设施，推广农业生产技术，低价提供种苗，实施易地搬迁，积极发展文教卫事业，调减粮食税，补助建盖新房资金，等等。

（2）进入 21 世纪，为了彻底解决温饱问题，全面建设小康社会，党中央、国务院将扶贫开发的重点转向"老、边、少、贫"地区。改革开放 20 多年，纵向来看，德昂族经济社会实现了较快发展，群众生活有了明显改善；但是横向对比，德昂族发展依然十分滞后，很多群众温饱问题都没有解决，离小康还有很大差距。2001 年国务院制定《中国农村扶贫纲要（2001—2010 年）》，其规定："要把贫困地区尚未解决温饱问题的贫困人口作为扶贫开发的首要对象；同时，继续帮助初步解决温饱问题的贫困人口增加收入，进一步改善生产生活条件，巩固扶贫成果。""扶贫开发的重点，按照集中连片的原则，国家把贫困人口集中的中西部少数民族聚居地区、革命老区、边疆地区和特困地区作为扶贫开发的重点，并在上述四类地区确定扶贫开发工作重点县。"[①]德宏州的芒市、陇川、梁河等地分布有德昂族的县市属于云南省 4 个集中连片特困地区，成为国家或省级的重点扶贫县市。在 21 世纪的头十年，德昂族通过易地搬迁、上海对口帮扶等扶贫政策，经济社会得到了快速发展和变化。2008 年 4 月 1 日，时任国务院总理温家宝考察德宏时走访了被称为"中国德昂第一寨"的芒市三台山乡允欠村三组，该村寨因为 2003 年通过政府易地搬迁项目，成为远近闻名的"文明村"，温家宝总理称赞了他们通过搬迁新址得以脱贫致富的壮举。[②]

113

---

① 中华人民共和国中央人民政府网：《中国农村扶贫纲要(2001—2010 年)》，访问日期：2016 年 9 月 23 日。
② 中华人民共和国中央人民政府网：《温家宝看望德宏傣族景颇族自治州的少数民族群众》，访问日期：2008 年 4 月 2 日。

适时推行对口帮扶等特殊政策，实现以强带弱

2006 年，上海市委、市政府响应中央关于组织沿海发达地区对口帮扶人口较少民族加快发展的号召，与德宏州签订了《关于对口帮扶德昂族发展的合作协议》，德宏州 5 个县市 16 个乡镇 55 个德昂族自然村被列入上海对口帮扶范围。据德宏州民宗局统计，2006 年至 2010 年上海市对口帮扶德宏州德昂族的总资金达到了 5960 余万元，其中投入三台山乡的 18 个德昂族自然村共 1649.95 万元，帮扶主要围绕德昂族群众的基本生产、基本生活、基本教育、基本医疗，实施村内道路、人畜饮水、电力、安居工程、农村能源、农田水利、种植、养殖、文化、教育、科技培训等 422 个项目实施，极大地推动了三台山德昂族经济社会的发展和变化，其中人均纯收入从 2005 年的 940.5 元增至 2010 年的 2259 元，增长 1.4 倍。至此，三台山乡德昂族群众彻底解决了温饱问题，并逐步向小康迈进。

 党的十八大以来实施脱贫攻坚战略，力保德昂族全面实现小康

党的十八大以来，以习近平同志为核心的党中央高度重视扶贫开发工作，出台了一系列精准扶贫、精准脱贫的政策和措施，脱贫攻坚的力度前所未有。2015 年 11 月制定出台《中共中央 国务院关于打赢脱贫攻坚战的决定》，2018 年 6 月制定出台《中共中央 国务院关于打赢脱贫攻坚战三年行动的指导意见》，党中央明确提出"两不愁三保障"的扶贫标准，着力实施"六个精准、五个一批"的扶贫举措。习近平总书记还特别强调，我国扶贫开发工作要把革命老区、民族地区、边疆地区、集中连片特困地区作为脱贫攻坚重点。[①]带来的效果是：

（1）农村经济发展快、产业结构不断得到优化。"三台山乡统筹、整合扶贫领域资金 413 万元，在巩固甘蔗、生猪养殖两大支柱产业的基础上，通过'帮强带弱'、到户贷款、对口帮扶、村集体经济等项目，大力扶持发展特色产业"。[②] 2018 年，全乡澳洲坚果种植面积为 3.7 万亩（新种 7425 亩），超过了传统稻谷

114

---

① 中共中央宣传部：《习近平新时代中国特色社会主义思想三十讲》，学习出版社，2018。
② 据中国民族宗教网：《喜看德昂山乡新变化——芒市三台山德昂族乡创建民族团结进步示范乡纪实》，访问日期：2019 年 3 月 12 日。

等粮食的播种面积（2.34 万亩）、甘蔗的收获面积 1.24 万亩。通过精准扶贫，德昂族贫困户家家养起猪、牛、鸡等牲畜和家禽，进一步拓宽了家庭经济收入来源。全乡农村经济总收入 2012 年为 0.7883 亿元，2018 年增至 1.84 亿元，6 年增加了 1.33 倍。

（2）基础设施日益完善。2015 年至 2019 年，三台山乡道路、农田水利、饮水工程等基础设施建设的资金投入超过 1.1 亿元。全乡按照"对外高等化、对内网络化、出入便捷化、管理规范化"的思路，共投入资金 7684 万元，对 26 条 116.563 公里的乡村道路进行了全面提升和改造。2019 年 3 月，据中国民族宗教网报道：三台山乡"通村通组道路基本实现水泥化，4 个村委会和 36 个村民小组通电、通网络，广播电视覆盖率达 100%。同时，建设标准卫生室 4 个，行政村均建有标准村卫生室，基本解决了群众能看病、看得起病和卫生防疫的问题。36 个村民小组架通自来水，共实施农田水利工程 46 项，解决 651 户 2944 人饮水和 340 亩农田灌溉困难的问题"。[1]通过短短 5 年的脱贫攻坚，德昂族村寨和群众的水、电、路、网络以及活动场所等基础设施长期不足的问题基本得到解决。

（3）村容村貌发生巨大变化，生活水平得以显著提高。

易地搬迁方面：投入资金 2235.42 万元，统筹推进三台山乡下芒岗、邦外 3 组两个易地搬迁点民房、道路、文化场所等项目的建设。

交通工具方面：随着交通道路的改善和家庭收入的提高，现在摩托车已得到普及，各类乘用汽车大量进入普通农户家，甚至一些建档立卡户脱贫后也购买了小轿车，德昂族交通工具实现革命性变化，出行难的问题基本得到解决。

住房方面：截至 2019 年，三台山乡脱贫攻坚实施 C、D 级危房改造 938 户，补助资金 1335.04 万元，其中拆除重建 210 户，补助资金 840 万元；全乡 21 个德昂族村民小组 1073 户的农房，其中二层以上楼房占 9%、砖瓦房占 59.2%、空心砖房占 30.4%、其他占 1.4%。德昂族群众的住房安全得到有力保障，尤其是贫困群众的居住条件和生活环境得到全面改善和提高。

此外，教育医疗卫生实现全覆盖，"厕所革命"正在快速推进，人居环境显著改善。

贫困人口脱贫情况：三台山乡建档立卡贫困人口 2013 年为 153 户 532 人、

115

---

① 据中国民族宗教网：《喜看德昂山乡新变化——芒市三台山德昂族乡 创建民族团结进步示范乡纪实》，访问日期：2019 年 3 月 12 日。

贫困发生率为 7.55%，到 2018 年为 13 户 50 人、贫困发生率为 0.67%。2017 年，德昂族建档立卡户芒市三台山乡的李二杰和梁河县河西乡的赵家兴被云南省脱贫攻坚奖评选办公室授予全省脱贫攻坚"光荣脱贫户"称号。

人均收入方面：三台山乡农村人均可支配收入 2014 年为 4518 元，2018 年增至 7006 元，年均增长了 13.8%，其中 21 个德昂族村组 2018 年的人均可支配收入最低的为 5199 元、最高的为 7515 元；而德宏州畹町镇的回环村民小组达到了 12014 元，已接近全省水平。

通过脱贫攻坚，德昂族主要聚居地德宏州的芒市 2018 年顺利通过脱贫国检摘帽，盈江县、陇川县，以及临沧市的镇康县、保山市的隆阳区于 2019 年均脱贫摘帽，德宏州的梁河县也正在积极准备迎接脱贫国检。当前，德昂族已整族实现脱贫，即将在 2020 年底全面建成小康社会，经济社会实现历史性跨越式发展。①

篱笆房里的德昂族（摄影：杨帮庆　供图：芒市党委宣传部）

---

① 张国平：《新中国 70 年德昂族跨越式发展：历程·经验·路径——以云南省芒市三台山乡为例》，《中共云南省委党校学报》2020 年第 21 卷，第 5 期，89—95 页。

易地搬迁：换一方水土，富一方人

易地搬迁，使居者有其屋，换一方水土，富一方人。使生活富裕便利的梦想，从不可能慢慢变成可能。生活条件和以前大变样，新的变化，和过去的差距产生了令人震撼的对比。

例如，德宏州芒市三台山德昂族乡允欠村第三小组党支部带领村民挪穷窝、换新颜，走上致富路的故事。他们的新生活，搬迁造就！

"以前的老寨，水不通，大风一来就停电，田地很远，需要步行八千米。那会儿，得赶着牛，带着米、锄头、镰刀、长刀、犁耙到地上干活儿，第一天只能算是报到，经常一干就是一个星期，长的到一个月。"允欠三组村民段腊扎回忆起搬迁前的艰苦日子，不时地感叹着如今便利的生活多么来之不易。

允欠三组隶属于芒市三台山乡允欠村委会，是一个典型的德昂族寨村，全村有 36 户 154 人，党员 12 名。2019 年，全村经济总收入 550 万元，农村常住居民人均可支配收入 7792 元。

以前，允欠三组山高路陡、晴通雨阻，群众住的大部分是茅草房、杈杈房，物资运输得靠人背马驮，人畜饮水要到深沟老箐去挑，耕田种地两头摸黑，生产生活条件十分恶劣。

"田在山上，水在山下"，农忙季节只能搭建"窝铺"，吃住都在地上。春耕节令，得先引水进田泡上几天，再犁田，再泡水，再栽秧，一个春耕就花去一个多月。段腊扎开玩笑说："我们当时是有家回不了啊。"

1999 年的一天傍晚，下起了滂沱大雨，道路泥泞，干完活儿回家路上的德昂汉子赖腊算，饥肠辘辘，疲惫不堪。他突然想："为什么我们不能像坝子一样，干活儿不用这么奔波，卖菜不用跑很远。我们这辈人是不是可以改变一下，搬到山下去。"

于是，回到寨子后，赖腊算就找到了党员干部一起商量着谋划搬迁事情。

说干就干，党员干部齐心协力争取项目支持，2003 年易地搬迁项目终于落户允欠三组。但由于思想观念陈旧，部分群众对搬迁工作抵触较大，尤其是老人。

为确保项目推进，党支部多次召开会议商量对策，决定由党员带头，每名党员包 2～3 户做思想工作，一次不行做两次、三次，白天不行晚上做，家里没

117

人到地里找，以年轻人为突破口、老年人为重点对象，晓之以理、动之以情。最后，群众的顾虑打消了，搬迁得以顺利实施。

村民同意了搬迁，怎么建房子，钱从哪来，成了支委委员的心头病。路就在脚下，党员干部奔走于遮放各烧砖厂、瓦厂、沙厂，为群众协调"垫款"盖房子事宜。

赖腊算说："老板，我是允欠三组的干部，今天带着大家，想和你们商量点事情。我们寨子准备搬迁，甘蔗还不得砍，想赊着砖盖房子，我们甘蔗多呢，这个你放心。"

老板回答："知道你们甘蔗多呢，不过也需要村干部担保，要不然不放心。"

赖腊算说："好嘛，我们几个党员干部做担保，过两天来拉砖了！"

每户3000元的搬迁补助款，党支部书记赖腊算带头捐出2000元给困难群众，支部党员、小组干部也纷纷响应，自愿将搬迁补助款捐出来。众人拾柴火焰高，计划实施3年的搬迁任务，仅用了6个月就完成了集体搬迁。

自力更生"改穷业"。赖腊算心想，既然说服群众从大山搬出来，就要让群众搬得出、稳得住，还要能致富、奔小康。支部必须带头发展产业，党员必须带头学习产业发展技术，必须带着群众发展壮大产业。支部发动党员先行先试，组织外出学习，邀请专家讲授种植方法，逐步试种成功500亩坚果，套种咖啡100多亩，做出成效后积极发挥"传帮带"的作用。在保持甘蔗传统产业稳定的基础上，先后带动发展起了坚果、咖啡、茶叶等经济作物3000余亩，实现产业结构从单一模式到"多管进水"的优化。

提起往事，当年艰苦的岁月仍让赖腊算感慨不已。他说："现在全村坚果种植面积1515亩，人均达到了10亩，再过两三年果树挂果，全村就有四五百万元的进账，再加上养牛养猪，种甘蔗、香蕉，村民就有钱了，我们党员就没有白忙活。"

搬迁后村民生活环境变好了，但生活陋习依然没有改变，道路两边还是生活垃圾成堆，活动室依然灰尘覆盖、蛛网爬墙。为改变脏乱差的问题，党支部先后决议通过了环境卫生公约、村民积分制管理，完善细化了村规民约。

通过门前"三包"、党员划片负责和奖优罚劣等措施，形成环境卫生保洁常态化。实施打造"十位一体"活动室规范化建设，在去"脏乱差""牛皮癣"的同时，搭建农家书屋，改变"阵地"使用单一化、行政化的刻板印象，现在的活动室既是党组织的活动"阵地"，也是群众休闲娱乐、民族节庆、办红白喜事

的活动场所，真正把党员和群众的心聚在了一起。

现在的允欠三组，"扶墙走路"的人少了，埋头赶路的人多了，大家都忙着发展生产，没时间喝酒了；年老体弱的人少了，年富力强的人多了，家家户户有事做，外出打工的年轻人回来搞生产了。这些都离不开党支部的坚强堡垒，更离不开党员干部的先锋模范。

这是人口较少民族迎来的新春天，更是三台山乡允欠三组的新春天。[1]

产业扶贫，绿色发展

云南省德宏州芒市三台山乡是我国唯一的德昂族乡。德昂族源于古代的濮人，是中国西南边疆最古老的民族之一。中华人民共和国成立前，由于长期受土司、地主压迫，德昂族政治地位低下、生活极度贫困。中华人民共和国成立后，德昂族人民结束了千百年来受压迫剥削的历史，成为祖国大家庭中平等的一员。如今，脱贫攻坚战在三台山乡打响。当地立足实际，"产业扶贫"成果斐然。2020年4月，德昂族已率先宣告"整族脱贫"。

德昂族退休干部杨甲三曾先后担任过出冬瓜乡乡长、三台山乡乡长，多年来，对于德昂族群众从贫困走向脱贫致富，他深有体会。据杨甲三介绍，德昂族的贫困由来已久，新中国成立之前，德宏州德昂族群众仍处在封建领主的统治之下，大多数村落还保留着原始公社性质。群众长期过着食不果腹、衣不遮体、火塘当被的生活，生产力停滞不前，还沿袭着刀耕火种的原始耕作。中华人民共和国成立后，德昂族摆脱了悲惨的命运，结束了被压迫的历史，开始了崭新的生活。20世纪50年代初，"崩龙（德昂）"被识别为单一民族，成为中华民族大家庭中不可缺少的一员。然而，由于缺少农资、技术等，德昂族群众只能靠抛荒来恢复地力。"大家辛辛苦苦一年，种出来的玉米等只够吃六七个月。"杨甲三回忆说，"剩下的日子，都要靠到处借粮、挖野菜等来充饥。"党和政府在德昂族地区开展长期、持久的帮扶工作，对德昂族经济社会发展进行了有益探索。然而，由于受多重因素影响，德昂族群众虽然经历了"输血式"与"造血式""救济式"与"开放式"等帮扶，但贫困面貌还是没能彻底改变。

119

---

[1]《他们的新生活，搬迁造就！》，"魅力德昂山"微信公众号，访问日期：2020年6月24日。

　　"脱贫路上，决不让一个兄弟民族掉队！"自脱贫攻坚战全面打响以来，各级党委、政府以及相关部门共同为德昂族地区脱贫攻坚"把脉开方"，挖掘当地的资源优势，创新发展思路：因地制宜发展澳洲坚果、德昂族传统酸茶等产业。同时，结合当地得天独厚的地理位置、优美的自然环境及深厚的德昂族传统文化，发展乡村旅游等。至此，德昂族村落迎来了新的蜕变。

德昂族发展坚果产业（摄影：杨帮庆　供图：芒市党委宣传部）

 ## 坚果产业，助推脱贫路

　　澳洲坚果，又称澳洲胡桃，号称"干果之王"。云南是目前全世界种植面积最大地区。澳洲坚果原产自澳大利亚，德宏州的亚热带气候十分适宜它生长。20世纪80年代，德宏州便引进了这一树种，在三台山乡大规模种植，开始于脱贫攻坚工作启动之后。据估算，2020年云南全省澳洲坚果种植面积已达到400万亩。德宏州芒市三台山德昂族乡的主导产业目前是澳洲坚果种植。"一业为主，多业并举"是芒市三台山德昂族乡产业脱贫的基本思路，芒市三台山德昂族乡利用地理和气候优势，按照"产业发展生态化、生态发展产业化"的要求，积极整

合林业、民族宗教等部门资金扶持种植澳洲坚果。三台山乡的澳洲坚果种植面积目前已达人均 5 亩，对脱贫致富贡献显著。据"魅力德昂山"公众号 2018 年 1 月 3 日的报道，全乡成立澳洲坚果合作社 3 个，建成初制加工厂 1 个。全乡参与坚果种植的建档立卡贫困户有 150 多户，占全乡贫困户总数的 90% 以上。

出冬瓜村是以德昂族和汉族为主的行政村，国土面积 38 平方千米，位于三台山德昂族乡东北部，距乡政府 1.5 千米，至 2020 年底，全村 453 户 2122 人，德昂族 1363 人，汉族 759 人，是典型的少数民族山区村寨。出冬瓜村共有一组、二组、三组、四组、早外、卢姐萨、兴龙寨、毕家寨、早内 3 个寨子，其中兴龙寨、毕家寨、早内 3 个寨子是汉族寨子，一组、二组、三组、四组、早外、卢姐萨 6 个寨子是德昂族寨子。

李二极是出冬瓜村党总支书记，据他介绍，村委会下属的"早外小组只有 48 户德昂族，却种了 500 亩坚果和 500 亩百香果。他们的梦想是苦干几年，达到坚果、百香果人均收入 2 万元"。李二极回忆说，澳洲坚果在出冬瓜村的种植，开始也遇到了阻力。2014 年，乡里买好了苗，挖好了坑塘，帮助村里种澳洲坚果，可没有几个村民愿意去种。但现在尝到种植结构调整带来甜头的村民，开始自己买苗、学技术种坚果，主动开垦台地，并且套种百香果，探索多种经营，拓宽增收渠道。[①]

出冬瓜村卢姐萨村民小组附近的荒山上，450 多亩的坚果林郁郁葱葱。村民李腊所家的坚果地就在其中。在种植坚果的同时，李腊所还套种了茶叶，这两项产业让李腊所家的收入一年比一年好。2017 年，他家的 15 亩坚果进入挂果期和丰产期，给他带来了 2 万多元的收入。2018 年又是一个丰收年，李腊所的嘴角早早就挂上了笑容。

"决不让一个兄弟民族掉队、决不让一个民族聚居地区落伍"不仅仅是一句承诺，更是三台山乡一切工作的指针。三台山乡以"长短结合、以短养长、以长促短"为工作思路，在发展农村产业方面，先后成立了上芒岗养猪专业合作社、早内坚果合作社、芒市龙阳德昂茶专业合作社等 27 个村集体经济合作组织，走上了产业发展组织化、规模化、集约化的路子。同时，按照"六个精准、七个一批"的要求，统筹、整合扶贫领域资金 413 万元，在巩固甘蔗、生猪养殖两大支柱产业的基础上，通过"帮强带弱"、到户贷款、三峡集团对口帮扶、村集体经

121

① 刘鹤鸣、杨帮庆：《脱贫：德昂族的千年跨越》，《今日民族》2020 年第 12 期。

济等项目，大力扶持发展特色产业，带动发展以坚果、咖啡、西番莲等为主的生物特色产业 5 万多亩，实现了人均 7 亩经济林果，早内村更是打造出 2000 亩连片示范基地。从 2014 年至 2017 年，每年分别减贫 28 户 104 人、18 户 62 人、22 户 84 人、65 户 252 人。2017 年末实有贫困人口 33 户 101 人，贫困发生率为 1.39%。2018 年预计实现减贫 73 人，贫困发生率下降至 0.38%。全乡农村经济总收入从 2015 年的 1.23 亿元增长到 2017 年的 1.67 亿元，增长 35.8%；农民人均可支配收入从 2015 年的 5002 元增长到 2017 年的 6348 元，增长 26.9%。[1]

另据"微美芒市"微信公众号 2020 年 3 月 27 日的报道，芒市三台山乡种植澳洲坚果 39954 亩，2019 年收获 8176 亩，产值达 1304.8 万元，澳洲坚果成为全乡的特色支柱产业。[2]

"现在日子越过越好。"云南省德宏州芒市三台山乡出冬瓜村卢姐萨村民小组的赵翁毕如今很满足。这些年他陆陆续续种了 18 亩澳洲坚果，还套种了西番莲、菠萝等热带水果。去年他家纯收入近 6 万元，早就脱了贫。而过去，赵翁毕家只种有少量玉米、水稻，每年雨季，他都心中忐忑。下雨一旦引发山洪，山谷里的粮食来不及收，就被洪水冲走了。"我家的田被冲过好几次，靠去亲戚家借粮度日。"他说。"现在我再也不怕了。"赵翁毕指着远处的一片坚果林说，他之所以敢一口气种这么多"洋坚果"，是因为政府铺好了路。政府免费发苗，免费提供技术服务，还定下了每千克 6 元的最低收购价。[3]

时隔多年，出冬瓜村 67 岁的德昂族老人邵德富又重新拿起了竹弓。这种竹弓曾是他们祖祖辈辈用来狩猎的武器，但这次，他不是去打猎，而是用自制的泥球为弹药，去驱赶坚果林里的小松鼠。邵德富老两口儿在山上种了十多亩澳洲坚果，这是三台山乡重点培育的扶贫产业。近年来，三台山乡种植澳洲坚果 3.72 万亩，2018 年产量 294 吨，收入 823 万元。澳洲坚果已成为全乡经济支柱产业。

澳洲坚果原产自澳大利亚，德宏的亚热带气候十分适宜其生长。20 世纪 80 年代，德宏州就引进了这一树种，但大规模种植是近几年的事。当地许多德昂族

① 云南网－德宏频道：《喜看德昂山乡新变化——芒市三台山德昂族乡创建民族团结进步示范乡纪实》，据 https://dehong.yunnan.cn/system/2019/01/09/030173626.shtml，访问日期：2019 年 1 月 9 日。

② 《聚焦 | 三台山乡澳洲坚果技术管理服务团队成立啦》"微美芒市"微信公众号 2020 年 3 月 27 日。

③ 李自良、张康喆、伍晓阳、庞明广、杨静：《德昂族：产业扶贫结"实果"》据新华网：http://chinajob.mohrss.gov.cn/c/2019-07-31/122243.shtml，访问日期：2019 年 7 月 31 日。

德昂山乡迎幸福巨变

精心打造出冬瓜传统村落，成为乡村旅游的新热点（摄影：杨芍）

村民说不出澳大利亚在世界地图上的位置，但这种价格较高、不愁销路的坚果却成了他们的"心头好"。"一斤刚采下的坚果能卖十多元，比种玉米划算多了。"邵德富说。因地制宜发展产业，是脱贫致富的根基。芒市林草局高级工程师钏加周说，澳洲坚果在国际市场上一直供不应求，而位于北半球的德宏与澳大利亚等主产区季节相反，"这个时节国内外需求很旺盛"。在三台山乡，不仅有来自遥远南半球的澳洲坚果，还有成片的咖啡树、西番莲等"洋作物"，被装点得如同一个大果园。"感觉变化一年比一年大。"邵德富笑着说，"如果放在几十年前，我们这儿不叫出冬瓜村，

该叫金子村喽！"①

绿色精准帮扶产业的遍地开花，让三台山乡的德昂族村寨出冬瓜村人均收入从脱贫攻坚开展前的 3300 元提高到 2018 年的 7060 元。②脱贫攻坚战打响以来，三台山乡党委、政府通过打好"收入""就业""生态""民生""感情"等 12 张帮扶"牌"，优化甘蔗、茶叶、板栗、西番莲、坚果种植，以及肉牛、生猪等畜禽养殖产业，全乡经济基础得到不断夯实，群众致富能力得到全面提升，群众生活水平不断提高。③

123

---

① 李自良、张康喆、伍晓阳、庞明广、杨静：《德昂族：产业扶贫结"实果"》据新华网：http://chinajob.mohrss.gov.cn/c/2019-07-31/122243.shtml，访问日期：2019 年 7 月 31 日。
② 《德昂族：走出贫困家乡更美丽》，《云南扶贫热线》2019 年 3 月 16 日。
③ 《三台山乡德昂族整族脱贫直播节目引来 30 万人观看》，"微美芒市"微信公众号 2019年 6 月 7 日。

 酸茶产业，拓宽致富路

茶叶在德昂族文化中，有特殊意味。德宏州芒市三台山德昂族乡的德昂族是古老的茶农，不仅村寨周边还保留着许多老茶树，制茶工艺方面也有独特的传承。另外，茶也融入民俗生活，有迁徙茶、定情茶、提亲茶、报丧茶等别具一格的茶文化。三台山德昂族制茶工艺最独特的是酸茶制作，这一工艺如今在产业方面的运用已经初见成效，也成为三台山德昂族脱贫产业的重要一环。

德昂族酸茶制作技艺省级传承人杨腊三说："德昂族一直有制作酸茶的习惯，过去只是自己饮用及赠送亲朋好友，现在发展成了产业，没想到会那么畅销。"据杨腊三介绍，酸茶产业每年能给他带来 10 多万元的收入。他先后带出了 30 多名徒弟，其中通过制作酸茶年收入在 10 万元以上的，就有 10 多人。①

酸茶诞生记（摄影：杨帮庆　供图：芒市党委宣传部）

① 《德宏芒市：德昂族——阔步迈向崭新时代》，"云南统一战线"微信公众号，2020 年
10 月 30 日。

酸茶制作非遗传承（摄影：杨帮庆　供图：芒市党委宣传部）

　　赵腊退，36 岁，是出冬瓜村村务监督委员会主任，也是酸茶技艺年轻一辈的受益者和传承者。他用 1 年多时间学会制作酸茶，随后动员村民管理好自家的古茶园，带领村民制作酸茶，通过淘宝、微信、旅游等渠道进行推广，逐步打开了酸茶的销路。古茶树为村民带来了不菲的经济收入，德昂族酸茶渐渐成为三台山乡的一张名片。①

---

① 引自《云南统一战线》，新时代团结网，2020 年 11 月 2 日。

 肉牛产业，技术致富之路

出冬瓜村赵自光家是养牛专业户。过去一家7口人挤在大山上一栋木架房里，种些甘蔗、卖点山货、打点零工生活，日子清苦而窘迫。2016年，三台山乡实施易地扶贫搬迁，赵自光和父母搬到山下，住上了稳固安全的新房，还申请了30万元建档立卡贫困户产业扶贫贷款和30万元扶持贷款，建起了小型肉牛养殖场，清苦的日子逐渐变好。

"新村道路四通八达，离集市近，信息灵通，做什么活计都方便。"赵自光说。2017年，他卖了17头牛，因经验不足，只有5万多元的利润。2019年，他去肉牛市场考察，与外地买家联系，对肉牛市场价格、喂养技术有了全新的认识，琢磨出了新的生态喂养方法。

"现在存栏有28头，到10月份就可以卖了还清部分贷款。"赵自光最大的愿望是在2020年还清所有贷款后，再建两间牛棚，多养十几头肉牛增加收入。①

走进三台山德昂族乡出冬瓜村4组赵自光的养牛合作社，清晨的阳光正好，照进干净整洁的牛栏里，个头高大的肉牛挨挨挤挤，放眼望去有50多头，牛栏里，赵自光的妻子杨玉南刚刚打扫好牛栏的卫生，正推着一车轧碎的干草依次往食槽里倒，这些干草经过特殊的发酵，散发着淡淡的酒香味，就像眼前的幸福生活般令人陶醉。杨玉南连续几年被评为"妇女致富能手"，她麻利精干，边说话边手脚不停地给牛上饲料。据她说，家里除了养牛场，还种植了10亩坚果，今年坚果头产，每亩可收入四五千元。而养牛场每头牛的利润在3000～5000元，今年已售出24头，如此一年下来，夫妻俩可望收入15万～20万元。因为劳动，杨玉南的脸上挂着细细的汗珠，显得分外红润。自信爽朗的微笑更为她增添了几分健康的光彩，勤劳的人果然是最美丽的。赵自光和杨玉南这对勤劳的夫妇在2015年建起养牛厂，同年夫妻俩积极争取"党员带领群众创业致富贷款肉牛养殖"项目贷款30万元，用于发展肉牛养殖工作。养牛技术由乡、市党委进行培训。就这样，原来只是在外面打工，没有养牛技术也没有资金的夫妻俩，在政府的扶持政策下开始养殖肉牛，再加上自身的勤劳好学，短短几年间，养牛事业便稳步

---

① 《芒市三台山乡出冬瓜村——产业兴旺 日子节节高》，云南网2019年3月15日。

发展起来，被评为"致富带头人"。赵自光夫妇对党和政府充满感恩之情："没有党的好政策就没有今天，只要有可能，我们一定会努力克服困难，好带动村里的成员一起致富。"

养牛致富（摄影：杨芍）

　　杨玉南赵自光夫妇是德昂族群众主动发展致富的代表，随着德昂族群众思想观念的转变，这样的致富能手越来越多，展现出良好的精神风貌。三台山乡属于"直过民族"区。由于文化底子薄，发展根基浅，大多数群众文化素质普遍偏低等因素，"等、靠、要"顽疾不同程度存在，不想发展、不愿发展、不会发展形成一种习惯，争当贫困户、吃救济成为一种常态。近年来，通过普及九年义务教育、开展精神文明村寨创建、推进脱贫攻坚精准扶贫、抓实基层党组织建设等举措，全乡各族群众的思想观念发生了根本性的好转，想发展、愿发展、争发展的呼声不断。目前，全乡已形成了早内、出冬瓜老寨、上芒岗、龙先瓦等一批带头致富村寨，涌现出以苟有生、赵玉叶、赵腊退、石早门、蒋永才、赵自光等一批"我要发展"的致富带头人。致富发展的思想观念已在群众心中悄然生根发芽。

127

 民族文化创意产业，乡村振兴的未来

德昂族新农村越来越好的人居环境和丰富多彩的民族文化资源，也为致富增收拓宽了渠道。通过民族文化创意产业真正走进外面的世界：你的世界，我的世界，我们的世界。

出冬瓜村是有 200 年历史的德昂族村寨，其浓郁的德昂族民族文化，使这里于 2006 年被列入省级非物质文化遗产保护名录（三台山乡德昂族传统文化生态保护区），2016 年又被列入第四批中国传统村落名录。为发展民族文化创意产业，村子现在建有德昂族酸茶茶室、织布房和水鼓舞表演队等。年轻一辈的带头人赵腊退，正在整合民族文化资源，探索发展乡村旅游，一个乡村振兴的蓝图已经在年轻一辈的德昂族人心中酝酿了。[①]

1. 老木房里的新潮民宿

出冬瓜村的"德昂人家"是三台山上最早开业的民宿之一。和一般的酒店不同，这座老木房子里没有标间，也没有卫生间。在房子的二层，中间是一个火塘，周围摆满了一圈地铺。

"这栋老房子几乎和我同龄。"51 岁的民宿创办人、德昂族织锦传承人赵玉月说。村里很多老房子都拆了，但她一直舍不得拆。

2017 年，家里的老房子被列入古村落保护项目，政府给了她 3 万元对房子进行加固。年过五旬的赵玉月想法很新潮，在乡政府支持下，她和老伴儿办起了民宿。

"村里人都说我俩是憨包，这么破的房子谁会来住？"赵玉月说。村民们没想到的是，许多游客就是冲着这种别具特色的老房子来住的。

三台山乡吸引了不少海内外学者、艺术家和游客走访采风，新潮的民宿业大有市场。

每到晚上，民宿的火塘上煮着德昂族特有的酸茶，游客们围坐在火塘边，一边唱歌一边喝酒、喝茶，体验着德昂族文化。

"我们接待的游客来自世界各地。"赵玉月说，去年她家的住宿、餐饮，以及卖酸茶和织锦的总收入有 5 万多元。"目前民宿基本不赚钱，更重要的是让

---

① 《党的光辉照边疆　边疆人民心向党》，《今日民族》，2021。

游客体验我们的文化。"

前不久,赵玉月25岁的儿子李岩所辞掉了消防员工作,回家帮父母打理民宿,学做酸茶。"以前我们希望孩子走出大山,看看外面的世界。现在他想回来传承民族文化,我们全力支持。"赵玉月说。

美丽的德昂人家(摄影:杨芍)

2. "文化要传承得好,必须与市场接轨"

住着德昂族民居,会做德昂族酸茶,会跳德昂族水鼓舞,开发德昂族美食和民宿,为民族学者当向导,作为主角参加拍摄德昂族纪录片……35岁的赵腊退可谓是德昂族的"代言人"。

赵腊退家在出冬瓜村出冬瓜老寨,作为三台山乡最古老的德昂族寨子,已有200多年的历史。

赵腊退成为德昂族文化传播使者,源于一次"旅行"。2009年,出冬瓜村入选联合国千年发展目标基金资助的"中国文化和发展伙伴框架"项目。担任小组会计的赵腊退被选为村级协调员,跟随项目组到北京、四川、贵州等地考察和培训。

"看了很多文化传承和乡村旅游项目,很受触动。我们三台山有好山好水,有独特的德昂族文化,只是没开发起来。"赵腊退打定主意,要将本民族文化重新发扬光大。

德昂族茶文化历史悠久，尤其以独特的酸茶而闻名。因工序繁杂，这种口感清爽的酸茶一度濒临失传。村民都说，外面的人喝不惯酸茶，做出来也没有销路。可赵腊退偏不信，他找到会做酸茶的老人，用了1年多时间学会了酸茶制作技艺。在他的推广带动下，酸茶已成为三台山乡的"明星产品"。就在与记者交谈的间隙，赵腊退通过微信卖出了两单酸茶，入账1100元。

德昂族美食取材绿色生态，富有特色，但没人开发餐饮，赵腊退又成了开发德昂族美食"第一人"。橄榄撒、橄榄丸子、臭菜拌岩姜、酸笋煮土鸡……过去藏在深山人所不知的德昂族美食，被赵腊退系统开发整理，逐渐走向大山外的市场。

"小时候住茅草房，吃不饱穿不暖是常事。常年只有一两件衣服穿，没鞋子就光脚在山上到处跑。"赵腊退说，"那时家里经常断粮，没米了全家人只能煮一锅野菜吃。"

如今，赵腊退每年仅卖茶就有10多万元收入，还带了五六个徒弟。他领悟到："文化要传承得好，必须与市场接轨，这样才有生命力。"

"我们德昂族人口不多，但文化底蕴深厚。"赵腊退对德昂族传统文化传承有着强烈的责任感，他说，他要让世人走近大山里的德昂族，让德昂族走向世界。[1]

3. 文旅"双融合、双促进"

全国有德昂族群众2万余人，近21%的德昂族人口就生活在三台山乡。全乡经济收入以种植甘蔗、茶叶、板栗、坚果和养殖牛、猪为主。近年来，乡党委依托三台山乡是中国德昂族文化研究、传承、传播和游览的核心区这一实际，明确提出建设民族文化强乡战略，积极推进省级"十县百乡千村万户"工程和民族团结进步创建工作。

乡党委、乡政府重点推动德昂民族风情园建设，把民族文化广场、《达古达楞格莱标》浮雕墙、民居、饮食文化等打造成文化精品工程。全面规划，建立德昂民居、饮食、茶艺和工艺品展示区，与州、市旅游部门协作，把德昂族博物馆作为特色的民族文化旅游景点打造。积极向上争取资金，沪滇帮扶定点对

① 李自良、张康喆、伍晓阳、庞明广、杨静：《德昂族：产业扶贫结"实果"》，据新华网：http://chinajob.mohrss.gov.cn/c/2019-07-31/122243.shtml，访问日期：2019年7月31日。

三台山乡出冬瓜村进行整村古村落打造，对酸茶产业及乡村旅游实施产业扶贫，2021 年预计投入 1800 万元进行工程完善。着力将"三台山德昂族乡文化旅游"名片推得更广、叫得更响，带动德昂族群众转变思想观念，增强自我发展能力和"造血功能"。

"赵腊退是出冬瓜村搞文旅融合的能人。去年春节，他接待游客进行德昂酸茶体验，忙得脚底板都打出泡来了！"尹新勇笑着说。4 月 21 日 14 时许，记者见到赵腊退时，他刚忙完为村里发展文旅融合项目与村民协调用地的事情回家。

在酸茶体验中心的制高点上，说起寨子将来的规划，赵腊退原本疲惫的眼神变得明亮了起来。迎着山风，他指着远处的山腰告诉记者："在那边和对面的山腰上还要再盖 20 间民宿，制茶中心周边会根据节气栽种各种鲜花，让这里四季鲜花不断。等都建好了，游客来到寨子可以采茶、制茶、品茶、采摘鲜花、制作香精、品味德昂美食、感受德昂族民宿、了解织锦文化……"说这话时，赵腊退慷慨激昂、意气风发，仿佛出冬瓜村美好的未来就在眼前。

赵玉月是德昂族织锦的州级非遗传承人。2017 年，她对自家住房进行修缮加固、改造提升，依托德昂族干栏式建筑风格、织锦文化，将住房打造成民俗客栈，日子越过越滋润。去年，买酸茶的人多了，在城市工作的儿子辞职回到家乡，帮助她在网络上销售酸茶，一年能卖三四万元。农家乐人手不够时，儿子还能帮着做菜，在家门口实现了就业。"织锦让我的生活变得好了起来，让我变得自信起来！这得多谢党和政府给我指的明路啊。"赵玉月由衷地说。

思想转变就是最直接的生产力，赵玉月、赵腊退的例子只是一个缩影。在出冬瓜村的文旅融合实践中，团结一致、传承和发扬中华民族文化与乡村旅游的方法已经在三台山乡各族群众中广泛传播开来。

赵腊退说，如今寨子里的游客接待中心、停车场、公共卫生间等项目已经在规划中，他希望通过整体规划，村容村貌能得到提升，以此打造一座更加秀美的德昂山，让德昂山寨焕发新的活力。①

131

逐步走出贫困的德昂族群众越来越自信、开放。"德昂族村民非常热情好客，他们请我们吃特色食品、讲故事传说、喝酸茶，教我们唱德昂族民歌、跳德昂族舞蹈，

---

① 马新焕：《芒市三台山乡：文旅融合 德昂乡寨富起来》，《民族时报》，新浪网：https://k.sina.com.cn/article_5890690907_15f1ccf5b01900rhor.html，访问日期：2021 年 5 月 2 日。

还有村民给我们当免费导游，体验十分不错。"来自广东的一对情侣，对出冬瓜村的乡村旅游赞不绝口。如今，旅游业已成为当地群众的主要收入来源之一。

 ## 对口帮扶，山海情深

扶持人口较少民族发展是党中央、国务院对人口较少民族发展工作作出的一项重大决策，对口帮扶一个民族的发展，是我国扶贫史上的一种创举。2006年4月20日，上海对口扶贫德昂族发展项目在德宏州芒市三台山德昂族乡上帮村（因感恩上海帮扶而取名）正式启动。2008年4月1日，因扶持工作成效显著，时任中央政治局常委、国务院总理温家宝亲临三台山乡看望德昂族、景颇族群众生产生活，指示要做好边疆民族"易地搬迁、'五小'水利工程和调整产业结构"三件实事，并提出了"民生四句话""教育是民生之基，健康是民生之本，分配是民生之源，保障是民生之安"。

2006年至2012年，上海对口帮扶三台山乡德昂族发展，投入资金841.508万元，带动就业收益861.1万元。以整村推进方式，主要实施了基础设施、能源建设、产业开发、社会公益事业、技术培训五类61个项目，使全乡德昂族群众直接受益。通过项目的实施，三台山德昂族乡经济社会得到了空前发展，全乡基础设施、村容村貌有了较大改善，产业得到培植壮大，教育文化、医疗卫生等社会事业得到加强，群众增收渠道得到拓宽，群众自我发展能力得到提高，思想观念有了较大的转变，社会更加稳定和谐，人民生活质量不断提高。

上海对口帮扶项目的实施，不仅使古老的德昂山寨旧貌换新颜，改变了德昂族群众落后的生产生活习惯，改善了德昂族群众的居住环境，更为重要的是带动了德昂族群众思想观念的转变，增强了自我发展的能力和"造血功能"。

2020年开工建设的又一个沪滇帮扶项目——三台山乡出冬瓜村酸茶产业及乡村旅游产业扶贫项目即将完工。今天，站在芒市三台山德昂族乡出冬瓜村，我们可以直观地看到姐妹兄弟帮扶的具体效果：村里的道路整洁美观，新建筑和老房子参差错落，在提升农村新面貌的同时也保留了传统德昂民居的特色风格，在规划中，这些老房子将会被提升改造，焕然一新地迎接远方客人的入住。在村子对面的半山腰，若隐若现的观光长廊盘绕在青山之间，观光长廊两侧，散布着美不胜收的茶园茶林，淡淡的云雾点缀其间。青山绿，白云白，茶园飘香，

游客笑声朗朗，心旷神怡。围绕着观光长廊，还建有酸茶体验中心、酸茶加工房等。在这里，游客们可以体验到德昂族酸茶从采茶到杀青、发酵、制作成成品的一系列流程，体验过后还可以品尝和购买酸茶，充分展示了德昂族茶文化特色。村民们对这些建设项目赞不绝口，竖起大拇指笑着说："三台山的上海亲戚给我们造了一个旅游的好地方，欢迎大家都来玩。"

为巩固提升脱贫成效，上海青浦区以三台山乡出冬瓜村委会为核心，不断提高出冬瓜村茶叶、坚果种植示范基地建设，积极打造芒市乡村振兴的样板。整合上海、芒市的农业种植技术资源，开展茶叶、坚果高枝嫁接等技术培训，提高亩产量；积极帮助取得酸茶质量检测报告，帮助三台山乡建设酸茶加工厂，并与云南皓鼎轩茶业有限公司达成酸茶产业的共建协议，酸茶价格由原来的每市斤800元上涨到每市斤1500元；帮助三台山乡建设初、深加工厂，与多家坚果加工企业达成合作意向，坚果产品价值、价格得到进一步提高；以产促旅，以游增收，充分将德昂族文化、非物质文化遗产与酸茶、坚果产业深入融合，并邀请中央、上海主流媒体到三台乡出冬瓜村进行采访，提高知名度和美誉度；以援滇项目为支撑，积极促成三台山乡与文旅龙头华江集团达成合作协议，由华江集团对出冬瓜村进行集中规划设计，形成乡村旅游的推动合力。通过围绕一二三产业融合的持续建设，三台山乡出冬瓜村贫困群众人均可支配收入从2014年的3816.39元增长至2021年底的13600元，贫困群众收入实现256.36%的增幅。

2020年一年来，在上海市的关心帮助下，在芒市市委、市政府的大力支持下，在三台山乡党委、政府的不懈努力下，在出冬瓜村村干部的埋头苦干下，在全村人民的积极参与下，德昂酸茶文化产业项目（一期）完工。

酸茶体验中心作为一期项目重点工程，分为上下两层，一楼为酸茶制作体验中心，二楼为酸茶品尝观景平台，周边散布6间房屋及观光环步道，房屋独具德昂族民族特色，房顶为四檐出水结构，屋身装饰德昂族特有图腾，吸引了大量游客前来参观。

133

两年前这里还是一片荒芜的石头山，又因山头上长着一些百花树而又名百花山。2019年，在上海市青浦区"沪滇帮扶"挂职干部、芒市市委常委、市政府副市长季春华推荐下，上海市对芒市三台山德昂族乡酸茶文化产业建设项目进行对口帮扶，投入720万元建设德昂酸茶体验中心，希望保留和传承国家级非物质文化遗产德昂族酸茶制作技艺，并以点带面，盘活全乡旅游产业及经济发展。

茶文化是德昂族传统文化的象征，是德昂族文化生活的重要组成部分，德

昂族民间神话史诗《达古达楞格莱标》中称"德昂族是茶叶变的，茶是德昂族的根"，德昂族酸茶制作技艺今年也入选第五批国家级非物质文化遗产代表性项目名录，三台山乡出冬瓜村酸茶产业项目（一期）以"推广酸茶文化体验"为重点建设，海拔比芒市坝区高400米，夏日微风习习、凉爽舒适，可坐在百花山顶品茶听风观景，享受遥望芒市城区惬意慢生活。目前，芒市三台山乡出冬瓜村特色酸茶、坚果产业提升及乡村旅游整合发展项目（二期）正在加速推进，内容包括德昂酸茶体验二期用房、土特产品展示交易房、德昂族故事走廊、德昂酸茶坚果加工体验房及其加工厂、茶园茶海采茶体验区、民族文化体验场、德昂茶酒溶洞窖藏馆及其配套附属设施等，同时进一步完善旅游公厕、车站、观光车等旅游功能基础建设，种植多彩经济作物，全面提升旅游文化综合服务能力，给来访者提供更多美好体验。①

生态扶贫，绿水青山

捍卫生态是扶贫的长久之计。德昂族具有深厚的生态意识。②芒市三台山德昂族乡作为全国唯一的德昂族乡，也是国内德昂族人最大的聚居地，具有千山叠翠、万木争绿的自然美景。据当地干部介绍，目前三台山的森林覆盖率仍保持在50%左右，且山间林中时常能见到诸如绿孔雀、麂子、穿山甲等珍稀野生动物。这样良好的生态环境得益于德昂族群众的宗教信仰及日常生产生活习俗中养成的根深蒂固的生态意识。

受南传上座部佛教影响的生态意识

三台山德昂族群众信仰南传上座部佛教中的"多列"教派，该教派教规森严，严禁杀生，见杀不吃，闻声不吃。其戒律"五戒"中的首戒便是要求信徒"不杀生"。教义认为天地间有三个世界，即西方极乐世界（"勐亮"）、人世间红尘世界（"勐

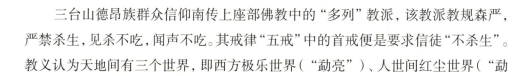

① 《泸滇帮扶三台山乡出冬瓜村酸茶产业项目（一期）介绍》，"魅力德昂山"微信公众号2021年8月27日。
② 李韬、李蔬君：《德昂族的传统生态情结》，《今日民族》2001年第8期，第47—48页。

陆依")和阴间地狱("勐戛林")。凡是虔诚信佛积德行善、一切恶行(包括杀生)不能动摇其心旌的信徒,死后方能被佛祖引入西方极乐世界。在这种宗教生态道德戒律的长期规范与引导下,虔诚的德昂族信教群众逐渐形成了"人与鸟、虫、鱼、兽都是平等的生命体,不论伤害任何生灵都是一种罪过"的生态价值观。此外,南传上座部佛教还有佛化自然的传统,受其影响,三台山德昂族村寨的佛寺一般多建于村头寨门外林木苍翠、环境幽雅之处,佛寺周围常栽植具有宗教意义和实用价值的植物,如佛祖"成道树"菩提树、榕树、缅桂、樟树……作为佛经载体的贝叶树、构树及赕佛用的水果、香料、花卉植物等,佛寺庭园成了名副其实的植物园。这种"佛教植物园"既为南传上座部佛教徒从事赕佛活动提供了必要的赕品,又美化了村寨及佛寺环境,并作为植物的种质基因库保存了很多珍贵的植物种类,可以说是当地佛教信众保护生态环境的一种宗教与道德实践。[1]

原始自然崇拜中的生态意蕴

三台山德昂族群众在信仰南传上座部佛教的同时,还保留着对原始自然神的崇拜,大青树是德昂族心目中的神树,是一种吉祥的象征。三台山乡的每个德昂族寨子里均有大小不等的几十棵大青树,有的树身粗得要数人合抱方能围拢,足见其存活年代的久远。当地德昂族群众对大青树有着一种神秘莫测的崇拜,他们认为,有了大青树和竹子,才会有村寨和人家,大青树勃发的枝叶象征着村寨的昌盛,它枝繁叶茂,蓬勃生长,就意味着子孙满堂,村寨兴旺。村寨不能没有大青树,人的生活也不能没有大青树。因此,每当新建一个寨子时,都要栽种一些大青树。栽种大青树时,还要举行仪式,构筑高台种植,并用竹栅围绕,以确保植株能够成活。在德昂族人的观念中,大青树是绝对不能砍的,即便是被风刮倒,或是被雷击倒的大青树也万万不可拿回家用,而要送到奘房(即佛寺)去,否则,就会带来灾难。这类故事虽有迷信之嫌,但从客观上促成了德昂族民众对大青树等植物的自觉保护。为了表示对大青树神的尊崇,每年春节,当地德昂族群众都会选择村寨中心或村口的一棵大青树来祭祀。届时,全村男女老少均停止生产劳作,不出远门。祭祀前,各户要挑选一"丫"形树枝,剥去树皮,并用红、黄、白等颜色的细线缠绕。祭祀时,各户要备上红糖、米糕等祭品,摆放到神树前,

---

① 李韬、李蔬君:《德昂族的传统生态情结》,《今日民族》2001年第8期,第47—48页。

由寨中长老祈祷，然后各户将"丫"形树枝斜靠在大青树周围。这也是团结一致，保护寨神和村寨不受侵犯的象征。

此外，在三台山德昂族人的心目中还存有对水和其他自然物的珍爱与敬畏之情。德昂族人这种基于原始万物有灵思想而对大青树及其他自然物的珍视与膜拜，不仅表现为一种原始自然崇拜的信仰模式，更体现了他们对待自然万物的一种平等乃至敬畏的态度。这种敬畏万物的传统生态意识，自发地调节着人与自然界的关系，促成了德昂族人对自然万物的保护。

 日常习俗中蕴含的生态智慧

三台山各德昂族村寨均有自己的坟山森林，一般位于半山坡上。寨中人死后集中埋葬于此处，不得占用耕地。此处森林中的树木是不能任意砍伐的，否则，将会给自己和家人带来麻烦。这种传统丧葬习俗及禁忌对于节约自然资源、提高土地利用率非常有利。此外，各德昂族村寨均有大片水源林及风景林，这些具有涵养水源、调节地方性小气候、保护生物多样化等多重功能的公有林木更是严禁砍伐，违者将由村寨头人按乡规民约严加惩处。正是在这种蕴含着极强生态价值取向的传统禁忌习俗及习惯做法的规范与约束下，历史时期的三台山德昂族村寨才得以青山绿树永驻、花香鸟语常在。

中华人民共和国成立后，勤劳善良而又充满生存智慧的三台山德昂族群众在各级林业部门的指导下，对原有的自然资源管理、保护模式作了必要的修正，他们还在自觉自愿的基础上制定出相应的乡规民约，依托林业站，履行监督管理职能。党的十一届三中全会以来，随着"两山到户"政策的深入贯彻落实，广大德昂族群众养山护山的权、责、利被进一步紧密结合起来，从而使种树护林的积极性倍增，毁林开荒现象已杜绝。近几年来，在各级政府和社会各界的关心、指导下，当地群众大力发展庭院绿色经济，在房前屋后、田边地角均种上了板栗、杜果、杨梅、石榴、波罗蜜、澳洲坚果等经济果木，这一方面增加了德昂族群众的经济收入，另一方面也改善了村寨的生态环境。创造一个美轮美奂的生态家园已成了三台山德昂族群众的自觉行动。[1]

---

[1] 李韬、李蔬君：《德昂族的传统生态情结》，《今日民族》2001年第8期，47—48页。

教育扶贫，冲破框架

教育可以致富。少数民族女孩，在缺少教育的情况下，她们的命运从来不能掌握在自己手上。一个接受教育的机会就等于一次人生翻盘的机会。"直过民族"聚居地区的差距，要靠教育来弥补。教育给他们的人生提供了一个新的选择，开出了一条新的道路。教育可以让更多农村青年展翅高飞，当他们飞得越高，看过外面的世界，才可以带着新思维返回家乡，助农村发展一臂之力。一个新的良性循环就可以展开。扶贫教育，制造新框架，一代一代积跬步，终会致千里。

转变思想，树立志向

扶贫先扶志。通过双手脱贫，不要一直等人救济，只要自己愿意干，一定可以走出困境。贫穷不是宿命，只要自强而不息、自立而不馁，摒弃"等靠要"的思想，就一定能依靠自己的双手创造美好的生活、改变自己的命运。

"养猪为了过年、养鸡为了油盐，平日吃酒开销靠野菜赚钱"，以种植稻谷、玉米、甘蔗为主，养猪、鸡、牛为辅的生产方式一直延续，甚至有的群众一年到头养不了一头肥猪过年。2006年，在党和国家的号召下，上海市与云南德昂族实施对口帮扶，三台山乡紧紧抓住机遇，扎实组织实施扶持人口较少民族发展项目，重点实施了易地搬迁、基础设施建设、产业发展、教育卫生和科技培训等46个项目，产业方面重点扶持发展种植茶叶、坚果、香蕉，养殖母猪、肉牛等，仅短暂10年发展，上帮村、卢姐萨、沪东娜经济收入实现翻番，产业得到培植壮大，群众增收渠道得到拓宽，群众自我发展能力得到提高。近几年，国家不断加大对少数民族聚居地区的扶持力度，特别是开展脱贫攻坚以来，各种惠农政策的贯彻实施，使三台山乡产业实现了量的提升、质的飞跃。乡党委、乡政府坚持把基地建设与主导产业的形成紧密结合起来，建立各具特色的产业开发带，积极发展循环农业。采用"间套种植""种养结合"等方式，提升设施农业发展规模和水平，实现特色农业的高效、环保、可持续发展，使特色产业真正成为推动德昂乡经济发展的支柱产业。同时，积极引导群众保护生态环境、

挖掘民族文化、打造古村落和民族特色村落，发展文化旅游业，拓宽增收渠道。全乡产业逐步趋向多样性、规模化发展，群众收入实现了"多管进水"。多数村寨建成了以养猪、养牛庭院经济和甘蔗、坚果经济作物长短结合、以短养长的初级农业产业链，并将"生产发展、生活宽裕、乡风文明、村容整洁、管理民主"的氛围体现在经济发展过程中，为持续发展增强了后劲。

德昂山寨新面貌（摄影：杨芍）

党建扶贫：跟着党旗奔小康

　　党员是德昂群众致富的"主心骨"，共产党的爱就像妈妈的爱一样，深沉博大。党是各族群众的"领头羊"，也是各族群众致富路上的"主心骨"。近年来，三台山德昂族乡始终坚持全面从严治党，以党的执政基础建设为主线，以建设"学习型、服务型、创新型"基层党组织为目标，不断夯实党在基层的执政基础、提升执政能力，为全乡经济社会发展提供坚强的政治保障和组织保障。目前，全乡共有党组织44个，其中党委1个、党总支4个、党支部39个（其中农村党支部35个、机关党支部4个）。"致富不致富、关键在支部"，各党支部始终把发挥基层党组织的引领核心作用作为首要任务，带领全乡党员、群众投身村寨建设中。

以党建带村建，提升党支部在村集体事务中的政治引领作用。党支部在脱贫攻坚、产业发展、易地搬迁、扫黑除恶等重点工作中，始终发挥引领带头作用。集体事务决策中认真执行"四议两公开"工作法，让决策更加科学民主，让工作更加公正透明，让集体更加团结干事。

以党建带群建，提升党支部在群团组织中的核心地位。牵头组织群团活动、邀请群团组织负责人参加支部活动，紧紧把妇女、民兵、共青团、村民理事会等群团组织团结在党支部周围，为村集体发展出谋划策、保驾护航。

以党建带民建，提升党支部在民族文化建设中的促进作用。积极推进民族团结进步宣传教育"五进"活动，定期举办民族团结晚会、泼花节、目瑙纵歌节等民族节庆活动，增进民族团结的同时搭建了相互学习的桥梁，形成了各民族群众和睦相处、相互帮助、共同发展的良好氛围。

脱贫致富要靠前。充分发挥"领头雁"作用，广大党员带头先行先试，按照"长短结合、以短养长、以长促短、长短兼顾"的发展思路，增强咖啡、坚果、西番莲等特色产业后发优势，做出成效后积极发挥"传帮带"的作用，带领群众共同发展致富。

中心工作要靠前。在基层组织建设、扫黑除恶、脱贫攻坚、易地搬迁、人居环境整治等工作中，通过党支部书记、党员、社干"三带头"，以及从党员家庭、村社干部家庭"两优先"入手，以身作则、带头示范。

遵规守纪要靠前。把党员是否带头遵守法律法规、是否带头遵守村规民约、主动参加村集体活动等行为规范准则，同是否参加支部活动、参加组织生活、按时交纳党费等党内制度要求相结合，发挥群众的监督作用，督促党员模范遵守法律法规、规章制度。

为打赢脱贫攻坚战，三台山德昂族乡党委积极探索在脱贫攻坚战中的基层党建工作新路子、新方法。创新试行"党支部＋党员社干＋任务"的"1+2+N"模式，详细制定党员社干"包帮带"脱贫攻坚明细表，倾心助力脱贫攻坚战，用实干托起了群众致富的梦想。组织引导帮扶困难户，帮助制订脱贫计划，谋划实施致富项目，全力提高群众的致富能力。充分发挥杠杆作用，大力挖掘致富带头人，找准脱贫致富产业，强化技术指导和跟踪问效工作，进一步发挥党员社干在基层党建和脱贫攻坚中的"包帮带"引领作用。"平静的湖面历练不出精悍的水手，安逸的环境造就不出时代的先锋"。脱贫攻坚是全面建成小康社会最艰巨的任务，时间紧、任务重，全乡党员干部不怕困难、奋力拼搏，充分发挥基层党组织在议

事决策、推进落实、监督把关等关键环节的领导核心作用，让党旗在脱贫攻坚最前沿高高飘扬。德昂山乡的党建工作已经在群众中筑牢基础，坚如磐石，做好"带头羊"，给人民一颗定心丸，德昂山乡的发展才会又稳又好！

在德昂村寨允欠村，我们看到了一条特殊的水泥路——"总理路"。当年，温家宝总理从这条路上走过，走进德昂群众的家中关心访问，了解德昂群众的真实生活，温家宝总理回去之后，这条环绕村子的水泥路就被群众自发地命名为"总理路"。这个特殊的路名，让我们感受到总理和德昂族群众之间的鱼水情，也感受到以总理为代表的党中央对德昂族普通群众的切身关怀。行走在这条安静的村落小路上，不禁令人浮想联翩，温情难忘。真正的党员不是高高在上，而是躬行践履，从一丝一缕，一点一滴中切身感受百姓的疾苦。深深地弯下腰，弯得很低很低，低到养育人民的大地之中，感受得到大地之中百姓流下的血与汗。这种深沉的感情是扎根在土地之中，如茶树一般生机勃勃自然生长起来的。

说起芒市三台山德昂族乡，乡党委书记尹新勇那自豪的表情，青年党员赵腊退意气风发的神态，非物质文化遗产代表性传承人赵玉月宁静淡泊、坚毅执着的眼神……就一一浮现在记者眼前。正是他们，一个个带领全乡7793名各族群众众志成城、坚定不移"听党话、感党恩、跟党走"，不断加强民族团结，汇聚成铸牢中华民族共同体意识的磅礴力量。

近年来，三台山乡充分发挥民族文化、土地资源和区位环境三大优势，以项目为依托，逐年加大对农业生产、基础设施建设的投入，巩固各族群众脱贫攻坚成果，加强基层党建工作，将民族文化资源优势转化为经济优势，促进文旅融合，旅游的发展再反哺民族文化，形成双融合双促进，让整个德昂乡寨富了起来！

 一名党员一面旗

140

4月21日，记者前往三台山德昂族乡允欠村委会允欠三组。蜿蜒曲折的道路边，水鼓石雕上的党徽让人不禁联想到"党的光辉照边疆，边疆人民心向党。"而停车场里"永远跟党走 共筑中国梦"的标语默默讲述着寨子里各族群众共同的期盼。被绿植掩映着、鹅卵石砌成的石阶是寨子里的党建阶梯花园。走到尽头，"听党话、感党恩、跟党走"的民族团结浮雕、党建文化宣传栏、三台山乡党建展览馆更是让人们深切感受到浓郁的红色氛围。据介绍，近年来，三台山乡始终坚持全面从严治党、以党的执政基础建设为主线，以建设学习型、服务型、

創新型基层党组织为目标，不断夯实党在基层的执政基础，提升执政能力，为全乡经济社会发展、民族团结进步创建工作提供坚强的政治和组织保障。

芒市三台山德昂族乡允欠村党建展览馆（摄影：杨芍）

为此，三台山乡还持续推进"三三制"矛盾纠纷调处工作机制，确保"小事不出村、大事不出乡"。充分发挥其密切联系少数民族群众、促进民族团结的特殊作用。指导少数民族村寨依法订立具有民族特色的村规民约。成立了上芒岗养猪专业合作社等 27 个农村专业合作组织。近年来，在巩固甘蔗、生猪养殖支柱产业的基础上，带动发展坚果等特色产业 5 万多亩。2017 年，整合扶贫领域资金 413 万元，撬动党员带领群众创业致富贷款的项目，引导群众大力发展特色产业。通过持续有效帮扶，2014 年至 2020 年三台山乡实现减贫 652 人，贫困发生率下降至零，农村居民人均可支配收入从"十二五"末的 5002 元增加到"十三五"末的 10036 元。

在党建工作中，三台山乡涌现出了带头搬迁的好书记尚金龙、非物质文化遗产代表性传承人赵玉月、德昂族青年党员赵腊退等一批先进人物。他们一名党员就是一面旗帜，引领全乡各族群众"挪穷窝""改穷业""换穷貌""拔穷根"，为全乡的民族团结进步创建活动奠定了坚实的物质基础。

141

4月21日，三台山乡党委书记尹新勇给记者说了一个有意思的现象：他们乡的邦外村委会所辖的7个村民小组中，有6个德昂寨、1个景颇寨，大家推选一位景颇族党员做了党支部书记。而允欠村委会所辖6个村民小组中，有5个是景颇寨、1个是德昂寨，村民推选的党支部书记是德昂族人。

"从这个代表民心民意的选举中不难看出，三台山乡各族群众一起走过了基层党建从'软弱虚化'向'坚强堡垒'的转变，民风民俗从'原始落后'向'文明开放'转变、人居环境从'脏乱差'向'美丽乡村'转变、生产生活从'难以保障'向'应保尽保'转变、产业发展从'单一性'向'多样性'转变、基础设施从'严重滞后'向'逐步完善'转变、思想观念从'要我发展'向'我要发展'转变，各族群众之间形成了深厚的感情和认同感，形成你中有我、我中有你、谁也离不开谁的多元一体格局，中华民族共同体意识的精神基础进一步夯实。"尹新勇脸上流露出自豪的神情。①

中国广袤的农村是中国社会的基础，从古至今，谁能解决农民问题，谁就能使中国长治久安。与贫困群众"结对子、认亲戚"，解决他们的操心事、烦心事、揪心事，党员干部工作作风为之一新，基层党组织战斗堡垒更加坚固。栽下"摇钱树"，走上致富路，一项项惠民政策唤起群众千百万、同心干，一大批贫困群众生产生活条件明显改善、获得感明显提升……人民群众对党的信任和信心不断增强，党长期执政最可靠的基础不断夯实，国家长治久安的根基更加牢固。

党旗在乡村振兴一线高高飘扬，②行走在云南省德宏州芒市三台山乡早内村，绿意盎然四季春，花香鸟语画意浓。干净整洁的硬化路边，一幢幢乡村别墅整齐排列，漫山遍野的坚果基地环绕村庄，呈现出一幅美丽的乡村画卷。三台山是全国唯一的德昂族乡，在历经兴边富民、沪滇帮扶、脱贫攻坚等政策帮扶后，实现了"一跃千年"的历史巨变。如今，生活在这片土地上的人们在党的领导下，继续书写着乡村振兴的新篇章。

① 马新焕：《芒市三台山乡：文旅融合 德昂乡寨富起来》，《民族时报》，新浪网：https://k.sina.com.cn/article_5890690907_15f1ccf5b01900rhor.html，访问日期：2021年5月2日。
② 陈应朝：《党旗在乡村振兴一线高高飘扬·德昂山寨别样红》，腾讯网：https://new.qq.com/omn/20220713/20220713A0978L00.html，访问日期：2022年7月13日。

德昂人民听党话、跟党走（摄影：杨芍）

党员"引路"，在摸索中踏出致富路

1985 年，苟有生放不下对故乡的眷念，30 岁的他毅然放弃兽医站的"铁饭碗"，回到农村老家端起了"泥饭碗"，和家人过着日出而作、日落而息的日子。随着家庭开支越来越大，生活水平不升反降，尝遍酸甜苦辣的他，不得不静下心来考虑往后的路子该怎么走。等，没有办法，干，才有希望！得益于旱内村丰富的山地资源，苟有生下大力气种植水稻、玉米等传统作物，每年的面积均在 40 亩以上，但是辛苦换来的结果却不尽如人意，一年到头也仅能解决基本的温饱问题。

如何找到一条适合当地的致富路？经过谨慎思考后，他决定自己先带头种水果。第一年种植 32 亩香蕉，自己收入增加了不少，第二年香蕉扩种到 45 亩，同时种下西番莲和板栗，家庭生活水平有了明显改观……他笃定，在旱内村发展水果产业定有"大作为"！ 1997 年，在苟有生的带领下，旱内村引进宜良香板栗并建成 500 亩示范园，随着板栗的畅销，旱内村人民的生活逐渐得到改善。市场经济千变万化，行业竞争不进则退，"甜头"不能只是一时的。为确保旱内村水果产业长远发展，苟有生多次带领党员群众赴保山、大理、临沧等地"取经"，

143

不断积累市场经验，逐年增加果树品种，香蕉、杨梅、坚果等适宜当地的外来优质水果相继在早内"安家落户"。

2010年起，早内村根据产业政策导向，果断淘汰经济效益不明显的果树，精耕细作建成"以坚果为主、西番莲为辅"的科技示范园，在有限的空间内实现了"资源化布局、规模化种植、标准化管理、市场化运作、社会化服务"。截至2021年，早内村47户204人，种植坚果1813亩，人均拥有坚果近9亩，年人均可支配收入18698元，到盛果期时，实现收入翻番指日可待。

如今，年过七旬的老党员苟有生依旧活跃在德昂山的坚果基地里，全国劳动模范、云南省优秀共产党员、云南省拔尖农村乡土人才……这位乡村振兴的"引路人"也得到了各级党组织和群众的认可。

支部示范，践行"先富带动后富"路

"企业提供坚果苗500株，建档立卡户和直系亲属筹集资金3000余元用于挖坑打洞，党员社干爱心帮扶2200元用于购买农药化肥，在大家共同努力下，村上2户建档立卡贫困户顺利种植澳洲坚果20余亩。"早内村干部介绍道。在脱贫攻坚战中，早内村党支部通过"建档立卡户自筹一点、直系亲属补一点、党员社干帮一点"的"三个一点"方式开展对口帮扶，同时明确3名党员、1名社干部、2名直系亲属组成"技术管理帮扶先锋队"，全程化、动态化参与帮扶管理，成效显著。以早内村脱贫户赵石周为例，2021年，其坚果收入超过10万元、西番莲收入5万元，家庭产业稳定，收入明显增加。

"一人富不算富，大家富才是真正富。"早内村大步走上致富路的同时，牢记党的恩情，心系乡内各族兄弟村寨，通过联合开展主题党日、群团活动、技术培训等方式带领群众上项目、闯市场、促增收、强集体，拓宽"先富带后富"的覆盖面，跑出了乡村振兴"加速度"。例如，兴龙寨的唐发丛，多年来一直跟随苟有生学习坚果种植管理技术，如今坚果种植面积近50亩，2021年收入已超20万元，成为"村寨互助"模式下的受益者。

 党委"主笔"，谱绘乡村振兴蓝图

早内村的"蝶变"是三台山乡党委"抓党建促乡村振兴"的生动实践。在乡党委、乡政府的牵线搭桥下，全乡各级党组织得到农业、林业、民宗、科技等部门的支持与帮助，先后与多家优秀企业达成合作，逐步解决品种、技术、销售等难题。广大果农学有示范、看有样板、干有目标，勤于管理的家庭早已实现"收入倍增"的目标。

为确保产业振兴持续发力，乡党委按照"产业发展到哪里、哪里就有党员，产业基地建设到哪里、哪里就有党员示范基地，产业科技化推广到哪里、哪里就有党员科技示范户，产业增收富民到哪里、哪里就有党员致富带头人"的思路，重点将农村致富带头人、村民小组长，特别是有带领群众致富能力的 35 岁以下的优秀青年吸纳到党组织中来，为推进产业发展提供坚实的人才保证和力量支撑。

"一花引来百花开"，如今的三台山乡依托澳洲坚果产业的发展，广泛推广"间套种""种养结合"等立体农业发展方式。群众在坚果园内套种西番莲、菠萝等经济作物，发展猪、鸡、鸭、鹅等林下养殖业，逐步形成"以短养长、立体种植"的发展模式，在有限的土地空间内实现经济收入"多管进水"，取得了生态效益、经济效益、社会效益最大化。①

---

① 陈应朝：《党旗在乡村振兴一线高高飘扬·德昂山寨别样红》，腾讯网：https://new.qq.com/omn/20220713/20220713A0978L00.html，访问日期：2022 年 7 月 13 日。

深山走出脱贫路

云南人口较少民族脱贫发展之路

古茶新香满边寨,
酸茶香飘幸福韵

"直过民族"德昂族，是居住在云南的古老民族之一，也是一个典型的跨境民族。德昂族是我国西南边疆古老的开发者之一，历史可追溯到秦汉之际的濮人族群。在数千年的历史变迁中，德昂族被称为"濮人""朴子"等，1985年9月，经国务院批准才正式称为"德昂族"。如今的德昂族，人口有2万余人，主要分布在云南德宏、保山等地。长久以来，因生存环境恶劣、生产方式落后、生产力水平较低，经济社会发展基础差、底子薄、起步晚，德昂族群众贫困问题十分突出。自脱贫攻坚战打响以来，德昂族聚居地区优势产业得到扶持，基础设施得到完善和加强，教育事业得到发展……德昂族群众以全新的面貌，于2018年实现整族脱贫，历史性告别绝对贫困。

产业壮大，群众富了

社会经济发展。三台山乡是全国唯一的德昂族乡。德昂族源于古代的濮人，是中国西南边疆最古老的民族之一。由于长期受土司、地主压迫，德昂族在中华人民共和国成立前生活极度贫困。中华人民共和国成立后，德昂族人才结束了受压迫剥削的历史，成为中华民族大家庭中平等的一员。

邵德富老两口在山上种了10多亩澳洲坚果，这是他的家乡——云南省德宏傣族景颇族自治州芒市三台山德昂族乡重点培育的扶贫产业。澳洲坚果原产自澳大利亚，德宏的亚热带气候十分适宜它的生长。20世纪80年代，德宏便引进了这一树种，但大规模种植不过是近几年的事。当地许多德昂族村民甚至说不出澳大利亚在世界地图上的位置，但这种价格高、不愁销路的坚果却成了他们的"心头好"。"一斤刚采下的坚果能卖10多元钱，这可比种玉米划算多了。"邵德富说。如今的三台山乡，不仅有来自遥远南半球的澳洲坚果，还有成片的咖啡树、

147

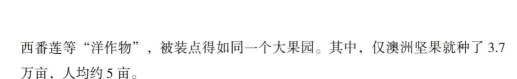

西番莲等"洋作物"，被装点得如同一个大果园。其中，仅澳洲坚果就种了3.7万亩，人均约5亩。

"小时候经常听家里老人说起过去的苦日子，现在日子越过越好了。"三台山乡出冬瓜村卢姐萨村民小组42岁的村民赵翁毕说。这些年他陆续种了18亩澳洲坚果，还套种了西番莲、菠萝等热带水果。去年，他家纯收入近6万元，早已实现脱贫。在这之前，赵翁毕家只种了玉米、水稻。每年雨季，是他最忧心忡忡的时候。下雨引发山洪，山谷里的粮食还没来得及收，就被洪水冲走了。"我家的田被冲过好几次，只能去亲戚家借粮。"他说。"现在我再也不怕了。"赵翁毕指着远处的一片坚果林说，他之所以敢一口气种这么多"洋坚果"，是因为政府早就铺好了路。政府免费发苗，免费提供技术服务，还定下了每千克6元的最低收购价。"澳洲坚果根本不愁销路。"芒市林草局高级工程师钏加周说。澳洲坚果富含不饱和脂肪酸，在国际市场上很受欢迎，而德宏位于北半球，与澳大利亚等主产区季节相反。"这个时节国内外需求很旺盛。"不仅山上种满了"洋水果""洋坚果"，德昂族人还玩起了更新潮的民宿。这种近几年刚从国外引入国内的"洋产业"，已经在三台山乡火了起来。

去年她家住宿、餐饮，以及卖酸茶和织锦的总收入有5万多元。"更重要的是让游客体验了我们的文化。"赵玉月说。前不久，赵玉月25岁的儿子李岩所辞掉了消防员工作，回家帮父母打理民宿，学做酸茶。她一开始坚决反对，但想想还是同意了。"以前我希望孩子走出大山，看看外面的世界。现在他想回来传承民族文化，我们也全力支持。"赵玉月说。[1]

从芒市沿320国道至三台山博物馆路口，穿过出冬瓜老寨、上上居，再行驶20分钟左右就到了这片盛产甜蜜菠萝的村寨卢姐萨村。这里日照充足、土壤疏松肥沃，自然条件适宜菠萝生长，全组共有63户260人，耕地1016亩，其中种植菠萝的有30户，种植面积380余亩，据统计2020年收获菠萝280余吨。8月菠萝正值收获的季节，大片绿油油的菠萝构成了一幅幅美丽的风景。

卢姐萨村种植菠萝已有十多年的历史，菠萝已成为村里的重点产业，每年分为夏、冬两季进行收获，3~4年翻种，夏季菠萝产量更足，现卢姐萨村人均纯收入已达万元，在党的政策关心帮助下，勤劳朴实的德昂族的未来犹如菠萝一样甜蜜可期。

设施完善，村子美了

十多年前，群众出行困难，路多为土路，出行基本就靠走路，运输基本依靠人背马驮。每进入雨季，道路就无法保障通行，交通条件相当艰苦。如今幸福人走上幸福路，经过十多年的建设，从 320 国道改扩建、龙瑞高速公路、芒瑞大道和中缅油气管道，正在建设的大瑞铁路、芒梁高速穿境而过。到所有村民小组进村组道路已全部实现路面硬化，乡政府至勐丹村 11 千米的柏油路穿村而过，完成通村及村内道路硬化里程 130 余千米。现在，群众赶集可坐车，货物有车拉，学生上学有车接送，不用再徒步上学，村组主干道四季畅通，群众出行便利。便捷通畅的农村公路网络，极大地缩短了乡与村、村与组之间的距离，便利了群众的外出，且带动了全乡甘蔗及坚果产业的发展，加快了农村产业的发展步伐。

此外，人畜饮水问题得到有效解决。十多年前，群众生活用水靠人担，每天要做的第一件事就是到村寨边的山沟里用竹筒担水，农田多为"雷响田"，农民更多地要靠天吃饭，不仅取水距离远，而且生产、生活用水更难。十多年来，全乡实施大小水利工程 800 余项，有效改善灌溉面积 9 万余亩，完成乡集镇及全乡 36 个村民小组的饮水工程，解决农村及乡集镇近 7000 人的饮水安全，为保证全乡人畜饮水安全打下了坚实的基础。

以前，群众电力基本无法全天保证通电，经常因为线路、设备等问题而断电，尤其是夜间，很少能满足生活照明需求，更谈不上满足其他文化生活需要。十几年来，乡政府配合电力部门实施了电网升级改造，完成乡内输电线主干道改造 58.2 千米，顺利完成农村电网改造，建设通信基站 21 个，移动电话用户 5480 户，互联网户数 950 户，在 36 个村民小组实施广播电视"户户通"工程，有效解决了群众用电、看电视、听广播、通信难等一系列问题。基础设施从"严重滞后"向"逐步完善"转变。

过去的三台山乡，人住杈杈房、走泥土路、夜点暗油灯、家家露天厕、做饭柴烟浓，"脏、乱、差"是当时农村生活的真实写照。三台山乡全面实施"七改三清"行动，着力改善乡村环境质量、承载功能、居住条件、特色风貌，全面提升全乡人居环境质量。2013 年至 2017 年，依托国际农发基金等项目，投入资金 2700 余万元，实施拱别、邦外小组等村内道路硬化 48.53 千米 18.76 万平方米，村民小组村内主干道、支道道路硬化率 100%，改变了"出行脚踩泥土路，归家泥土带回家"的窘境。

为了改善群众居住条件，政府投入资金 1821.68 万元，完成下芒岗、邦外三组两个易地搬迁点建设并带动上帮村脱贫攻坚示范点及面上 C 级危房改造 78 户。着力打造出冬瓜传统村落，推进帮弄景颇特色旅游村寨建设。

为了改善居民饮水条件，整合资金 159.8 万元，修建 9 个水池，38.25 千米管道，解决卢姐萨、勐么等 8 个村民小组 443 户 1796 人以及 660 头大牲畜的人畜饮水问题，顺利完成勐丹村、邦外村自然能提水工程。全乡实现了家家通自来水、人人喝健康水的期盼，挑水做饭成为历史。

改善居民照明条件。村内亮化工程推进有序，乡政府集镇区及各村民小组装上了路灯，告别了三台山乡没有路灯的历史，全乡电力通信建设向前迈出了坚实的一步。电网改造逐步推进，刮风下雨停电现象减少，群众生活用电得到保障。过去群众楼上住人楼下养牲畜，影响村民健康生活。经过经济发展，群众思想观念实现转变，实现人畜分离，形成规模化养殖，涌现出赵自光、杨正学、高文学等一批养殖大户，实现经济、健康双提升。

2022 年来，农村排污系统日趋完善，完成允欠、出冬瓜、勐丹等 9 个小组 11 所无害公厕建设。完成农村改厕 75 个，实现了村村有公厕、户户有卫生厕所或旱厕，改变了从前露天上厕所的生活习惯。

为保护绿水青山，大力推广沼气工程，全乡投入 141.75 万元建设沼气池 945 口 7560 立方米，实现了主要家畜养殖家庭使用沼气，优化了能源消费结构，实现资源的循环利用，方便了群众生产生活，减少了林木砍伐，保护了生态环境。河道治理还"水清"：自开展"河长制"工作以来，乡内河流设立"河长"，每月巡查治污，组织人员处理农业生产区河道岸边、河内的农药废弃物，治理农业面源污染。乡内建成一条污水管网设施，积极打捞芒市大河水葫芦，污水得到初步治理。秸秆禁烧还"天清"：实行村情联络员分包制度，杜绝秸秆焚烧现象，与全乡每户农户签订了《秸秆禁烧责任书》，乡科级领导干部不定期巡查检查执行情况，乡微信公众平台积极宣传秸秆禁烧政策知识，增强了乡村组干部群众的责任感，秸秆焚烧现象大幅减少。

垃圾集中处理还"家清"。坚决打好垃圾污染防治攻坚战，发放垃圾桶 151 个、果皮箱 80 个，管理使用垃圾热解站 1 座，配备垃圾车 5 辆，吸粪车 1 辆，日处

150

理量 2 吨，全乡垃圾乱丢乱放、无序处理得到有效治理，村内环境得到有效改善。

生活环境明显改善。德昂族村寨大多坐落在海拔 800~1500 米的亚热带丘陵地区的山头上，地理位置偏远，交通不便、信息闭塞，很难与外界交流和沟通。以前多数德昂族村寨内道路崎岖不平，在雨季进入寨子，泥水中猪牛粪便横流，难以行走。而如今的德昂族村寨，一改往日脏乱差，无论走进哪个村寨，首先映入眼帘的是平坦、宽敞的村间道路，一栋栋独具德昂族特色风格的民居，在郁郁葱葱的树林里若隐若现，一盏盏镶有德昂族图腾物的太阳能路灯，展示出浓浓的德昂族文化意蕴。德昂族村寨的一位村民说，村里的变化可不止这些，交通条件的改善是最明显的。"公路建设投入严重不足，交通闭塞极大地制约了发展。"杨甲三说。德昂族村寨远离城镇，居住偏僻，地势复杂，有半数村寨不通公路，运输靠人背马驮。其他通了简易公路的村寨实际上在整个雨季的半年时间里基本不能使用。这不仅使农用物资运输困难，也使农副产品无法转化成商品，导致脱离市场。三台山乡距芒市仅 30 千米，过去由于地处偏僻、地势复杂，通信等基础设施跟不上，附近没有像样的市场，每当人们从芒市进入三台山乡的德昂族村寨，时光仿佛倒流，感觉走进了一个远离现代文明的村寨。"记忆中，小时候村里有五六辆拖拉机，每周村民到芒市赶集，就全靠这几辆拖拉机了。"出生于 20 世纪 70 年代的出冬瓜村监委会主任赵腊退回忆说，"从出冬瓜村到 320 国道有近 5 千米的路程，这段路是泥巴路，天气好的时候拖拉机勉强可以通行，一遇到阴雨天气，连走路都困难，更别说拖拉机在上面行驶。"

德昂人家民宿内部客房结合了美丽独特的德昂元素
（摄影：杨芍）

德昂传统民居（摄影：杨芍）

党的光辉照边疆，边疆人民心向党。自脱贫攻坚战打响以来，党和政府加大对德昂族聚居区的扶贫力度，帮助解决水、电、路等问题，改善了基础设施，从根本上改变了德昂族村寨封闭落后的面貌。"以前还没修路时，从我们村到芒市，单程就要好几个小时。现在路修好了，只需十多分钟就能到芒市。"便利的交通，拉近了德昂族和现代文明的距离。再看如今的三台山乡上帮村、允欠村和出冬瓜村，实现了庭院绿化、道路硬化，公共活动场所、卫生厕所、污水处理系统、垃圾收集设施等一应俱全。"水泥路修到了家门口，家家户户吃上了自来水，村道变干净了，村貌好看多了，住着很舒服。"说起村里的这些变化，见惯了雨天"水泥路"、干天"吃灰路"的村民赞不绝口。

喊破嗓子，不如甩开膀子。发展思路敲定了，三台山人说干就干，向内，整合资源和资金，大力激发内生动力；向外，争取政策支持，集中人、财、物干大事。在州、市党委和政府的支持下，三台山乡以民生为基础，借助脱贫攻坚、直过民族帮扶、扶持人口较少民族、新农村建设等项目，投资1445万元完成了帕当坝至芒瑞大道、朋果洼至老滇缅公路、勐丹青树至勐戛小石桥、勐丹至上芒岗、芒西线至勐莫道路建设，全乡通村通组道路基本实现整齐块石化，4个村委会和36个村民小组通电、通网络，广播电视覆盖率达100%。同时，建设标准卫生室4个，面积476平方米，行政村均建有标准村卫生室，基本解决了群众能看病、看得起病和卫生防疫的问题。36个村民小组接通自来水，共实施农田水利项目工程46件，解决651户2944人饮水和340亩农田灌溉困难的问题。

"中国要美，农村必须美，美丽中国要靠美丽乡村打基础！"习近平总书记在提及新农村、美丽乡村建设时这样要求。"只有村寨美了，德昂山秀美公园的建设目标才能真正实现。"三台山人是这样说的，更是这样做的。①

---

① 《喜看德昂山乡新变化——芒市三台山德昂族乡创建民族团结进步示范乡纪实》，据云南网-德宏频道: https://dehong.yunnan.cn/system/2019/01/09/030173626.shtml，访问日期：2019年1月9日。

◀ 整洁的德昂村寨中心广场
（摄影：杨芍）

153

▶ 整洁宽敞的德昂村寨中心广场
（摄影：杨芍）

深山走出脱贫路 云南人口较少民族脱贫发展之路

黄发垂髫，怡然自乐

    20 世纪 90 年代以前，三台山乡多数群众粮食不能自给自足，吃了上顿没下顿，只有靠捕猎、采摘野果野菜为生；居住条件简陋，大多数群众居住在杈杈房、茅草房里；喝水靠担，粮食靠人背马驮，外出靠脚走，点灯靠煤油。过着吃不饱、穿不暖，衣单食薄、居住简陋的生活；没有健全的就学、就医保障体系，看病难、就学难成为群众的两块心病。近年来，在党和国家各项惠民政策支持下，全乡各族群众的生产生活发生了翻天覆地的变化。首先，生产生活条件得到了极大改善。改变了过去粮食靠人背马驮、耕地靠牛的现象，现在耕地、插秧、收割、运粮等基本实现机械化生产，既节省了成本，又大大提高了生产效率，再看看那绿油油的农作物，都是老百姓辛勤耕作的结果。随着群众收入的不断提高，电视机、电冰箱、摩托车、手机、小轿车等悄然进入农户家庭，群众的生活质量得到了明显改善。据不完全统计，三台山乡 80% 的农户拥有 1 辆两轮摩托车，90% 的群众实现人手一部手机，小轿车数量逐年增多。农村有了新的面貌，一栋栋楼房拔地而起，从土墙变成了砖墙，楼上楼下几室几厅。其次，各方面保障体系逐步健全。教育方面：国家加大对学校的基础设施投入，目前各项硬件设施已达标，并顺利通过国家义务教育均衡

154

幸福生活有保障（摄影：杨帮庆　供图：芒市党委宣传部）

发展验收；实施"两免一补"政策和普及九年义务教育，使小学适龄儿童入学率、初中毛入学率分别增至 99.6%、99.47%；2019 年，参加中考学生 70 人，其中考上高中 1 人，中专、职高 59 人，升学率为 85.71%。医疗方面：先后建立了乡级卫生院 1 所，村级卫生室 4 个，乡卫生院设有 3 个科室，分别为综合门诊科、中医科、公共卫生科室。实施城乡居民医疗保险政策，群众参保率在 98% 以上，解决了群众看病远、看病难的问题。社会保障方面：政府加大力度为老百姓提供就业岗位，2019 年，完成农村劳动力培训 1623 人次，其中建档立卡劳动力培训 704 人次；新增农村劳动力转移就业 930 人，其中建档立卡劳动力转移 97 人。按照"应保尽保、应退尽退"的原则，将符合条件的贫困户纳入低保范围。"十三五"期间，全乡累计发放低保补贴、"五保"供养、高龄补助、农村养老等各类补贴 1115.52 万元，办理城乡居民养老保险 18351 人次，参保率达 100%。有了党的全面保障，德昂族群众过上了想象不到的好日子，老人们都说，这样的日子太幸福了，一定要多活几年！

重视教育，家乡变了

2019 年 6 月，从北京传来的一个好消息令芒市勐戛镇勐稳村风吹坡村民小组振奋。该村德昂族学生杨晓平被中央民族大学录取，成为全国第一个德昂族博士生。作为德昂族第一位女博士，杨晓平成了家乡人民的骄傲。杨晓平的家乡在芒市勐戛镇风吹坡小组，是一个只有 29 户人家的德昂族聚居地。2019 年起她在中央民族大学中国少数民族语言文学学院语言学及应用语言学专业攻读民族骨干博士学位。杨晓平的专业方向是语言学及运用语言学，研究内容是现代语音学，目前主要研究的对象就是德昂语。"德昂族只有自己的语言没有文字，我们的历史是一代一代口口相传而流传下来的。"她说，"作为一名德昂族儿女，想把自己本民族的文化、文字和语言传承下去。"今年杨晓平即将毕业，她选择了回到云南。

杨晓平能取得这样的成绩，与当地实施多年的教育扶贫工作分不开。"今后我将更加努力学习，以实际行动作德昂族青年的表率。"在收获欣喜之余，杨晓平表达了对党和政府的深深谢意。如今，沐浴着党的政策阳光，杨晓平的妹妹杨小云和杨小兰也分别考入四川航天职业技术学院和云南农业大学。在数

千年的发展历史中，德昂族有语言，但没有文字，群众的教育方式过去以言传身教、口传心记等为主。一直到 1956 年，三台山乡建立勐丹小学，当地德昂族群众才开始系统地接受学校教育，从此结束了当地德昂族没有学校教育的历史。教育严重滞后，人口素质提高缓慢，成为制约德昂族发展的最大瓶颈。在相同的地理条件和政策环境中，德昂族群众的生活远远不如当地汉族、傣族等群众。无论是传统农业的耕作技术，还是发展多种经营的能力，或是日常生活的统筹安排都有欠缺。究其原因，无疑是人口素质问题。50 年来，国民教育在德昂族地区推行的效果并不理想。30 岁以上的人口中有小学文化程度的不到 10%，能写会读会算的人在寨子里屈指可数。这几年，随着政府相关部门加强对德昂族聚居区的教育投入力度，不断改善办学条件，确保每一个行政村有一所小学，同时还在低年级推行"双语"教学。对于一些中小学教师和管理员编制、生均公用经费和学生生活补助标准给予提高，培养了一批真正留得住、用得上、教得好的本民族教师队伍。"经过各级党委、政府和社会各界的多年帮扶，以前从来不出大学生的村子，这两年也出了不少大学生。"三台山乡人大主席曹先强感触颇多。"这些年，德昂族不仅有很多大学生，还有了硕士及博士研究生，他们学以致用，为家乡带来了新观念、新思想、新变化。"曹先强说。①

文化传承，美丽画卷

乡村振兴离不开文化的引领，乡村文化是乡村振兴的重要基础和保障，是乡村建设的灵魂所在。

三台山乡深入挖掘历史文化资源，不断发展壮大民族文化传承队伍，先后有"达古达楞格莱标"代表性传承人李腊拽、德昂族浇花节代表性传承人王腊生被公布为第五批国家级非物质文化遗产代表性项目传承人；德昂酸茶杨腊三、德昂水鼓李三所、德昂织锦赵玉月被批准为州级非物质文化遗产代表性项目传承人。同时，以中国德昂族博物馆为阵地，以广播、活动、板报为载体，用民族语言、民族活动广泛开展德昂族民族文化的宣传、研究、保护和开发，创作了《德昂鼓魂》《腊刚脱贫》等文化作品，寓教于乐，影响教育群众，让民族文化活动有声有色。

① 杨旭东、何成全：《德昂族阔步迈向新时代》，《云岭先锋》2020 年第 9 期。

一场场活动成了凝聚各族群众、促进各个民族共同团结奋斗、共同繁荣发展的有效载体……

从"民族团结"允欠景颇寨到"美丽新农村"允欠德昂寨，从"抗战公路民族文化"帮弄村到"传统村落"出冬瓜村，从"邻里守护"早外村、"人均万元户"早内村到"产业兴旺"卢姐萨村、"牛比人多"上帮村和帕当村，整个三台山乡，处处呈现出村庄秀美、环境优美、生活甜美、社会和美的民族团结美丽画卷。[①]

文化瑰宝永传承：中国德昂族博物馆

2010年，德宏州为研究、拯救、挖掘、传承德昂族历史、民风民俗，争取到了中央少数民族发展项目资金、上海对口帮扶项目的支持和省政府的支持。作为全省人口较少民族文化遗产保护传承重点工程之一，建成了中国首个展示德昂

绚烂多姿的德昂族民间工艺传达了美好幸福的心情（摄影：赵志忠）

① 《喜看德昂山乡新变化——芒市三台山德昂族乡创建民族团结进步示范乡纪实》，据云南网－德宏频道：https://dehong.yunnan.cn/system/2019/01/09/030173626.shtml，访问日期：2019年1月9日。

族历史文化的博物馆。

截至 2021 年，馆内收藏了 300 多件涵盖出土文物、古籍文献、服饰纺织、民间工艺品、生产生活用具、民间礼俗及节庆文化用品。中国德昂族博物馆坐落于中国唯一的德昂族乡——芒市三台山乡，紧邻 320 国道，这里不仅保存着德昂族多姿多彩的文化瑰宝，更展示着生活在这片土地上千百年的德昂族流传下来的德昂族历史文化。整个博物馆共有两层，在一层的展厅里主要展示介绍德昂族变迁的历史资料及德昂族人民在生产生活中使用的物件。在二层展厅内，展示着不同款式花样的男女老幼德昂族服饰，或简单或庄重，有盛装也有便装。以黑色为底蕴的德昂族服饰，在领口、袖口、胸襟、裙边等部位都刺绣了精美花纹图案，每一针每一线都凝聚了德昂族妇女的智慧与技巧。展厅内还展示着德昂族用于祭祀、庆典活动中的水鼓、经书、案台等物品。在党的领导下，德昂族拥有了自己的博物馆，有了一个展示民族文化的地方。

中国德昂族博物馆中展示的茶叶信（摄影：杨芍）

德昂刺绣，绣出村寨朴拙天真的美（摄影：杨芍）

医疗保障，从无到有

德昂族多居住于比较偏僻的山区，由于这些地区交通比较闭塞，加之社会经济文化不发达等因素的影响，德昂族医药卫生条件较为落后。而他们又长期居住在天然药用植物十分丰富的亚热带山区，因此积累了丰富的草药验方和诊断疾病的经验。较大的村寨或一定区域内，一般都会有一两位草药知识比较丰富、平时也爱采集草药的老人（"草医"），他们虽不是专职医务工作者，但村寨里或附近有人生病时，常请他们来诊治。德昂族"草医"对疾病的诊断及对草药的加工炮制方法比较简单古朴。对疾病的诊断主要是采用观察和诊脉，药物使用方法主要是煎、煮、敷、涂等。

号脉：若体虚无力，脉搏微弱不起，说明有病症。再通过揉手或揉脊背等方法加速脉搏跳动，若经过这些方法处理后，脉搏跳动仍微弱，说明患者可能患有肺结核等重病。

观察询问：看患者皮肤是否发黄、是否有明显消瘦的情况，请患者自述病情，询问是否有全身乏力、肚子疼痛和不思饮食等症状。

德昂族不仅有本民族传统的诊治方法，而且还配置了一些常用的单方、验方，能有效地医治大肠下坠（脱肛）、头痛、腹胀、疟疾、食物中毒等内科疾病及骨折、枪伤、刀伤、跌打等外伤。德昂族传统民间医疗知识和经验，主要是世代口头相传下来的。为了更好地保护这些珍贵的医学遗产，20 世纪 80 年代，一些医药科学工作者对德宏地区德昂族的民间医药进行了全面的搜集、整理，写成了《德宏德昂族药集》一书。[1]书中共收录了植物药 102 种，动物药 3 种，并附单方、验方 40 个。该书对当代流散在德昂族民间的医药知识作了较详细、真实的记录，弥补了德昂族传统医药在文献上留下的空白。

由于特殊的自然地理环境，德昂族地区在过去是疫病高发区，尤其是疟疾、霍乱、鼠疫等流行病，发病面很广，每次瘟疫都要夺去众多生命，有些地方甚至出现了整户染疫死亡的情况。因此，史书上把这里描写为"蛮烟瘴雨"之地。到了近代，内地人称之为"夷方坝"，与疾病、瘟疫和死亡联系在一起。当时，

① 方茂琴：《德宏德昂族药集》，德宏民族出版社，1990。

境内生产力落后，缺医少药，德昂族虽有自己的草药验方和民间医生，但仅能治疗一些常见的小病，面对大病、重病，特别是传染性疾病往往是无能为力的，百姓染病后很多时候会去"求神拜佛""跳神看卦"，或上奘房"赕佛驱鬼"，以求"除病驱疫"。

中华人民共和国成立后，各级政府在积极改善德昂族人民生产、生活条件的同时，也大力发展当地的医疗卫生事业。

送医下乡（来源：云南省社会科学院图书馆馆藏资料）

 建立医疗卫生机构

自 20 世纪 50 年代以来，政府先后在乡、村两级成立了卫生院和卫生室，从行政机制上为德昂族群众提供了医疗保障。与此同时，还从内地选派医务人员前来坐诊、巡诊，使患病者能够得到及时治疗。20 世纪 60 年代以后，又开办了合作医疗站，采取集体集资形式，看病不收钱，只收挂号费，并且还培养了一批德昂族的"赤脚医生"。通过"赤脚医生"向群众进行医疗卫生知识宣传，使德昂族群众"迷信鬼神，求神送鬼"治病的传统观念逐渐淡化。1982 年，农村推行联产承包责任制，合作医疗站无经费来源，多数卫生员离开了岗位。后由省政府下达相关文件，农村卫生组织机构才得以恢复和发展。目前，德昂族各村社基本上都有乡村医生，能够治疗一些常见病和多发病。一旦遇到大病，人们也会主动去医疗条件更好的县、市、州医院就诊。

 改善卫生防疫条件

中华人民共和国成立以后，政府选派各级医疗队在德昂族地区展开了多次大规模的巡回医疗工作，帮助德昂族人民除害灭病，反复宣传卫生知识，打扫村寨环境，逐步开展清除垃圾粪便的卫生积肥制度，养成不饮或少饮生水、勤晒被褥等卫生习惯，介绍疟疾传染过程和发病情况，让群众明白疾病传染的途径等。医疗工作人员还在与缅甸接壤的地带加强了边疆地区流动人口的疟疾管理措施，防止传染源的进入和扩散。

1959—1965 年间，各级巡回医疗队在对鼠疫的治疗、防治、灭害以及卫生技术人员的培养上作出了很大的贡献。他们大力宣传灭鼠，用药物喷杀病媒昆虫——蚤、蚊、蝇，做好环境卫生的清洁工作等，在短短 6 年时间里基本控制了鼠疫的流行和传染范围，极大地降低了德昂族人口的死亡率。

在防疫、保健方面，政府多次发动爱国卫生运动；实行"两管"（管水、管粪）、"五改"（改水、改厕、改厩、改灶、改造环境）政策；在德昂族人群中进行预防接种，接种的疫苗种类主要是预防鼠疫、牛痘、百白二联（百日咳、白喉）、伤寒、霍乱等疾病。"文化大革命"前期，有些地方预防接种未能正常开展，1974 年以后，接种工作逐渐恢复，增加了卡介苗及预防乙型脑炎、流行性脑膜炎、脊髓灰质炎、麻疹等疫苗的接种，并对食品卫生实行监督。

德昂族妇女缺乏"四期"（经期、孕期、产期、哺乳期）保健知识，常因此引起各种疾病而羞于启齿，或因劳累过度缺乏休息保养，而导致体质每况愈下，过早离世。中华人民共和国成立后，妇女获得了身体健康的保障，特别是妇科病防治方面得到很大改善。婴儿破伤风死亡数越来越少，成活率也大大提高。有些乡村还实行围产期保健试点、产后访视，这为产妇的安全分娩、康复以及婴儿的生命安全和健康提供了保障。

总之，德昂族的医疗卫生事业从无到有，从小到大，发展十分迅速，过去常见的各种流行病也基本消除。现在已建立的各级医疗卫生机构在为德昂族群众就医提供便利的同时，也使他们的健康得到了前所未有的保障。

 161

 ## "医保扶贫"点亮"直过民族"贫困患者希望之光

刚到姚腊拐家的时候,这个58岁的德昂族汉子正在喂鸡,虽然行动有些迟缓,但能帮家里做一些简单的家务活,姚腊拐已经很满意了。4年前,一道晴天霹雳"砸"在了这个6口之家的"顶梁柱"身上——姚腊拐被检查出了肺癌。手术、化疗所需的治疗费用,对于这个收入主要依靠种植玉米、甘蔗的家庭来说无疑是天文数字,拿着家里仅有的几千块钱,姚腊拐愁得两鬓都白了许多。

2016年3月,姚腊拐拿着四处向亲戚朋友借来的钱做了手术,虽然新型农村合作医疗保险报销了一部分医疗费用,但连续多次的住院治疗还是压垮了这个家。无奈之下,姚腊拐的儿子、儿媳只能抛下还未康复的父亲,远赴广东打工,而姚腊拐家也因此被列为建档立卡贫困户。姚腊拐的新型农村合作医疗证上,最后一次报销记录停留在了2017年,成为建档立卡贫困户后,姚腊拐参加的城乡居民基本医疗保险、大病保险也有了新政策:在财政补贴每人180元的基础上,每年只需自费70元,类似姚腊拐这样的建档立卡贫困户在医保报销后,个人仅需自付10%的医疗费用。此后,姚腊拐2017年至2020年间又先后在德宏州、芒市医院住院10次,而总计48492.50元的治疗费用在医保报销后,他自己个人仅承担了4843.96元。

"现在医保报销也很方便,出院的时候直接在医院窗口拿着单据就可以结算了。"姚腊拐说着拿出了一本钉在一起的医保费用结算报销单,上面清楚地记录着2017年后他每次的治疗费用及医保报销情况。在出台医保"一站式结算"政策以前,姚腊拐每次都辗转市医保、乡政府、医院等机构盖章,耗时两三天才能完成医保报销的整个流程。

2018年,在医保扶贫等脱贫攻坚政策的支持下,姚腊拐一家走出了因病致贫的阴影,实现脱贫出列,摘下了贫困帽。像姚腊拐一样,因为医保扶贫政策脱贫的德昂族贫困户在云南省德宏傣族景颇族自治州芒市三台山乡不在少数。

作为全国唯一的德昂族乡,三台山乡的德昂族人口占比达到了61%,在全乡7410人中,仅德昂族建档立卡贫困户就有1454人。三台山乡乡长郭明华介绍称,三台山乡属于"直过民族"聚居区,由于基层医疗条件差、医疗资源不足、当地人卫生健康意识淡薄等,三台山乡因病致贫的建档立卡贫困户就占总人口10%。

芒市医疗保障局局长杨刚介绍，为做好"直过民族"地区的脱贫攻坚工作，提高对三台山乡等"直过民族"聚集区的大病救治能力，芒市在确保全市建档立卡贫困人口100%参加基本医疗保险和大病保险的基础上，实施大病集中救治，并制作《芒市大病集中救治信息登记本》，下发至每户大病贫困患者家中。与此同时，在市域内27个定点医疗机构实行"一站式"结算，实现基本医保、大病保险、医疗救助等"一站式、一单式"即时结报。

2019年，三台山乡贫困发生率由2013年的7.55%降至0.67%，德昂族这个从原始社会直接过渡到社会主义社会的少数民族也告别了绝对贫困，"一步越千年"，实现了整族脱贫。截至2019年11月27日，三台山乡建档立卡人员住院的165人次总费用达到655427.1元，其中医保报销了599962.27元，而乡里的14个大病患者包括白内障4人、肺癌1人、肝癌1人、乳腺癌1人、严重精神障碍7人也得到了集中救治，救治率达100%。[1]医疗保障，为德昂族人民筑起了生命的防线！

"疫"线故事

2020年初，来势汹汹的新型冠状病毒肆虐武汉后席卷全国，一场没有硝烟的战争全面打响。疫情阻击战中，乡村医生是没有军衔的白衣战士，他们在群众都闭门不出时，始终在村寨间"逆行"。三台山乡李腊所就是这样一名乡村医生。时年53岁、有着20年党龄的他，在这场战"疫"中，始终冲锋在第一线，守护着全村群众的健康，用实际行动彰显了担当有为的党员先锋本色。

疫情防控以来，他每天早上都挨家挨户上门查看外省务工返乡、回乡探亲及缅籍务工等外来人员有无发热、咳嗽等症状，持续做好医学观察和监测；回到卫生室，继续做好发热病人的登记统计，认真上报各类数据材料，同时还要为前来的群众看病抓药……这是连日来李腊所每天的工作内容，从早到晚，忙碌充实。他说："'不忘初心、牢记使命'主题教育刚结束，现在正是检验党员初心的时候，面对疫情，如果瞻前顾后、畏缩不前，算什么共产党员，怎么对得起群众的信任，疫情就是命令，再危险我们都得上！"

---

① 新浪网: https://k.sina.com.cn/article_6456450127_180d59c4f0200187bt.html，访问日期：2020年10月10日。

德昂族群众安居乐业（摄影：杨帮庆 供图：德宏州委宣传部）

疫情发生后，作为邦外村上帮小组党支部委员，李腊所及时组织党员干部，把疫情防控工作安排布置到位，明确联防联控、群防群控具体措施。在支部带领下，党员同志立即从春节假期的氛围中抽出身来，迅速调整思想状态，全部到岗到位，及时开展疫情宣传、卡口封堵、消毒灭源、重点人群排查服务管控、流动人口登记等工作，全身心投入到疫情防控的战斗中。

李腊所开玩笑说："在网上看到有个比喻很形象，我们就像村民家里门上过年贴的'门神'，替群众把好这个门，把疫情和疾病关在门外。"李腊所并不是第一次参与传染性疾病的防控，他虽然能轻松地开玩笑，但却深知防疫责任的沉重。1997年，三台山乡邦外村暴发"疟疾"，几乎家家户户都有人"中招"，情况十分严峻。李腊所作为村里唯一的医生，每天忙到几乎疯狂。有时一晚能出诊数次，有时刚端上饭碗就被病人叫走了。那一年，他用自己的坚持坚守最终战胜疫情，保障了群众的健康安全。

在大难面前，他舍小家顾大家。但是，他心中却藏着一个终生遗憾。雨季是疾病高发季节，也是乡村医生最忙的时候。1992年7月，李腊所白天晚上跑各个寨子，吃住就在卫生室，连续忙碌一个多星期没有时间回家，繁忙的工作让他顾不上正在生病的一岁半的儿子。这一天早上，正在出诊的他突然接到儿子

病情危重被亲戚送到县医院抢救的消息。当他赶到医院时，看到的是正在抢救的儿子、一张病危通知单和一份"流行性乙型脑炎"的诊断报告，顿时泪流满面。虽经过抢救和治疗，儿子转危为安，但却在神智、意识、语言、身体等方面留下了永远不可逆转的后遗症。现在面对生活不能完全自理的儿子，他虽然表面不说，但心里经常责备自己，然而面对群众的需求时，他还是毫不犹豫地为乡亲们解决难题、贡献力量。从医 31 年，他始终在乡村医生岗位上埋头苦干，赢得了大家的信赖和赞誉。在他看来，乡村医生是他的职业，是责任和使命，更是他坚持践行的人生信仰。

唯其艰难方显勇毅，唯其笃行方显珍贵。李腊所只是三台山乡村医生队伍的一个缩影。他没有豪言壮语，没有惊天动地的业绩，但正是几十年来扎根基层，用日复一日的行动践行共产党员的初心使命，心系群众疾苦，关心群众安危，在疫情面前，才会毫不退缩、勇担职责。在基层一线，有着太多太多这样的"逆行者"。在这场没有硝烟的战争中，坚守岗位、恪尽职守，冲在疫情防控最前线，将群众的健康放在首位、护在身后。他们，就是真正的英雄！[1]

 ## 党的关怀，无微不至

 ### 总理的"民生四句话"

温家宝总理看望德宏傣族景颇族自治州的少数民族群众，给德昂族群众带来了党无微不至的关怀。2008 年 3 月 31 日至 4 月 1 日，时任国务院总理的温家宝同志，在云南省德宏傣族景颇族自治州先后考察走访了傣族、景颇族、德昂族 3 个少数民族村寨。[2]并利用晚上的时间召开了基层少数民族群众座谈会。云南是我国少数民族分布最多的省份，总理十分关心这里少数民族的生产生活情况。自 2003 年以来，他已是第五次踏上这片土地。温家宝总理来到德昂族新村，这里的村民们原来住在山上景颇族村的旁边，在国家扶持人口较少民族政策的关怀

① 《〔"疫"线故事〕作为党员，再危险我都得上！》"魅力德昂山"微信公众号 2020 年 2 月 7 日（转引自"芒市先锋"微信公众号）。

② 《温家宝看望德宏傣族景颇族自治州的少数民族群众》，中华人民共和国中央人民政府网：www.gov.cn/ldhd/2008-04/02/content_935304.htm，访问日期：2008 年 4 月 2 日。

下，5 年前他们搬迁到 320 国道旁，户户通了水泥路，架起自来水，建起文化活动室，成为远近闻名的"文明村"。

在姚腊腾家的新房里，当温家宝总理听说他是和汉族姑娘结婚时，高兴得拉住夫妻两人的手说："这就是民族团结。"

李腊军家承包了 30 多亩旱地，还种了 5 亩水田和 40 多亩经济林，养了猪，用上了沼气，家里生活殷实。他感叹说，党的兴边富民政策让我们先富了一步。

看了德昂族新村的面貌，温家宝总理说，德昂族新村的示范说明景颇族村的问题也可以解决。云南自然条件好，雨量充沛，年降雨量有 1600 多毫米；地处亚热带，可以种植多种作物，大力发展养殖业。在国家的扶持下，依靠大家的努力，面貌就会大变样。他希望经过 3 年之后，上面的景颇族村，也会变成像下面的德昂族新村一样。在景颇族村，温家宝总理曾经遇到一个上小学三年级的小女孩，家里很穷，但有了"两免一补"政策，她能够安心地在学校读书。温家宝总理说，他一直惦记着那个小女孩，姓明，光明的明。他说她心里就是想上大学，上了大学，她们这一代人的前程就比上一辈强。将来由她们来建设山寨，山寨的前途就更远大。这是发展的根基。

温家宝总理还说，民生有"四句话"：教育是民生之基，健康是民生之本，分配是民生之源，保障是民生之安，这四句话都很重要，不过教育还是第一位的。他还嘱咐当地的干部，要让群众生活好，让他们的生活比你们还好。

3 月 31 日晚，温家宝总理还请来了奶牛养殖大户、中学校长、乡村医生等基层群众和少数民族代表，召开了一场别开生面的座谈会。这些代表讲真话、说实情，谈了农业生产成本高、乡村卫生院条件简陋、农村教师住房困难等问题，还不时向总理提建议。听了他们的发言，温家宝总理说，这个座谈会开得很好，使我们对基层情况有更加深入的了解，也增强了我们扶持少数民族聚居地区、贫困地区发展，继续开展兴边富民工程的信心和决心。①

---

① 《温家宝看望德宏傣族景颇族自治州的少数民族群众》，中华人民共和国中央人民政府网：www.gov.cn/ldhd/2008-04/02/content_935304.htm，访问日期：2008 年 4 月 2 日。

历经风雨、初心如昨

因人民而生、为人民而兴，自诞生之日起就把"全心全意为人民服务"写在旗帜上的中国共产党，历经风雨、初心如昨。从让穷苦人过上好日子的铮铮誓言，到贫穷不是社会主义的精辟论断，到全面小康路上一个都不能少的庄严宣示，在战胜贫困的道路上，党带领人民栉风沐雨、接续奋斗。

党的十八大以来，习近平总书记倾注精力最多的是扶贫工作，考察调研最多的是贫困地区。六盘山区、秦巴山区、武陵山区、乌蒙山区、大别山区……习近平总书记的不倦足迹，深深印刻在 14 个集中连片特困地区的山山水水；习近平总书记的殷殷之情，深深温暖着每一名贫困群众的心窝。在脱贫攻坚的每一个阶段，直指难点、把脉开方；在访贫问苦的每一次考察，拿出民生簿、细算脱贫账；在万家团圆的每一个春节，走进贫困群众家中，嘘寒问暖、送上祝福……"脱贫攻坚是我心里最牵挂的一件大事。""我最牵挂的还是困难群众。"习近平总书记的质朴话语，映照的是人民领袖的赤子之心，展现的是共产党人的责任担当。百年大党的初心使命必将在决胜脱贫攻坚中淬炼升华。以决战决胜脱贫攻坚的不朽业绩，迎接中国共产党的百年华诞，是庄严的承诺，更是历史的召唤。为中国人民谋幸福、为中华民族谋复兴，一个把人民至上作为自己价值追求的政党，一个不忘初心、牢记使命的政党，经过这场伟大实践、伟大斗争的洗礼和磨砺，必将焕发出更加刚健旺盛的生命力、无坚不摧的战斗力。

167

深山走出脱贫路

云南人口较少民族脱贫发展之路

人物篇：见之微小，方觉伟大

万夫一力，天下无敌。在脱贫攻坚的壮阔历程中，有千千万万个你、我、他的智慧和汗水，有无数感人至深、催人奋进的故事。让人感受到扶贫的艰难，也能感受到未来的光明，感慨祖国的强大。越到最后越要咬紧牙关，越要保持那么一股子敢闯敢拼、甘于奉献的精气神，与祖国相连、与大地相依，在脱贫攻坚中展现奋斗的价值、书写精彩的人生。前期一些年的默默耕作并没有带来什么回报，也承受过许多非议，但是最终的坚持，会带来最后的收获。

开拓者：追光的人

每个民族都有自己的开拓者，有些人能改变身边的一些人，一些事，同样很伟大。狂热梦想家，通过梦想的力量，可以把事情从不可能变成可能。有能力、有魄力、有毅力的人，终究能成大事。"别人笑他太疯癫，他笑别人看不穿。"一个勇敢无惧的追光者在意的是，到底凭什么，才能将不可能变成可能？真正干事业的实干家，逆天改命，中国人不相信鬼神只相信自己，在脱贫致富之路上，德昂族人涌现出了一批有梦想、有追求的企业家。

 ### 德昂族"代言人"赵腊退的新计划

赵腊退是出冬瓜村村民。他通过一杯德昂族特有的酸茶，让世人走近大山里的德昂族，也让德昂族走出大山。2009 年，出冬瓜村入选联合国千年发展目标基金资助的"中国文化和发展伙伴框架"项目，担任小组会计的赵腊退被选为村级协调员，这也让他有机会跟随项目组到北京、四川、贵州等地考察和培训。这次外出考察，成为赵腊退和出冬瓜村发展的一个转折。外出考察的经历，让赵腊退打定主意：要挖掘和传承本民族的文化。经过一系列考察，赵腊退找到了突破口——德昂族特有的酸茶。

169

"德昂族茶文化历史悠久，尤其以独特的酸茶而闻名。因为工序繁杂，这种口感清爽的酸茶一度濒临失传。"赵腊退说。传统的酸茶口感浓郁，很多人都喝不惯。但它是德昂族特色饮品，为了让更多人接受酸茶，赵腊退找到了当地会做酸茶的老师傅，用了一年多时间学会了酸茶制作技艺，并在酸茶原制作基础上，改良了酸茶的口味。在他的推广带动下，酸茶成为德宏小有名气的"网红产品"。

赵腊退制作酸茶（摄影：杨帮庆　供图：德宏州委宣传部）

酸茶获得成功后，赵腊退开始试水民宿。"作为全国唯一的德昂族乡，这里保存着完好的德昂族文化资源，吸引了众多民族学者、影视团队、海内外游客的关注。"赵腊退表示，喜欢德昂族文化的游客很多。在乡政府的支持下，他在村子里开了一间外观是德昂族传统民居，内部是现代化设施的民宿。2018年12月，赵腊退升级改造的德昂族风情民宿客栈"上上居"开门营业。"民宿开业后，广受游客欢迎，因为房间不多，有时候提前一个月也预订不到。"自2020年以来，因受新冠肺炎疫情影响，全国民宿业受到了冲击，赵腊退也不例外。"之前我的农家乐一年可以售出600多只鸡，民宿也是供不应求，自疫情发生以来，生意清淡了许多。"赵腊退说。

赵腊退的"乡村旅游事业"虽受到疫情的影响，但他反而觉得这是扩大事业规模的一个契机。"我要趁这个'休息'的时间，把酸茶、农家乐进行重新规划，待疫情结束后，才能更好地迎接游客。"赵腊退还表示，目前酸茶制作没有标准

化厂房，待酸茶体验中心建好后，他计划对酸茶生产流程进行完善。在农家乐运营方面，赵腊退也有新的打算。在这段"休息"期里，他除了不断研究新菜品，还计划在小院里加盖一栋两层楼的餐厅。"一楼计划设计一个能容纳20桌左右的用餐大厅，二楼设置一些包厢，满足更多游客的用餐需求。"

赵腊退说，作为一名共产党员，自己必须给乡亲们做榜样。"疫情总会过去的，我先行动起来提升自家的硬件，让大家看到一个样本，如果大家觉得好，也会行动起来的。"

在赵腊退的心里，他相信疫情总会过去，寨子也会迎来更多游客。

90后德昂青年"煮茶人"，返乡做民族文化的接棒者

20岁入伍当兵，22岁进入体制工作，本该手捧"铁饭碗"的90后德昂小伙李岩所，毅然辞去了稳定工作，做起了做菜、煮茶、拍照听故事的文化"初学者"。

酸茶是李岩所每天生活中接触最多的东西，也是因为酸茶，开启了他对德昂文化的喜爱。正值齿少气锐年纪的李岩所，没有像同龄人一样追求城市的繁华生活，而是回到自己的老家德昂老寨，做起了"煮茶人"。当问及他为什么会做出这样的选择时，腼腆的小伙儿坚定地说："因为我喜欢，喜欢茶文化，喜欢我们的民族文化，我想让更多人知道。"

除了煮茶，拍照摄影也是李岩所的兴趣爱好之一。毫无摄影技术的他，起初只是看到村里老人的笑容觉得很有感染力，想要记录下来，但每次给老人们拍照时，老人总会拉着他讲老一辈的故事，慢慢地，李岩所在这些故事中感受到了自己民族的文化魅力。从此，他便把摄影当作一件很认真的事去做。

李岩所相机里拍摄的对象大多都是老人，他说老人是最有故事感的载体，一杆烟枪一个火塘，都写满了这个民族源远流长的习俗和文化。他喜欢拍照，喜欢拍照时听到的民族历史。他向老人虚心请教，学习德昂传统棍术，平日也观摩母亲做传统织锦。久而久之，李岩所对德昂文化越来越痴迷，决心成为本民族文化的接棒者。

"德昂族是一个历史悠久的民族，民俗民风还是很精彩的，但是很少被人发现，我就想通过更多的方式宣传德昂族，让更多的人知道这个民族。"李岩所说道。

28岁的李岩所不仅经营着家里的民宿，还开了一个茶室。初次创业的路上，困难重重，但他从没后悔过自己的选择。现在打理民宿、烹饪菜肴、制茶煮茶、照相听故事的生活，让他在慢节奏中找到了内心的安稳，找到了一个德昂子女对民族情感的归宿。"我最大的愿望就是能到全国各个省份时，提到德昂族都能被知晓。"小小的心愿里承载着李岩所内心的使命感和责任感，他坚信，只要继续传承和发扬，就一定会在中华民族文化的长河中熠熠生辉。①

 ## 90后小伙苟常成：放弃高薪回乡种坚果

2016年，90后小伙苟常成做了一个重要决定：好不容易考上大学，好不容易在芒市找了一份不错的工作，却毅然辞职回到家乡，从事农产品种植及加工……回乡的5年里，苟常成一心扑在坚果上，带领乡亲们共同闯出了一片属于"德昂山"的坚果致富路。

苟常成出生于芒市三台山乡出冬瓜村的一个普通农民家庭。大学毕业后，他在芒市找到了一份年收入十余万元的体面工作，但他对农村念念不忘的情怀却一直扎根在心里。"2016年各大电商坚果品牌兴起，让我看到了希望。于是我萌生了辞职回家创业的想法。"苟常成说。

2016年，辞职后的苟常成与哥哥苟常学成立芒市盛产种植专业合作社。合作社成立后，苟常成每天通过各种途径学习坚果种植、管理、加工等知识，同时还参加乡关工委组织的各类技术培训。通过不断地努力，合作社从最开始的10户参与坚果产值30余万元发展到目前的200多户参与、坚果产值3000余万元。

面对新冠疫情的冲击，澳洲坚果市场缩口，苟氏两兄弟优先收购乡内坚果、使用本乡工人，给产量高的农户发放鼓励金，给农户免费发放肥料，带领全乡各族群众谋销路、找活路，将各族群众的心拧成一条绳，缓解了疫情对当地以坚果种植为主要产业的老百姓的冲击。

172

此外，为实现澳洲坚果就地精深加工，破解本乡澳洲坚果一直处于初加工阶段的窘境，苟常成、苟长学两兄弟还商定引进坚果精深加工机器，创立自主品牌。"目前我们的品牌正在申请中，品牌包装已完成设计，机器厂房也逐步到位，预计春节前投产。"苟常成对家乡未来的坚果产业充满期待。②

---

① 《90后小伙苟常成：放弃高薪回乡种坚果》，"魅力德昂山"微信公众号2021年10月28日。
② 《90后德昂青年不"追光"返乡做民族文化的接棒者》，"魅力德昂山"微信公众号2022年4月27日。

 ## 从贫困户到致富带头人的华丽蝶变

出冬瓜村隶属于全国唯一的德昂族乡——德宏傣族景颇族自治州芒市三台山德昂族乡，位于三台山乡东北部，距乡政府 1.5 千米，国土面积 38 平方千米，是以德昂族和汉族为主的行政村，德昂族占全村人口的 65.09%。全村辖 7 个自然村 9 个村民小组，共 461 户 2123 人。这里有最淳朴的德昂族风情，有全国独一无二的德昂酸茶，有雄浑有力的水鼓舞，有结满山坡的澳洲坚果，有酸爽可口的橄榄撒，也有远眺闹市的民俗客栈。

脱贫攻坚战打响以来，出冬瓜村发生了翻天覆地的变化，基础设施不断完善，优势产业得到扶持……一大批德昂族群众沐浴着党的光辉，通过自身努力，成为致富带头人，其中，出冬瓜村第四村民小组的赵自光就是典型代表。

赵自光，男，德昂族，1983 年 2 月生，家住三台山乡出冬瓜村第四村民小组。由于缺乏眼界、没有本钱，过去家庭经济收入主要来源于甘蔗、玉米、茶叶等传统产业，发展途径不多，产业单一，增收困难，导致生活贫困，2013 年被识别为建档立卡贫困户。

借助政策"东风"。为了改变贫困的生活条件、摆脱贫困现状，赵自光四处寻找致富路子，做过很多尝试，但都不理想。2015 年，芒市党员带领群众创业致富贷款 3 亿元肉牛养殖项目宣传到了赵自光家里，这个消息让赵自光夫妇俩既兴奋，又担忧。兴奋的是他家一直有养牛的传统，但由于缺乏资金一直没有形成规模养殖，妻子杨玉南是一名党员，如果可以贷款，就可以解决资金短缺的问题。担忧的是如果养殖失败，原本不富裕的家庭将会雪上加霜。人生难得几回搏，此时不搏何时搏。夫妻俩合计之后，主动申请了 30 万元"红色信贷"用于发展肉牛养殖。贷款获批后，夫妻俩建盖了约 367 平方米的小型肉牛养殖场，并于 2016 年 1 月购买了 27 头西门塔尔牛。为了让养殖户早日见成效，芒市市委、市政府专门派技术员下村指导贷款养牛的贫困户。

自力更生摆脱贫困。幸福不会从天而降，好日子是干出来的，即便技术员上门手把手指导，赵自光夫妇俩依旧不敢有丝毫怠慢。在技术员的指导下，赵自光夫妇积极参加种植养殖培训班，学技术、学经验、边摸索边发展，不懂就问，还买了一些光碟、书籍进行自学。打扫牛圈、消毒、做好防疫……夫妻俩把这些牛当作宝贝，生怕它们冷着饿着。夫妻俩起早贪黑、风里雨里，用科学规范的饲

173

养方法精心喂养。功夫不负有心人，2017 年 5 月，第一批肉牛出栏 24 头，利润达到了 7.2 万元，赵自光夫妇俩尝到了"红牛"带来的甜头，开始走上了勤劳致富的道路。为了拓宽销售渠道，赵自光去外地肉牛市场考察，了解市场行情与价格，主动与外地买家联系，并且积极探索生态喂养方法。经过几年的努力，终于探索出了一套养殖技术，销售渠道也建立起来了，肉牛养殖产业逐步走上了正轨。

致富不忘乡里人。在肉牛养殖产业稳步发展，自家脱贫奔小康后，赵自光并未就此满足。他说："做人不能忘本，一人富不算富，大家富才是真的富。带动和帮助其他贫困户一起脱贫致富，才能对得起这么好的脱贫政策和政府的关心支持。"2016 年 11 月，夫妻俩积极响应"红色信贷"覆盖建档立卡贫困户"以强带弱"发展肉牛养殖项目，按大户带贫困户的要求向乡党委提出申请，乡"红色信贷"肉牛养殖协会审定后将 10 户建档立卡贫困户每户 3 万元发展资金、共计 30 万元投入到他家的养殖场，每年按 4% 的收益分红给建档立卡贫困户。面对慕名前来学习养殖技术的群众，赵自光夫妇都毫无保留地把所有经验传授给大家，带动了很多人发展，全面助力脱贫攻坚。2018 年，赵自光被评为"德宏州光荣脱贫户"。

目前，赵自光家的养殖场肉牛存栏 32 头，其中，能繁母牛 14 头，种植"王草"27 亩。每年肉牛养殖产业能为他家增加 20 多万元的纯收入。从贫困户到德昂山上的养殖能手。回忆起以前贫困的生活，赵自光说："开展脱贫攻坚以来，国家对贫困户有很多政策和照顾，但是我们不能一辈子靠政府，只有自力更生，才能真正走出困境、摆脱贫困。"借着党和国家的政策"东风"，通过自身努力，赵自光实现了真正脱贫，同时帮助到了其他人，实现了从贫困户到致富带头人的华丽蝶变。在他的带动下，周边的群众富起来了，一提起他，大家都纷纷竖起大拇指。在 2021 年初的村小组换届中，赵自光还被村民一致选为第四村民小组的小组长。

德昂小伙带富路上的艰辛

蒋永才，男，德昂族，1982 年 6 月出生，中共党员，家住三台山乡勐丹村马脖子第一村民小组。家庭的经济收入主要来源于小耳朵猪养殖和甘蔗、玉米、小麦、茶叶种植等传统产业。2014 年被识别为建档立卡贫困户，于 2017 年脱贫出列。近年来，在各级党委、政府的关心支持和扶贫政策的帮助下，他自强自立，努力拼搏，通过大力发展小耳朵猪，一家人逐步摆脱贫困过上富裕的日子。2017 年，仅小耳朵猪的收入就有 3 万余元，现在他建起了新房，购买了微型车，成为乡里的小耳朵猪养殖大户和致富带头人。

凛冽寒风，德昂小伙儿一路难行。2005 年的冬天还没有完全结束，蒋永才琢磨着怎么带领刚退伍复员返乡的弟弟蒋腊二扩大家中的甘蔗种植面积，好为家中添置几件像样的家具。可晴天霹雳，突然遭遇的不幸，将这一切彻底击碎，弟弟与父亲出车祸了！面对骤然而至的灾祸，刚刚开始人生奋斗之路的蒋永才如同陷入了万丈深渊。父亲离世、弟弟瘫痪在床、家中剩下母亲和自己以种植农作物维持生计，不但要照看无生活自理能力的弟弟，还要维持整个家庭的生计，年轻的蒋永才经历着人生的第一次绝望。

蹒跚起步，千斤万担压不垮。骤逢大变，蒋永才心里承受着巨大的压力，但咱们的德昂小伙儿却不服输，不认命。他拼命发展生产，日出而作，日落而息。可是，缺乏技术、缺乏资金、村寨交通不便等原因，如同一道道枷锁，禁锢得小伙子喘不过气来。2014 年 7 月被识别为建档立卡贫困户后，各级党委、政府及社会各界开始对他家进行全方位的帮扶，这也燃起了蒋永才永不服输的斗志。

奋发图强，内外结合谋发展。缺技术，蒋永才就积极利用各类种植养殖培训机会，不断吸收知识，不断提升自我素质；没方向，结对帮扶干部和勐丹村驻村工作队帮他出谋划策；缺资金，通过申请 2015 年度扶贫到户贷款，他获得了 5 万元的产业发展资金贷款。为了建立支柱产业，蒋永才带领村内几名村民一起成立了芒市德昂山滇南小耳朵猪养殖专业合作社，大力发展小耳朵猪养殖业，实现了产业发展"从 0 到 1"。

不忘初心，撸起袖子加油干。饲养伊始，蒋永才边养边学，起早贪黑，努力学习科学的养殖方法，逐步扩大养殖规模，积极改变传统养殖习惯，从开始的不懂，到现在的"养猪专家"，经济收入逐年增加。群众看到他养殖小耳朵猪

175

取得了良好的经济效益后，纷纷上门取经，积极效仿，他也毫不吝啬，免费传授养殖技术、经营管理等方面的知识。在他的带动下，截至2021年9月底，勐丹村先后有30余户农户养起了小耳朵猪并加入他的养殖专业合作社，以点带面，示范引领，从线到片。遮放镇、勐戛镇、风平镇部分农户在他的带领下先后也有18户农户开始养殖小耳朵猪并加入他的养殖专业合作社。目前，茁壮成长的91头能繁母猪，252头仔猪成为村民经济增长的产业，小耳朵猪成了群众茶余饭后津津乐道的话题，蒋永才也成了乡里的养殖大户和邻里乡亲身边的致富带头人。

蒋永才说了一段很平实的话："脱贫不能等靠要，致富不可睡大觉，人只要精神不倒，再难的日子都能熬出头，更何况现在党和政府的政策这么好。现在，小耳朵猪很受欢迎，根本不愁销路，寨子里有很多人跟着我一起养起了小耳朵猪，我相信我们的日子会越来越好，我也保证两年内带领养殖户一起脱贫致富。"这就是一个坚强的德昂汉子，对组织的承诺、对未来的憧憬和对美好生活的满满自信。

 ## 勤劳创造生活：腰箍套不住的女人

 ### 德昂女人创业忙：赵玉月与她的"德昂人家"

德昂女人通过创业拥有自己的钱，自己赚钱自己花，是独立的第一步。在困难拼搏的时候，咬紧牙关坚持着，最终看到希望，颠覆了边疆女人以前很卑微的地位传统。

近年来，德宏傣族景颇族自治州芒市三台山乡出冬瓜村依托酸茶、建筑、服饰、饮食等德昂族传统文化资源，大力发展乡村旅游，人气越来越旺。"欢迎来到'德昂人家'，我家的房子是芒市历史建筑。"站在自家门口，身穿德昂族传统服饰的赵玉月热情地招呼采访团一行人到家里参观。

踏入民宿，记者看到，民宿分为两层，一楼为用餐区，主要为游客提供酸茶体验及品尝德昂族传统美食；二楼的住宿区保留了原汁原味的德昂族特色，房子中间是一个火塘，周围摆满了地铺。

"2017年，在乡政府的支持下，我把自家房子改成了民宿……"赵玉月告诉记者，民宿提供少量床位，大床房是100元一个晚上，单人床是60元一个晚上。

"民宿开业时,村里常有人说,这么破的房子谁会来住?"赵玉月说,让村里人没想到的是,民宿营业以来,住过的游客都爱上了这座"破"房子。每到晚上,二楼的火塘烤上德昂族特有的酸茶,游客们穿着德昂族传统服饰,围坐在火塘边,一边唱歌一边喝茶,享受着不一样的夜晚。

"我家接待过世界各地的游客,那些来寨子采风的学者,一住就是几十天。"赵玉月说,去年虽受疫情影响,住宿、餐饮、卖酸茶、织锦的总收入也有10万多元,更重要的是让越来越多的人认识了德昂族,体验了德昂族的传统文化。①

 ## 德昂女"劳模":热心的方大姐

"大门不出,二门不迈,整天围着灶台转",这样的标签早已被现代女性摘除,脱贫致富的路上,女性也能撑起"半边天"。

三台山出冬瓜村委会里正在给群众办事的人叫方彩西,一个看似平凡的村干部却是出冬瓜村里人人称赞的女强人。方彩西,三台山乡出冬瓜村兴隆寨村民小组村民,2009年参加人口与计划生育工作,为出冬瓜村育龄妇女服务。由于做事踏实,工作认真,深得群众拥护,2013年5月,村委会换届选举被群众推举为村委会副主任,并兼任村残疾人联络员。11年多的村干部生涯中,无论是群众还是同事,讲起她都是赞不绝口。

"方彩西是一个做事很认真很主动的人,在工作上兢兢业业,有很强的事业心,性格开朗和同事相处得很和睦,在生活方面也是一个很好的家庭主妇,在工作很忙的情况下,她也能很好地照顾家庭。"市委办驻三台山出冬瓜村委会驻村工作队第一书记、工作队队长许胜红说。

从没接触过电脑到现在能熟练地给群众办事,好学的方彩西付出的努力比别人多了几倍。计生工作的特殊性让群众很不理解,方彩西有过委屈也想过放弃,每当这时,一个党员的责任心告诉她不能放弃。直到现在,她为群众办好事的初心依旧没改变。

"有时候觉得帮群众办了一件事,自己心里觉得很开心,像有的人去寺院舍功德,我们忙不得去舍,我们的功德就是舍给我们的老百姓,帮他们办好事就是我们舍功德了。"方彩西说道。

---

① 《赵玉月与她的"德昂人家"》,"魅力德昂山"微信公众号2021年10月27日。

从小就勤快的方彩西年幼帮家里做家务时不慎摔伤左手，因耽误治疗而落下残疾。上班期间她是群众的好干部，下班空隙她还是庄稼园里的好能手，一家4口把产业发展得有声有色。2009年，方彩西开始响应村里的号召，尝试种植坚果，那时的她心里很没底，村里的工作又很繁重，加之资金投入各种问题，方彩西依旧迎难而上，村里组织名师带头学种坚果，她一次没落下，一点点摸索。一边不能落下工作，一边又要照顾产业，几年里的辛酸方彩西都一笑而过，乐观的性格让她度过了一个个的难关。

"只是管理这些坚果就不要落群众的后，该服务群众就服务好，中午下班的时候家就不一定回了，就直接去山上，山上小锅小灶都有着，整整吃就在山上了。"方彩西说道。

方彩西成了村里的"劳模"，作为残联的联络员，只要听到有好的政策，她都会带头，分享和鼓励村里的群众一起做，如今方彩西夫妇种植澳洲坚果近50亩，夫妻俩为了使坚果果实更加生态化，减少环境污染，方彩西将养蜂技术、养鸡技术与坚果种植结合起来，形成了良性的养殖循环，年收入近20万元。上进的方彩西还在筹备做电商，带动村里的群众一起走上致富路。

"主要是自己心上这样想着，我们自己种出来的农产品，中间商把我们的利润拿去了，假如能做成电商，我们的东西在平台上可以自己发布，没有中间商赚取我们的利益，我们就多一点儿收益，生活水平就能提高点。"方彩西说道。

由于日常忙于工作和产业，方彩西心里知道自己多少还是有些对家庭的亏欠。爱人的理解，家人的支持是她做任何事的底气，下班后在林园里和爱人一起务农也成了二人的幸福时光。

开朗的方彩西在"大家"是群众认可的村干部，在"小家"是一名勤勤恳恳的主妇，为群众办好事，带村民过好日子就是她最简单的心愿。

"我的梦想就是把家管好，把孩子培养出来，带着我们的伙伴特别是农村妇女，有好日子过，想买什么能买什么。"方彩西说道。①

---

① 《脱贫攻坚|出冬瓜村有个热心的方大姐》，"魅力德昂山"微信公众号2020年1月11日。

脱贫路上好干部

"忘了回家"的党总支书记①

"老包，今天晚上你家猪又得吃'宵夜'咯噶，这么晚才来喂。"

"今年就要过年了，都到这哈了，家里一样东西都还没置办，给是又想不起家了？"

三台山乡勐丹村党总支书记包永华经常被同事、家人用类似的话幽默一把。

说起包永华，三台山乡无人不晓。他自 1989 年高中毕业后便扎根基层，至今已经连续当了 30 年的村干部。在家人眼中他可能是"不称职"的丈夫、父亲，但在群众眼中他是以村为家、为民办实事的好书记。

新冠肺炎疫情防控工作开展以来，包永华每天 24 小时都处于随时待命状态，做群众思想工作、忙全面排查、解决后勤保障……每天像陀螺一样从早忙到晚，经常是等到想起肚子饿时却早已经过了吃饭的时间，更别说回家了。

对于今年取消德昂族传统节日"烧白柴"，寨子里部分的老人还是有情绪的，"我们烧白柴就是要祈福求健康，年年都办这个节日，再说我们已经早早砍好白柴了，咋个整？"包永华到村寨的老人家里，晓之以理、动之以情地向群众解释这次疫情的严重性，"我们相当理解大家的心情，但是这次的病毒传染性比较强，如果寨子的哪个人被传染了，大家都会被感染，这样算起来更不划算，已经砍好的，我们留着明年烧，明年会烧得更旺……"

最终，在包永华的耐心解释下，大家都表示理解和支持，勐丹村就此取消了所有民俗节庆活动。打好疫情防控阻击战，重要的是发动群众，得到群众的支持。在广播宣传的基础上，包永华进村入户发放宣传单，张贴海报，挂横幅，并有针对性地走访排查各小组的务工返乡人员等，对他们进行防控知识的宣传。由于宣传到位，疫情防控工作得到了大家的支持，哪家有务工返乡人员或者在外

179

---

① 《三台山乡勐丹村委会包永华："忘了回家"的党总支书记》，"魅力德昂山"微信公众号 2020 年 2 月 19 日。

要回来的人，都会提前打电话给村委会咨询如何做，积极配合村委会、卫生院做好相关工作。

夜幕降临，包永华忙完村委会一天的工作，又开车前往各小组执勤点，了解各执勤点的值班情况和遇到的困难，为他们购置方便面、矿泉水、篷布等，做好后勤保障工作，并与他们一起执勤。舍小家，为大家。无论是脱贫攻坚还是疫情防控，以"忘了回家"的党总支书记包永华为代表的党员干部扎根基层，无私奉献，用实际行动践行着一名共产党人的初心和使命。

用真心凝聚民心，实现"幸福允欠"的梦想

群众工作只论"实"，第一书记蒋静的心里装着"幸福允欠"。春风中的芒市三台山乡允欠村，但见枝头吐绿，芳菲初显。明显加宽了的水泥路面整洁开阔，饮水难的问题现已成为过去式，500万"四位一体"项目已落地建设，郁郁葱葱的坚果林正在为村民们创造着不菲的收入。村民们心里明白，这些与市残联驻村工作队进驻到这个村以来开始的扶贫工作息息相关。

2019年3月，市残联精心挑选了两名优秀干部组成驻村扶贫工作队，入驻允欠村开展精准扶贫工作。蒋静，作为工作队队长、允欠村第一书记，在这里开始了自己的驻村生活。

蒋静驻村不到一个月，炎炎烈日下，刮风下雨中，她都沿着山路挨家挨户走访，倾听群众最关心的热难点话题、意见、建议，收集群众对村干部及驻村干部的期望。在短短的时间里掌握了全村26户建档立卡贫困户及非贫困户生产生活状况、民情民意现状、致贫原因追溯等基本情况。

建档立卡贫困户电木苗种了30亩澳洲坚果和10亩百香果，由于没有管护费，实现增收存在困难。蒋静了解情况后，向市残联争取了管护费，还请技术人员到现场开展种植培训。有了产业的坚实支撑，电木苗家顺利脱贫。

金木果户属于一老一残，排木兰户属于一老一小。为此，蒋静从细处着眼，从小处着手，从实处着力，积极筹措资金为排木兰老人新建了厨房，为金木果老人搭建了房前铁皮棚。金木果患有高血压，须长期吃药，蒋静积极联系乡分管领导和卫生院，为金木果户办理了慢性病证，教会其女婿如何使用该证，为金木果减轻了医药开支。

对有劳动力困难的建档立卡贫困户，蒋静协调鸡苗，引导他们认真养殖；

对劳动能力稍强的建档立卡贫困户，她帮助协调能繁母猪的补栏事宜；为改善农户人居环境，她帮助筹措资金搭建花园花架。"蒋姐她们都经常来看我们，还帮我们栽花，家里都变漂亮了。"建档立卡贫困户项同则说。

蒋静认为，驻村工作实际上就是一个完完全全成长的过程，完完全全认识群众、接触群众的一个过程，这个收获是不可限量的。

秉持着不合实际的事不做、老百姓不答应的事不做的全心全意为人民服务的精神，蒋静正和脱贫攻坚战线上的同志们一道，用真心凝聚民心，带领允欠村民一步一步实现"幸福允欠"的梦想。[1]

---

[1]《脱贫攻坚 | 群众工作只论"实" 第一书记蒋静的心里装着"幸福允欠"》，"魅力德昂山"微信公众号 2020 年 4 月 3 日，转载于"微美芒市"微信公众号。

深山走出脱贫路

云南人口较少民族脱贫发展之路

乡村振兴绘蓝图，德昂建设新未来

乡村振兴战略是习近平总书记 2017 年 10 月 18 日在党的十九大报告中提出的战略。党的十九大报告指出，实施乡村振兴战略，农业农村农民问题是关系国计民生的根本性问题，必须始终把解决好"三农"问题作为全党工作重中之重。中共中央、国务院连续发布中央一号文件，对新发展阶段优先发展农业农村、全面推进乡村振兴作出总体部署，为做好当前和今后一个时期"三农"工作指明了方向。2018 年 3 月 5 日，时任国务院总理的李克强同志在《政府工作报告》中讲道，要大力实施乡村振兴战略。2018 年 5 月 31 日，中共中央政治局召开会议，审议了《国家乡村振兴战略规划（2018—2022 年）》。2018 年 9 月，中共中央、国务院印发了《乡村振兴战略规划（2018—2022 年）》，并发出通知，要求各地区各部门结合实际认真贯彻落实。2021 年 2 月 21 日，《中共中央　国务院关于全面推进乡村振兴加快农业农村现代化的意见》，即中央一号文件发布，这是 21 世纪以来第 18 个指导"三农"工作的中央一号文件；2 月 25 日，国务院直属机构国家乡村振兴局正式挂牌，要做好乡村振兴这篇大文章。2021 年 3 月，中共中央、国务院发布了《关于实现巩固拓展脱贫攻坚成果同乡村振兴有效衔接的意见》，提出重点工作。2021 年 4 月 29 日，十三届全国人大常委会第二十八次会议表决通过《中华人民共和国乡村振兴促进法》。2021 年 5 月 18 日，中华人民共和国司法部印发了《"乡村振兴法治同行"活动方案》。2022 年，全国两会调查结果出炉，"乡村振兴"关注度居第八位。[①]实施乡村振兴战略，是解决人民日益增长的美好生活需要和不平衡不充分的发展之间的矛盾的必然要求，是实现"两个一百年"奋斗目标的必然要求，是实现全体人民共同富裕的必然要求。实施乡村振兴战略也是实现全体人民共同富裕的必然选择。

183

---

① 中华人民共和国国务院：《乡村振兴战略规划（2018—2020 年）》，中华人民共和国中央人民政府网：www.gov.cn，据百度百科。

按照党的十九大提出的决胜全面建成小康社会、分两个阶段实现第二个百年奋斗目标的战略安排，中央农村工作会议明确了实施乡村振兴战略的目标任务：到 2020 年，乡村振兴的制度框架和政策体系基本形成，各地区各部门乡村振兴的思路举措得以确立，全面建成小康社会的目标如期实现。到 2022 年，乡村振兴的制度框架和政策体系初步健全。探索形成一批各具特色的乡村振兴模式和经验，乡村振兴取得阶段性成果。到 2035 年，乡村振兴取得决定性进展，农业农村现代化基本实现。到 2050 年，乡村全面振兴，农业强、农村美、农民富全面实现。坚持农业农村优先发展，按照产业兴旺、生态宜居、乡风文明、治理有效、生活富裕的总要求，建立健全城乡融合发展体制机制和政策体系，统筹推进农村经济建设、政治建设、文化建设、社会建设、生态文明建设和党的建设，加快推进乡村治理体系和治理能力现代化，加快推进农业农村现代化，走中国特色社会主义乡村振兴道路，让农业成为有奔头的产业，让农民成为有吸引力的职业，让农村成为安居乐业的美丽家园。

脱贫攻坚战略和乡村振兴战略都是我国为实现"两个一百年"奋斗目标确定的国家战略。前者立足于实现第一个百年奋斗目标——全面建成小康社会，后者着眼于第二个百年奋斗目标——到本世纪中叶把我国建成富强民主文明和谐美丽的社会主义现代化强国。要以乡村振兴战略思路开创脱贫攻坚新局面，以坚决打赢脱贫攻坚战、夯实乡村振兴战略实施基础，做好脱贫攻坚战与乡村振兴战略的有机衔接。[1]实施乡村振兴战略，脱贫攻坚工作是前提和基础。开展脱贫攻坚工作以来，芒市聚焦贫困对象"两不愁三保障"总体目标，着眼"六个精准"，着力从基础设施改善、产业融合发展、住房保障、农村民生保障水平提升等方面举全市之力大力推进脱贫攻坚工作，经过几年的合力攻坚，脱贫攻坚工作取得实效，农村面貌焕然一新，绝对贫困及区域性整体贫困问题得到全面解决。几年的合力攻坚，充分证明以群众为主体，以社会各界力量为依托，以基层党组织为战斗堡垒，以驻村工作队充实力量，上级党委、政府高位推进，行业部门统一协调调度的脱贫攻坚机制体制，适应当前中国农村发展的新形势，符合社会主义新

---

① 《芒市脱贫攻坚与乡村振兴战略有效衔接的调研报告》，芒市人民政府，芒市乡村振兴局信息公开专栏：http://www.dhms.gov.cn/fpz/Web/_F0_0_28D016QEQN4EECFSGJA1JU78W1.htm，访问日期：2020 年 12 月 4 日。

农村建设的要求，能够积极推进农村工作的顺利开展。乡村振兴与脱贫攻坚"一盘棋、一体化"式推进，将积极促进脱贫攻坚与乡村振兴的有机衔接。

据《芒市建设乡村振兴示范市实施意见》，包括三台山德昂族乡在内的各民族聚居地区要聚焦高质量、竞争力、现代化，坚持重点突破、整体联动，推动农业产业高质量发展，全域创建美丽宜居乡村，提升边疆基层治理能力，打造数字乡村智慧农业，促进农业高质高效、乡村宜居宜业、农民富裕富足，努力建设热区现代农业新样板、新时代美丽乡村建设典范和边疆基层社会治理新典范。

城乡融合发展之路

重塑城乡关系，走城乡融合发展之路。全域化建设新时代美丽乡村。大力实施"十百千"工程，全面推进美丽乡村建设。实施农村人居环境整治提升五年行动。大力发展乡村休闲旅游。加强农村基础设施和基本公共服务建设。基础设施更加夯实。扎实推进美丽宜居乡村项目建设，坚持建设新农村、发展新产业、过上新生活的发展导向，全面统筹实施美丽宜居乡村项目16个，总投资3116万元，建设完成村内道路硬化34千米；实施"四位一体"美丽宜居乡村行动计划，着力改善农村道路、排水沟渠、垃圾处理等基础设施建设，注重村庄美化亮化，建好管好"四好"农村路，着力改善农村生产生活环境。持续推进"七改三清"人居环境提升行动，下大力气治理农村生活污水和固体废弃物，加快农村"厕所革命"。

出冬瓜村乡村文化旅游项目坚持"党建 + 公司 + 民族文化产业"的定位，发挥德昂族优秀传统文化的特色优势。依托沪滇帮扶、扶持人口较少民族等项目，动员全民参与整村面貌提升改造，促进乡村文化旅游发展向纵深发展，开创出冬瓜村组织引领、党员带头、支部共建、产业兴旺的"直过民族"一步跨千年的发展新局面，加快实现乡村振兴的战略目标。

近年来，在省、州各级党委、政府的坚强领导下，在各级乡村振兴局的大力关心和支持下，三台山德昂族乡深入贯彻落实中央、省、州、市关于巩固拓展脱贫攻坚衔接乡村振兴的方针、政策。三台山德昂族乡历经兴边富民、沪滇帮扶、三峡帮扶等政策帮扶后，实现了"一步跨千年"的历史巨变。如今，长期生活耕耘在这片乡土上的德昂群众，继续书写着乡村振兴的实践篇章。

 基本情况

1. 三台山乡防止德昂族返贫监测帮扶工作情况

（1）已脱贫户情况。截至 2022 年 6 月 15 日，全乡共有脱贫户 106 户 422 人，其中勐丹村 52 户 195 人，出冬瓜村 28 户 119 人，邦外村 24 户 104 人，允欠村 2 户 4 人。

（2）监测对象情况。全乡共有监测对象 46 户 151 人，其中勐丹村 29 户 82 人，风险未消除的有 26 户 75 人（边缘易致贫户 7 户 17 人，突发严重困难户 19 户 58 人）；出冬瓜村 10 户 42 人，风险未消除的有 9 户 35 人（边缘易致贫户 1 户 4 人，突发严重困难户 8 户 31 人）；邦外村 6 户 25 人，风险未消除的有 6 户 25 人（突发严重困难户 6 户 25 人）；允欠村 1 户 2 人，风险未消除的有 1 户 2 人（边缘易致贫户 1 户 2 人）。

2. 防止返贫监测帮扶集中排查工作开展情况

2022 年 5 月拟纳入新识别监测对象 3 户 11 人（其中边缘易致贫户 1 户 4 人，突发严重困难户 2 户 7 人）。全乡人均可支配收入在 10000 元以下的有 45 户 187 人，其中 7000~8000 元有 10 户 32 人，8001~9000 元有 15 户 72 人，9001~10000 元有 13 户 61 人，7000 元以下有 7 户 22 人。

 巩固拓展脱贫攻坚成果、衔接乡村振兴工作开展情况

加强领导，精心组织。认真组织学习中央、省、州文件精神，加强驻村工作队、村"两委"配合，积极与上级部门数据对接，做到实时监测，通过多次专题会议研讨、分析，调动全乡力量不断推动乡村振兴开好局、起好步。全乡共派驻州、市乡村振兴帮扶单位 4 家、乡村振兴工作队员 8 名，助力乡村振兴各项工作顺利推进。

落实"摘帽不摘责任、摘帽不摘政策、摘帽不摘帮扶、摘帽不摘监管"要求，巩固拓展脱贫攻坚成果同乡村振兴有效衔接。落实好各类惠民政策，做好为民办事服务，帮助群众解决实际困难和所急所需，做好防止返贫致贫监测预警数据核查工作，开展精准帮扶，坚决守住不发生规模性返贫的底线。用好"一平台"，

建好完善"三机制",坚决守住不发生规模性返贫致贫的底线。通过多种渠道向群众宣传云南省政府救助平台,让平台成为服务群众诉求的好帮手。

健全防返贫动态监测预警和响应机制。对已脱贫户和"三类人员",开展定期检查、动态管理,重点监测其收支状况、"两不愁三保障"及饮水安全状况,建立重点人员信息台账,并对所有常住农户进行周期性走访排查。根据市级相关行业部门反馈的防止返贫致贫监测预警数据,认真仔细核查各项数据,坚持以数据事实为依据,不漏一户,不漏一人,针对可能存在风险隐患的问题立即研判分析,第一时间组织驻村工作队、村"两委"干部进村入户,将入户排查情况与行业部门反馈相结合,做好常态化防返贫监测工作。通过建立农户主动申请、行业信息比对、基层干部定期跟踪回访相结合的防止返贫动态监测预警和响应机制,分层分类及时纳入帮扶政策范围,实施帮扶对象动态管理、动态清零,坚持预防性措施和事后帮扶相结合,精准分析返贫致贫原因,采取有针对性的帮扶措施,坚持每个月开展工作队例会,开展一次遍访排查,建立完善档案,逐户研判制定帮扶措施,消除致贫风险,确保不出现返贫。

强化党建引领,筑牢基层党组织战斗堡垒。办好农村的事情,实现乡村振兴,关键在党。驻村工作队在入驻三台山乡后,立即在村"两委"干部陪同下深入36个村民小组,与党员干部见面座谈、倾心交流,了解支部发展情况,掌握各个支部的实际情况,为下一步加强各个支部党建工作打下坚实基础。努力把党史学习教育融入党建之中,通过组织庆祝中国共产党成立100周年大会活动、领导讲授党史学习教育党课、深入小组党支部开展党史学习教育专题组织生活会、每月主题党日活动等,用精彩丰富的党建活动砥砺初心使命。深入开展支部共建,挂钩单位与四村开展支部共建活动,促进党建与挂钩单位的深度融合,通过丰富多彩的党史学习教育,双方互相交流和分享党建工作方面的经验,利用支部共建活动发挥自身优势,助力乡村振兴。

整治村容村貌,美化生活环境。设立公益性岗位,对每个小组定期进行环境卫生整治,对公共区域、主干路、河道进行清理,既保证了环境干净整洁,也让公益岗人员增加了收入,更进一步巩固拓展脱贫攻坚成果,全乡21个德昂族村民小组均营造了良好的生产生活环境和整洁氛围。

187

加强小额信贷政策宣传工作。根据2021年市乡村振兴局《关于做好到期扶贫小额信贷预警工作稳妥处置还贷风险的通知》和《关于印发芒市2021年脱贫人口小额信贷实施方案的通知》的要求,及时展开入户调查及还款提醒工作,同时，对贷款户是否能如期还款进行分析研判，提前预判风险，发现风险及时上报并处理，预防出现逾期贷款，确保贷款户能按时还款；将小额信贷政策宣传到农户家中，利用小组群众会、进村入户等方式对脱贫户和"三类人员"宣传，可以进一步帮助发展产业，巩固脱贫成效。按照"能贷尽贷"要求，全乡德昂族有 15 户群众获得贷款 71.6 万元，有力地促进了群众产业发展。

开展"雨露计划"审核及申报工作。利用走访入户和群众会，不断宣传"雨露计划"工作，做到政策宣传到户，让符合资助条件的学生获得帮助，"雨露计划"的实施可以减轻贫困家庭经济负担，让学生放心学习。经审核后三台山乡德昂族在校生 31 人 / 次符合"雨露计划"资助条件，获资助资金 4 万元。

四个"持续"引领德昂山

持续抓好产业发展，稳定群众增收渠道。在巩固好传统产业水稻、茶叶、甘蔗等的基础上，大力发展坚果、西番莲、菠萝、德昂酸茶等新兴产业。一是抓好坚果提质增效工作。充分发挥坚果专业合作社技术指导作用，积极申报乡内坚果加工厂扩建项目，进一步规范乡内坚果销售市场，制定监督管理章程，科学合理引导群众种植、管理、销售坚果，切实维护广大种植户利益，凸显三台山乡特色支柱产业效益。二是抓好技术跟踪服务工作。采取"大户带小户""师傅带徒弟""党员 1+2+N"等模式，继续做好德昂酸茶、肉牛、能繁母猪、西番莲等产业技术指导、培训工作，力争每个村、每个小组都有一批"懂技术、善经营、会管理"的"土专家"。三是抓好带动示范工作。重点抓好坚果、西番莲、菠萝、肉牛等产业，努力培育一批以发展坚果、肉牛、西番莲等产业为代表的致富带头人如赵自光、李腊三等，通过以点带面，整村整组实现产业规模化发展。重点打造卢姐萨菠萝产业示范村，目前菠萝种植面积超过 1000 余亩，示范带动效应相当明显，实现产业齐头并进。四是采取"公司 + 农户"的发展模式，与芒市邮政超市、小匡米业形成产销意向，稳定群众销售渠道，稳产增收。加强菠萝种植技术跟踪服务，积极提高农村组织化水平，推动实现产业增值增效，努力助推产业实现转型升级，带动邦外村、勐丹村大力发展菠萝产业。

持续巩固脱贫成效，精准帮扶到户到人。一是针对脱贫不稳定户，制订符合户情的巩固计划，主要考虑产业扶持和劳动力转移方向。坚持脱贫不脱政策、帮扶力度不减弱的思路，延续各类帮扶措施，同时加强思想教育宣传，提升农户

内生发展动力，挖掘新的增收点，进一步稳定农户收入。二是对收入长期徘徊在脱贫标准线附近的农户，对有产业基础的农户，进一步开展农村实用技术培训，提升种、养殖业水平，联系乡内种植养殖专业合作社、致富带头人，采取结对联系的措施，帮助扶持发展产业，稳定增加收入。对有富余劳动力的家庭开展技能培训，有针对性开展培训，宣传外出务工的扶持政策，鼓励外出务工，努力实现"就业一人，脱贫一户"。对因自身原因无法发展产业且无法外出务工的，通过设置保洁员、巡河员等公益性岗位，为群众提供就近务工机会，提升村组人居环境质量的同时，保障农户收入稳定。

持续提高政策保障水平，提升群众满意度。进一步巩固义务教育均衡发展成果，全面提升教育教学质量；抓好"控辍保学"，确保小学毛入学率在 99.5% 以上、初中毛入学率在 99% 以上；加强学前教育，加快三台山乡幼儿园建设进度。继续实施"323"人才培养工程，积极与州、市人民医院做好对口支持工作，逐步提高急诊科等科室医疗服务水平。扎实抓好卫生计生工作，促进优生优育。完善养老、失业、医疗及低保等社会保障机制，新农合参保率持续巩固在 96% 以上。加强对特殊困难群体的救助，确保弱势群体实现社会兜底。

持续营造宣传氛围，"扶志扶智"同频共振。一是始终坚持正确舆论导向，做好巩固拓展脱贫攻坚成果同乡村振兴有效衔接宣传工作，准确解读党委、政府关于乡村振兴的决策部署、政策措施，全面宣传扶贫工作取得的显著成效，深入提炼和展示精准扶贫、精准脱贫的丰富实践和成功经验，为乡村振兴传播正能量。二是大力开展"话脱贫、感党恩，谋振兴"宣讲活动，进村入户开展交心谈心，把巩固拓展脱贫攻坚成果同乡村振兴有效衔接政策讲清、程序讲透、要求讲明，下大力气提高群众认可度。继续推进"自强、诚信、感恩"系列主题教育，扎实开展乡风文明建设，倡导现代文明理念和生活方式，改变落后的风俗习惯。

共同富裕之路

　　巩固和完善农村基本经营制度，走共同富裕之路。乡村振兴，关键是产业要振兴。乡村振兴的实质是农业农村现代化。产业基地里，看得见的产业兴旺、生态宜居；村组寨子里，触得到的乡风文明、治理有效、生活富裕。

　　首先，发展特色产业。近年来，三台山德昂族乡扎实推进乡村振兴战略，终是初见成效：特色种植业——西番莲成片、坚果树成林；特色旅游业——借助红色文化崭露头角、依托民族文化大放异彩。

　　发展特色旅游"定盘星"。在帮弄景颇寨，视察组一行人重走滇缅公路，倾听红色历史、缅怀革命先烈。同时，对三台山滇缅公路的保护开发与打造红色旅游产业的规划进行了具体了解。近年来，三台山乡在打造红色旅游产业的同时，也依托丰富的民俗资源，着重打造具有民族特色的旅游村寨，并且已初见成效。如今，帮弄村作为一个爱国主义教育基地，已成为市级许多单位、支部开展支部活动、纪念革命先辈、激发爱国热情的不二之选。而承载着神秘古老德昂族文化的出冬瓜村也已开启了德昂风情体验观光旅游路线。

　　以农村群众内生动力的有效激发促进脱贫攻坚与乡村振兴的有机衔接。攻坚工作能够取得决定性胜利，贫困群众"动起来"是关键，农村群众的整体性"动起来"，也将是乡村振兴战略取得成功的关键。通过用好用活农村党员活动室及

开设乡村旅游服务项目的德昂族群众
（摄影：杨苟）

农村书屋、高质量开展农村技术培训、对村规民约进行适时修订、持续开展"五用宣讲"、树立农村致富先进等具体措施，激发农村群众内生动力，突出农村群众的主体地位，促进脱贫攻坚与乡村振兴的有机衔接。

另外，因势利导，"精准"规划实施新一批整乡整村推进工程，带动乡村旅游发展，促进脱贫攻坚与乡村振兴的有机衔接。随着脱贫攻坚工作的有力推进，农村基础设施不断完善，各乡村在产业发展、民族文化特色、自然生态景观等方面特色更加突出，表现出新的发展活力。例如，勐戛镇的蚕桑、肉牛养殖等产业进一步壮大，以"桃花节"为代表的旅游产业开始崭露头角；以芒市镇回贤村、西山乡营盘村为代表的乡村旅游产业初现效益；城乡接合部农家乐日益兴盛；等等。因势利导，充分利用脱贫攻坚成果，结合地区发展新优势，精准规划实施一批整乡整村工程，将有力促进脱贫攻坚与乡村振兴的有机衔接。

以产业为根本实施地理标志品牌战略，促进脱贫攻坚与乡村振兴的有机衔接。农村的发展追根究底离不开产业，产业是脱贫攻坚工作的"铁抓手"，同样也是乡村振兴战略的"铁抓手"。经过脱贫攻坚期的发展壮大，芒市新的产业格局已基本形成，但仍存在产业结构不合理、产业链不完善、农产品经济效益低等问题，以"四步走"打造绿色、生态、健康的地理标志品牌战略为轴线发展农业产业，将大力促进脱贫攻坚与乡村振兴的有机衔接。

（1）充分激活农村产业发展热点。通过政策鼓励、资金项目支持、技术帮扶等措施，深度激活、壮大发展农村致富带头人、产业合作社、涉农龙头企业、村集体经济等农村发展热点，扩大产业发展的基础优势，从这些热点中产生一批优质的乡村企业。同时，以这些热点为着力点，优化产业劳动力，吸引农业科技人才、农业技能人才、农村实用人才回流农村，引入新型农业科学技术，打破技术和人才壁垒，完成产业基础的升级调整和农村产业发展中单家独户的个体经营向合作经营目标的转变。

（2）完成农产品质量安全体系建设。在新型农村经济体充分发展的基础上，建立和完善农业生产质量标准体系。规范农产品生产标准，围绕支柱型农业产业及新品种、新技术的推广，建立与国际通行标准接轨的标准化生产体系；建立农产品质量认证和检测体系，加大无公害农产品、绿色食品、有机食品的开发及认证工作力度，打牢品牌基础。

191

（3）"点线成面"，逐步建立农业全产业链。在新型农村经济体充分发展的基础上，有的放矢，精准实施产品加工、农产品仓储物流等一批基础设施项目，

引导和促进农产品从生产到初加工，从初加工到精加工，从精加工到形成品牌的升级，从规模扩张向转型升级、从要素驱动向创新驱动、从分散布局向产业集群转变，逐步完成农业全产业链建设。

（4）以优质品牌为突破口，逐步树立地理标志品牌形象。优选1~2个技术含量高、市场容量大、附加值高的农业产品品牌进行持续包装打造，同时确定为区域公用品牌。以区域公用品牌为基础，依托上海市等大平台，积极寻找与盒马鲜生、拼多多等电商合作的机会，利用电商销售模式，打造出知名品牌形象，以点带面，带动区域产业的品牌价值提升，形成地理标志品牌，深植芒市绿色、生态、健康的地理标志品牌形象。

抓好当前的脱贫攻坚工作，一定要将短期目标与长远目标结合起来，在主要抓贫困户收入提高、生活小康的同时，还要认真谋划、实施"产业、生态、治理、乡风文明"等方面的工作，开启乡村振兴的新征程，朝着乡村振兴目标不断前进。

充分发挥新型农村合作经济组织减贫带贫作用。鼓励全市有发展条件、有意愿、有劳动能力的建档立卡贫困户参与农村新型合作经济组织。以产业发展为载体，对建档立卡贫困户明确脱贫增收产业和帮扶具体责任，落实产业帮扶措施，健全企业带贫益贫机制，积极引导各类新型农业经营主体，通过生产合作、股份合作、订单帮扶、生产托管、劳务合作等形式，与贫困户建立紧密利益联结机制，力争实现每个有劳动力、有产业发展意愿的贫困户至少与1个新型农业经营主体建立经营合作关系。大力推行"大产业＋新主体＋新平台"的发展模式，建立贫困户与新型经营主体稳定、紧密的产业发展利益联结机制。与现有优势产业发展结合，采取"龙头企业给订单、农科部门教技术、合作社服务、大户帮带"的方法，把有条件的建档立卡贫困户带入现有产业体系中；与运用金融扶贫政策相结合，政府推荐、贫困户申请、配风险金、银行授信，充分用足扶贫小额信贷和产业扶贫再贷款，既扶持建档立卡贫困户，又扶持龙头企业。确保需要通过发展产业脱贫的贫困人口产业扶持全覆盖，使贫困户"有业可从、有企可带、有股可入、有利可获"。为此，芒市人民政府专门印发了《2019年芒市农业产业精准扶贫实施方案》（芒政办发〔2019〕19号）和《脱贫攻坚培育新型农业经营主体和创业致富带头人奖补办法（暂行）的通知》（芒政办发〔2019〕24号）文件，预计到2020年底实现每个有劳动力、有产业发展意愿的贫困户至少与1个新型农业经营主体建立经营合作关系。

质量兴农之路

深化农业供给侧结构性改革，走质量兴农之路。全链条重塑一流热区现代特色农业。按照"大产业＋新主体＋新平台"的发展思路，推动现代特色农业转型升级、提质增效。创新发展边民互市贸易，加快布局进口农产品加工基地，打造热带水果交易集散中心。扎实推进乡镇产业规划，打造乡村振兴示范园区。

围绕《芒市农业产业精准扶贫规划（2016—2020年）》目标，为不断持续巩固芒市扶贫成果，防止返贫现象发生，坚持"摘帽不摘责任、摘帽不摘政策、摘帽不摘帮扶、摘帽不摘监管"，继续巩固提升产业扶持，每年制定出台《农业产业精准扶贫实施方案》，安排扶贫专项资金扶持，力争全市所有有劳动能力及发展意愿的建档立卡贫困户都能得到农业产业扶持，实现全市贫困户有持续、稳定的增收产业。

丰收喜悦（供图：德宏州委宣传部）

193

在贫困县涉农资金整合使用的大背景下，对贫困村只重视基础设施建设，忽视产业发展投入的情况，针对芒市来说主要原因有：一是农村基础设施条件太差，部分村组基本的人畜饮水、村内道路等近两年才得以解决，而部分村组由于原来投入资金有限或一次投入不足等影响建设质量的，也需要再投入。二是芒市地处边疆，交通及各方面信息相对闭塞，加之又缺乏产业发展规划人才等原因，

无法找到真正适合本地的产业发展突破口。三是争取上级资金加大投入，农村基础设施建设及农业产业齐上阵。四是引进特殊人才或选优派强组队调查研究、出门学习求经，一乡一规划，有重有轻，稳步推进。解决好产业扶贫资金主要用于贫困村、贫困户，以及对产业发展亟需的品质改良、技术服务、人才培养、市场体系建设、品牌打造等基础性工作缺乏资金支持的问题。目前，芒市农村基础设施建设和农业生产发展资金主要来源于统筹整合财政涉农资金，统筹整合财政涉农资金政策，上级确实给予了贫困县很大的自主权，但由于各级整合资金工作相关指导性意见、长效机制等方面还存在不足，上级对整合工作的考评考核较多，市级因怕政策吃不透导致资金投向偏差，所以目前涉农整合资金基本上还未投入到品质改良、技术服务、市场体系建设、品牌打造等方面。下一步希望中央、省级各部门多指导、多培训，并进一步完善整合工作的一系列配套措施，加大加强以上产业资金投入，并将其列入县级约束性目标任务。

带着丰收的喜悦迎接四方来客（摄影：杨芍）

初秋，走进德宏傣族景颇族自治州芒市三台山德昂族乡，一梯梯绿油油的茶树长势喜人，坚果林里德昂族群众三三两两地在地里辛勤地忙碌着，不远处的山头上，芒市三台山乡出冬瓜村特色酸茶、坚果产业提升及乡村旅游整合发展项目二期工程正在加紧施工……

"年底，二期工程就能完工。结合去年完工的一期工程，出冬瓜村旅游文化综合服务能力将全面提升，文化旅游市场进一步拓宽，文化旅游竞争力增强，传统文化与现代需求更好融合，游客参与体验感增强，对助力全市文化旅游增收、传统文化保留传承、乡村发展振兴起到关键作用。"芒市三台山德昂族乡人大主席蒋蔚介绍，该项目重点抓住当地支柱产业及文化旅游资源等优势，将文化旅游资源转换为产业优势、发展优势，不断推动"旅游+"产业融合发展大格局。

据悉，芒市三台山乡出冬瓜村特色酸茶、坚果产业提升及乡村旅游整合发展项目是以统筹产业发展与乡村旅游相结合，着重实施特色酸茶及坚果产业提升、改造村内道路、保护生态环境、文化产业和乡村旅游发展的民生工程。项目建设包括德昂族酸茶体验中心、酸茶体验二期用房、土特产品展示交易房10间、德昂族故事走廊、德昂酸茶坚果加工体验房20间及其加工厂、茶园茶海采茶体验区、民族文化体验场、德昂茶酒溶洞窖藏馆1个及其配套附属设施等，同时进一步完善旅游公厕、乘车站、观光车等旅游功能基础设施建设。[①]

乡村绿色发展之路

坚持人与自然和谐共生，走乡村绿色发展之路。人与自然和谐共生，生态环境不断改善。一是统筹山水林田湖草系统治理。制定发布了《芒市畜禽水产养殖禁养区、限养区规划》、完成《果朗河"一河一策"》《芒市水产养殖污染防治方案（2016—2020年）》《芒市水产养殖业污染源普查实施方案》《芒市畜禽养殖业污染源普查实施方案》等工作规划、方案；通过统防统治和绿色防控示范样板、统防统治和绿色防控技术的宣传和培训，辐射带动全市开展统防统治和绿色防控工作。从源头上控制了农残污染，有效减少了农药使用次数，减少了农药带来的危害，确保农作物生产安全、农产品质量安全和农业生态环境安全。

---

① 《同志哥，请来美丽的寨子，喝一杯德昂酸茶》，"魅力德昂山"微信公众号2021年10月30日。

二是加强农村突出环境问题综合治理。打好水、土、气污染治理"三大战役"。深入推进化肥农药使用量负增长行动和农药减量增效行动。

乡村文化兴盛之路

传承发展提升农耕文明，走乡村文化兴盛之路。民风民俗文明开放。近年来，德昂族群众的经济基础水平得到了明显提高，受到党的宣传教育以及各个方面的影响，群众的思想观念逐渐转化，德昂族民风民俗随之发生巨大而深刻的变化，陋习得到明显转变。以前德昂族群众不与外界、外族通婚，婚丧嫁娶平均操办3天以上，比阔气、讲排场、搞封建迷信。通过时代的进步，婚姻家庭观念的转变，各级组织的正确引导，现已发生了明显的变化，年轻人崇尚自由恋爱，"红白喜事"简单、节俭的操办已成为新常态。日常风俗习惯得到明显规范。逐步建立了科学、文明、健康的生活方式，紧跟时代步伐，在一定程度上抑制了封建迷信、黄赌毒等不良风俗陋习的影响。推崇男女地位平等，一改以往的妇女不与男人同桌吃饭等男尊女卑的落后思想。节庆活动质量得到明显提高。德昂族传统的浇花节、关门节、开门节和烧白柴等风俗节庆已摆脱低俗、愚昧、简单的方式进行，逐步崇尚科学、文明的过节。强化了思想文化的教导，知党情、感党恩的氛围趋于浓厚，牢固树立了德昂人民永世不忘感党恩、坚定不移跟党走的思想。群众自身动力得到明显提升。近年来，乡党委将移风易俗与社会主义核心价值体系教育结合起来，引导广大群众查摆自身及身边存在的不文明现象，自觉破除恶俗陋习，将其纳入精神文明创建活动，并作为农村十星级文明户等各类评选创建的重要条件。民风由"原始落后"向"文明开放"逐渐转变。

德昂山寨民风民俗文明开放，精神面貌崭新昂扬。承载着神秘古老德昂族精髓的出冬瓜自然村也已开启了德昂风情体验观光旅游路线。

196

德昂传统水鼓舞表演队（摄影：杨芍）

 ## 乡村善治之路

  创新乡村治理体系，走乡村善治之路。全力培养引进农村建设人才。全面培育引进农村产业发展、农业环境治理、精神文明建设、传统工艺振兴等乡村建设人才。充分发挥专家智力、资源优势。

  （1）全面落实人才培养工程，加大科技创新人才培养力度。积极搭建院士（博士）专家工作站、组织申报人才外引项目，鼓励企业积极与科研院校开展研发合作，储备芒市区域内学术技术带头人、技术创新人才，培育创业致富带头人，组织全市科技人员提交云南省科技特派员申报认定材料，全面做好"三区"人才引进及培训工作。

  （2）加强科学技术普及工作，提高公民科学素质。培育发展农村专业技术协会，推动农村经济发展。持续开展农村劳动力培训、转移和农函大等一系列科技培训，提高农民综合素质，充实基层科技工作力量。

  （3）广泛开展科技知识宣传。开展全国科普日、科技活动周、文化科技卫生"三下乡"以及知识产权维权宣传活动，发放《乡村e站科普读本》《趣味科

197

普读本》《公民科学素质提升知识读本》《农村科学养猪适用技术》《咖啡高产栽培技术》《反邪教宣传手册》等宣传资料，强化政策知识宣传，普及实用技术推广，积极营造科技服务社会发展的良好氛围。

（4）认真制定符合实际的科技扶贫方案，进一步明确科技扶贫的总体目标和具体任务，积极与高校、科研院所签订合作协议，以技术指导、培训等方式支持芒市发展，为贫困农民增收和脱贫致富提供产业支撑。

全方位创新提升边疆基层治理能力。打造"智慧边境"，到2025年，8个抵边村基本建成现代化边境小康村。开展现代乡村治理试点示范，创建认定一批民族团结进步示范村、民主法治示范村、乡风文明示范村。实施村级集体经济巩固提升三年行动，到2025年，全市村级集体经济平均年收入在10万元以上。全要素打造数字乡村智慧农业，推动农业农村大数据中心建设，实现数据共享。完善县域电商物流服务体系，形成覆盖所有行政村的农产品供应上行网络。完善数字乡村治理体系，推动公共服务向农村延伸。

中国特色减贫之路

打好精准脱贫攻坚战，走中国特色减贫之路。"脱贫只是第一步，更好的日子还在后头。"摘帽不是终点，而是新生活、新奋斗的起点。"掘井九仞未及泉，犹为弃井；胜利在望未全功，仍须努力。"越到紧要关头、任务越繁重，越容不得松口气、歇歇脚。巩固拓展脱贫攻坚成果，聚焦"三类人员"，加快"一平台三机制"建设。

确保如期完成任务、兑现承诺的底线须臾不可放松，脱贫质量更要放在首位。脱真贫、真脱贫，一个"真"字的背后，对应的是一个"实"字。从初期全面部署，到中期全面推进，再到决胜期防滑坡、防松懈，防的是厌战松劲的疲劳症，防的更是形式主义、官僚主义的不良作风，让脱贫攻坚的成效真正得到人民认可、经得起历史检验。

"樱桃好吃树难栽，不下苦功花不开。幸福不会从天降，社会主义等不来。"社会主义是干出来的，幸福生活是奋斗出来的。脱贫攻坚奔小康是亿万人民自己的事业，终究要靠广大群众的辛勤奋斗和创造实干。贫穷不是宿命，苦熬不如苦干。只要自强而不息、自立而不馁，摒弃"等、靠、要"的思想，就一定能依靠

自己的双手创造美好的生活、改变自己的命运。

推广运用"云南省救助平台"，健全防止返贫动态监测和预警响应机制。健全产业就业全覆盖帮扶机制。建立扶志扶智长效机制。健全护林员管理办法和补助机制。加强易地扶贫搬迁后续帮扶巩固提升。做好扶贫资产管理，确保保值增值。深化东西部协作、定点帮扶和社会帮扶，加快实现共同富裕。到2025年，脱贫攻坚成果全面巩固提升，共同富裕迈出坚实步伐，芒市建设乡村振兴示范市建设取得实质性进展，探索形成一批特色鲜明、可复制可推广的典型。

以稳定为前提打造和谐乡村。三台山乡持续推进矛盾纠纷调处工作机制，充分发挥少数民族代表和民族学会密切联系少数民族群众、促进民族团结的特殊作用，指导少数民族村寨依法订立具有民族特色的村规民约，推进扫黑除恶专项斗争及打击走私违法犯罪行动，开展综合普法宣传活动，推进自治、法治和德治"三治融合"，构建"共建、共治、共享"的乡村善治新格局。

以脱贫为抓手提高生活水平。近年来，三台山乡先后成立了上芒岗养猪专业合作社、早内坚果合作社、龙阳德昂茶专业合作社等27个专业合作社，逐渐实现了产业发展的组织化、规模化、集约化。在巩固甘蔗、生猪养殖支柱产业的基础上，带动发展坚果、咖啡、香蕉、西番莲等生物特色产业5万多亩。在到户贷款、三峡集团帮扶、壮大村集体经济等项目的带动下，群众生活水平明显提高，农民人均可支配收入从2015年的5002元增长到2019年的7783元。

以民生为基础，保障社会事业发展。三台山乡不断加强基础设施建设，通村通组道路基本铺设完毕。4个村和36个村民小组通水、通电、通网络和广播电视，覆盖率达100%。标准卫生室建设基本解决了群众能看病、看得起病和卫生防疫问题。社会保障、转移劳动就业、民族教育科技事业等有序推进。

以示范为引领，扎实推动民族创新工程。三台山乡积极推进省级"十县百乡千村万户工程"民族团结进步示范创建工作，打造了"民族团结"允欠村、"滇缅公路民族文化"帮弄村、"传统村落"出冬瓜村、"邻里守护"早外村、"人均万元户"早内村、"产业兴旺"卢姐萨村、"牛比人多"上帮村和帕当坝村等一批示范村、示范基地，涌现了"德昂新青年"赵腊退、"德昂人家"赵玉月、"坚果王"苟有生、"葫芦蜂王"韩永贵、"养牛大户"赵自光等示范户，让村寨群众可看、可学、可比。如今的三台山乡，有了浓郁民族风情的精品旅游线路，有了完善的旅游文化配套设施，有了国家和省级非物质文化传承人，民族团结进步推动着乡村农业产业发展、脱贫成效巩固、农村人居环境提升、

文化产业壮大、社会综合治理强化，必将实现更高质量的跨越式发展。[①]一串串数字背后是党对德昂人民的殷切关怀，是每一位扶贫党员干部扎扎实实的付出。通过党的脱贫攻坚政策，德昂人民在经济上飞速发展，和其他兄弟民族齐头并进，过上了幸福的新生活。德昂人民的种种转变是在新时代跟党走、心向党的实际体现，正是因为德昂人民和党一条心，才使德昂山乡的方方面面在党的领导下发生了翻天覆地的变化。德昂人民永远心向党、感党恩！

民族团结之路

德昂共饮"同心茶"，团结和谐共发展。创新示范工程，共筑美好家园。以创建为载体，传承民族文化。三台山乡以民族团结进步创建为载体，加强德昂古歌、水鼓舞、德昂族酸茶等非物质文化遗产的保护、传承工作，成为中国德昂族文化研究、传承、传播和游览的核心区。由三台山乡德昂族群众表演的水鼓舞多次登上德宏州大型文体活动和对外文化宣传的舞台，德昂族酸茶历史收集整理、注册商标等多项工作完成，德昂族创世史诗《达古达楞格莱标》列入国家级非物质文化遗产保护目录，"德昂族浇花节"和"三台山德昂族传统文化保护区"列入云南省非物质文化遗产保护目录。

"永远跟党走"、社会主义核心价值观等标语在房前屋后、路边灯下最显眼的位置挂了起来，道德讲堂、"自强、诚信、感恩"主题教育实践纷纷开展起来……从一条标语到一面红旗，从一堂方针政策宣讲到一场技术培训，"共同团结奋斗、共同繁荣发展""互帮互助、邻里和睦"的思想意识早已在各族群众心中生根发芽，为各民族团结起来建设美好家园奠定了坚实的思想基础。

人心齐，泰山移。人心有了，力量有了，干事创业的信心和劲头就更足了。在省、州、市各级各部门的支持帮助下，三台山乡积极推进省级"十县百乡千村万户工程"民族团结进步示范乡、民族团结进步示范村、民族特色村、民族团结进步示范户建设，着力推进"绿色生态勐丹、民族文化出冬瓜、爱国情怀邦外、

---

① 石喃喃：《德昂群众日子一年更比一年甜》，据芒市乡村振兴局信息公开专栏，网址：https://www.dhms.gov.cn/fpz/Web/_F0_0_28D016QEQN4FFVOTLJTGP97F1I.htm，访问日期：2020 年 12 月 30 日。

民族团结允欠"建设，并完成了4个村级活动场所的规范化建设。现在的三台山乡，以"德昂新青年"赵腊退、"德昂人家"赵玉月、"坚果王"苟有生、"葫芦蜂王"韩永贵、"山鸽子王"包腊连、"农村经纪人"赵自光、省级"光荣脱贫户"李二杰等为代表的民族团结先进个人正活跃在各个行业里，为民族团结进步事业贡献着光和热。①

芒市三台山乡德昂族村寨各民族融洽相处、亲如一家。芒市三台山乡允欠三组党支部坚持以党建引领民族大团结大进步，筑牢民族团结进步之基，为民族团结进步示范提供坚强组织保证。把"典型带动"作为党建促团结示范的重要抓手，形成民族间通婚发展、家庭和睦、交流交融的良好局面，有力推进了民族团结示范建设工作。

允欠三组隶属于芒市三台山乡允欠村委会，是一个典型的德昂族聚居村寨，全村有36户154人，党员12名。2019年全村经济总收入550万元，农村常住居民人均可支配收入7792元。

允欠三组党支部党员姚腊注是允欠三组最先跟汉族通婚的德昂族，2001年他与江东乡汉族段改娣自由恋爱结婚。起初他俩在语言、风俗习惯、宗教信仰、生活习惯等方面有着较大差异。通过不断磨合，两人相处得很是融洽。夫唱妇随，姚腊注一家注重科学种植、养殖，极大地提高了家庭经济收入的增长。

支部党员赖腊年和妻子孔砍鞋都是允欠村民，赖腊年是三组的德昂族，妻子是一组的景颇族。两个民族村寨比邻而居、和睦友好，每逢节日都会到场参加两个民族的节日活动，两人因泼花节而结缘，从相见、相识，到相知、相守。近几年，赖腊年夫妇积极发展能繁母猪、澳洲坚果产业，积极参加培训，掌握种植养殖技术，科学养殖能繁母猪成为赖腊年一家的收入来源，现养3头母猪、32头猪仔，收益38000元。他俩先后又种植了50余亩坚果，即将成为全家另一个支柱产业。

两位党员都与其他民族通婚，悄然改变了允欠三组德昂族群众固有的"本民族嫁本民族"传统婚姻观念。多年以来，和睦融洽的家庭氛围、产业实现稳步增收，为村寨和周边其他各民族团结进步树立了积极的榜样。

201

---

① 《喜看德昂山乡新变化——芒市三台山德昂族乡创建民族团结进步示范乡纪实》，据云南网－德宏频道: https://dehong.yunnan.cn/system/2019/01/09/030173626.shtml, 访问日期: 2019年1月9日。

允欠三组党支部通过加强基层党组织建设，有力推进民族团结进步示范创建工作。围绕"五个标准化建设+一个重点工作"，深入推进支部智慧党建工作。健全党组织、建强基本队伍、丰富基本活动、执行基本制度、强化基本保障，使党支部更具凝聚力、向心力。

以民族团结和谐、共同富裕为着力点，扎实抓好党建引领民族团结、党建扶贫"双推进"等工作，把党组织建设成为推动民族发展进步的"火车头"。树立"一个党员一面旗、一支队伍一面墙"的理念，加大德昂族党员发展力度，深入推进"两学一做"学习教育常态化、制度化和"不忘初心、牢记使命"主题教育，把德昂族党员培养成宣传党的方针、贯彻党的政策的排头兵，发挥关键作用，用"少数民族语言"宣讲"主旋律"，筑牢"主阵地"。积极深入开展民族团结进步宣传教育进农村、进宗教活动场所活动。以党员活动室为阵地，开展民族文化宣传。举办德昂族浇花节等大型民族文化活动，凝聚人心、促进发展。

建立健全维护民族团结稳定长效机制。持续推进"三三制"矛盾纠纷调处工作机制，确保"小事不出村、大事不出乡"。充分发挥其密切联系德昂群众、促进民族团结的特殊作用，在村寨培养选拔宗教管理者，指导德昂族村寨依法订立具有民族特色的村规民约。

党支部书记赖腊算一心想着如何改变德昂族群众种玉米、栽水稻的传统发展观念，邀请专家教授到组实地讲授坚果种植技术，带动德昂族群众首先试种500亩坚果，套种咖啡100多亩，做出成效后积极发挥"传帮带"的作用。在保持甘蔗传统产业稳定的基础上，先后带动发展起了坚果、咖啡、茶叶等经济作物3000余亩，实现产业结构从单一模式到"多管进水"的优化。"全村坚果种植面积1515亩，人均达到了10亩，再过两三年，果树挂果后每年全村就有四五百万元的进账，再加上养牛养猪、甘蔗、香蕉，村民就有钱了，大家生活好了，我们党员再苦再累也值得。"展望三组的良好发展态势，赖书记开心地说道。

现在的允欠三组，"扶墙走路"的人少了，埋头赶路的人多了，大家都忙着发展生产，没时间喝酒了，家家户户有事做，外出打工的年轻人回来搞生产了。这些都离不开民族团结创建示范带动作用，也离不开党支部的坚强堡垒，更离不开党员干部的先锋模范作用。①

---

① 《民族团结之花，在德昂山绽放》，"魅力德昂山"微信公众号，2020年11月26日。

从跨境民族的角度开展族际关系的和谐交流。跨境民族拥有共同文化渊源，同一个民族居住在不同的国度，或者说一条或多条国境线将一个历史上同一个民族划分在不同的国家之中。跨境德昂族中不同国度的群体长期以来构筑的文化纽带一般不会随之解构和消失，尽管他们处于不同的政体结构和政治环境中，其政缘关系有所变异，但他们曾经作为同一个民族所显示出来的那些亲缘、地缘、业缘、物缘、神缘、语缘的关系依然保持着，并发挥着作用，成为双边文化交流和文化互动的内在关联和动力。①

推动乡村振兴要做到乡村规划要实、产业基础要实、绿色生态要实、工作措施要实、工作作风要实。乡村振兴重点要关注产业发展强不强、农村环境美不美、乡风民风新不新、乡村治理好不好、农民钱包鼓不鼓等问题，要与乡镇实际、农村实际相结合，着力在提升乡村内涵上下功夫。要着力开展好多规合一实用性村庄规划编制工作，规划要体现前瞻性、协同性、差异性。要立足芒市资源优势，大力发展农业特色产业，壮大产业规模、提高产品质量和市场占有率，要加快推进生产、加工、销售提质增效，让"芒"字号农产品更具市场价值。要全面加强生态环境保护，厚植绿色发展优势，坚持走生态优先、绿色发展之路，抓好生态环境保护修复、农村人居环境治理、生产生活方式绿色转型。要抓好防止返贫动态监测帮扶工作、易地搬迁后续帮扶和管理工作、稳岗就业保障工作、民生保障工作。要在主责主业上紧追不放，紧抓关键补短强基，俯下身心深耕细作。努力实现"产业兴旺、生态宜居、乡风文明、治理有效、生活富裕"的新农村建设目标，让乡村真正成为农村居民安居乐业的美丽家园。

德昂人民感党恩（摄影：杨芍）

---

① 黄光成：《跨境民族文化的异同与互动——以中国和缅甸的德昂族为例》，《云南社会科学》1999年第2期。

参考文献

［1］唐洁.中国德昂族 [M].银川：宁夏人民出版社，2021.

［2］《德昂族简史》修订本编写组.德昂族简史 [M].北京：民族出版社，
2008.

［3］德宏州史志编委会办公室.德宏史志资料（十七、十八合辑）[M].芒市：
德宏民族出版社，1995.

［4］《民族问题五种丛书》云南省编辑委员会.崩龙族社会历史调查 [M].昆明：
云南民族出版社，1981.

［5］《民族问题五种丛书》云南省编辑委员会.德昂族社会历史调查 [M].昆明：
云南民族出版社，1987.

［6］尹巧云.德昂语长短元音研究 [D].北京：中央民族大学,2011.

［7］桑耀华.德昂族文化大观 [M].昆明：云南民族出版社，1999.

后　记

　　"脱贫只是第一步，更好的日子还在后头。"摘帽不是终点，而是新生活、新奋斗的起点。当前，我们既要为全面建成小康社会跑好"最后一公里"，又要乘势而上开启全面建设社会主义现代化国家新征程。一任接着一任干、一代接着一代干，才能以尺寸之力积千秋之功。从坚持党对脱贫攻坚的领导到实施精准扶贫精准脱贫，从构建大扶贫格局到激发贫困群众内生动力……当代中国脱贫攻坚的伟大实践，孕育和催生了习近平总书记关于精准扶贫、精准脱贫的思想。这一思想，以坚定的人民立场、深厚的人民情怀彰显着新时代中国共产党人的初心使命，以实事求是、求真务实的科学精神确立了脱贫方略，为打赢脱贫攻坚战提供了行动指南和基本遵循。这一思想，立足中国、面向世界，吸引了广大发展中国家的关注目光，为全球贫困人口摆脱贫困提供了新的可能，为世界减贫事业贡献了可以借鉴的中国智慧、中国方案。

　　回望历史，丰衣足食一直是中国人民最朴素的愿望。从孔子的富民思想、屈原的"美政"理念，到朱熹的"足食为先"、康有为的大同之道，历代先贤对富民裕民的追求从未停止。无论是"民亦劳止，汔可小康"的美好憧憬，还是"五谷丰登，物阜民康"的热切企望；无论是"安得广厦千万间，大庇天下寒士俱欢颜"的深沉情怀，还是"无处不均匀，无人不饱暖"的政治理想，无数先民对殷实生活的呼唤响彻历史的天空。中国的脱贫事业，既彰显着改天换地的雄心壮志，又实实在在改变着亿万人的生活。岁月不居，时节如流，不变的是内心的执着和坚定。旌旗猎猎，击鼓催征，需要的是百折不挠的意志和行动。历史已经铸就，历史正在创造，历史将铭记我们这一代人的奋斗与坚毅。①

205

编者

---

① 《2020年开工"宣言"决胜脱贫在今朝》，《人民日报》2020年1月2日头版。